全国高等林业院校试用教材

园 林 设 计

唐学山 李 雄 曹礼昆 编著

中国林业出版社

前　言

《园林设计》是园林、风景园林专业的主要教材之一。中国造园历史悠悠数千年，在这漫长的岁月中，中国人在造园实践中积累下极其珍贵的经验以及理论著作，并出现了众多的造园哲匠。中国古代园林设计方面的论著，如：明代计成的《园冶》、文震亨的《长物志》，清代李渔的《闲情偶寄》，以及北宋沈括的《梦溪笔谈》中部分内容、有关的论述，都为我们今天的园林、风景园林设计工作提供了极其宝贵的文化遗产。

中华人民共和国成立以来约半个世纪的园林建设理论与实践，尤其在现代园林建设方面的工作，在继承与发扬我国优秀造园传统，创造新一代中国园林方面不断取得辉煌的成果。本书内容以论述园林设计为主，遵循"古为今用，洋为中用"的准则，总结古今中外园林设计方面的经验与成就，结合丰富的有关资料，使之成为园林、风景园林专业方面一本比较详尽、比较系统的学习园林设计入门之教学用书。

本书除作为园林、风景园林专业学生使用外，也可以供城市规划、园林建筑、建筑学等专业的学生以及从事园林科技工作的人员学习有关园林设计方面的基本理论、基本知识。

在章节安排上，总论主要论述园林设计的原则、立意与布局以及园林设计的程序等内容。各论主要论述综合性公园、植物园、动物园、儿童公园、森林公园等的设计方法与步骤。

本书由北京林业大学园林学院园林设计教研室鼎力组织骨干教师编著，由梁永基教授提出大纲并主审。虽经两年多的努力得以完成，但难免有疏漏之处，真诚欢迎广大读者、同行与专家教授给予指正，以便今后改进，特致深深的谢意！

各章节编著的分工如下：

总论部分

绪论　　　　　　　　　　　　　　唐学山
第一章　园林设计的依据与原则　　唐学山
第二章　园林布局　　　　　　　　唐学山
第三章　园林设计的程序　　　　　唐学山

各论部分

第四章　综合性公园
　　　　第一节至第四节　　　　　曹礼昆
　　　　第五节　　　　　　　　　唐学山
第五章　植物园　　　　　　　　　唐学山
第六章　动物园　　　　　　　　　李　雄
第七章　儿童公园　　　　　　　　唐学山
第八章　森林公园　　　　　　　　李　雄

编著者
1996 年 6 月 6 日

目 录

前言
绪论 ··· (1)
总论 ··· (5)
第一章 园林设计的依据与原则 ··· (5)
第一节 园林设计的依据与原则 ··· (5)
一、科学依据 ·· (5)
二、社会需要 ·· (5)
三、功能要求 ·· (5)
四、经济条件 ·· (6)
第二节 园林设计必须遵循的原则 ·· (6)
第二章 园林布局 ·· (8)
第一节 立意 ··· (8)
一、神仪在心,意在笔先 ··· (8)
二、情因景生,景为情造 ·· (13)
第二节 布局 ·· (14)
一、园林的内容与形式 ·· (14)
二、园林形式的确定 ·· (15)
三、构成园林形式的要素 ··· (20)
四、园林布置形式 ··· (24)
五、园林设计方法 ··· (32)
第三节 园林布局基本原则 ··· (51)
一、构园有法,法无定式 ·· (51)
二、功能明确,组景有方 ·· (59)
三、因地制宜,景以境出 ·· (66)
四、掇山理水,理及精微 ·· (69)
五、建筑经营,时景为精 ·· (79)
六、道路系统,顺势通畅 ·· (102)
七、植物造景,四时烂漫 ·· (112)
第三章 园林设计的程序 ··· (152)
一、园林设计的前提工作 ·· (152)
二、总体设计方案阶段 ··· (153)
三、局部详细设计阶段 ··· (174)
各论 ··· (177)
第四章 综合性公园 ·· (177)

第一节　概述…………………………………………………………………(177)
  第二节　公园的意义与功能…………………………………………………(180)
  第三节　公园分类……………………………………………………………(181)
  第四节　公园主要设施………………………………………………………(182)
  第五节　综合性公园…………………………………………………………(198)
    一、概述……………………………………………………………………(198)
    二、综合性公园的总体规划………………………………………………(204)

第五章　植物园……………………………………………………………………(232)
  第一节　植物园概况…………………………………………………………(232)
  第二节　植物园的任务………………………………………………………(234)
    一、科学研究………………………………………………………………(234)
    二、观光游览………………………………………………………………(234)
    三、科学普及………………………………………………………………(235)
    四、科学生产………………………………………………………………(235)
  第三节　植物园的类型………………………………………………………(235)
    一、综合性植物园…………………………………………………………(235)
    二、专业性植物园…………………………………………………………(239)
  第四节　植物园规划…………………………………………………………(240)
    一、园址的选择……………………………………………………………(241)
    二、植物园的组成部分……………………………………………………(243)
    三、植物园实例……………………………………………………………(249)

第六章　动物园……………………………………………………………………(270)
  第一节　动物园发展概况……………………………………………………(270)
    一、城市动物园……………………………………………………………(270)
    二、人工自然动物园………………………………………………………(270)
    三、专类动物园……………………………………………………………(271)
    四、自然动物园……………………………………………………………(271)
  第二节　动物园规划设计要点………………………………………………(271)
    一、陈列布局方式…………………………………………………………(271)
    二、用地比例………………………………………………………………(272)
    三、设施内容………………………………………………………………(272)
    四、出入口及园路…………………………………………………………(273)
    五、绿化种植………………………………………………………………(273)
  第三节　动物园规划实例……………………………………………………(274)

第七章　儿童公园…………………………………………………………………(289)
  第一节　儿童公园概况………………………………………………………(289)
  第二节　儿童公园的类型……………………………………………………(298)
    一、综合性儿童公园………………………………………………………(298)
    二、特色性儿童公园………………………………………………………(299)
    三、一般性儿童公园………………………………………………………(299)
    四、儿童乐园………………………………………………………………(299)
  第三节　儿童公园的设计……………………………………………………(299)

一、选址 ··(300)
　　二、功能分区 ··(300)
　　三、儿童公园设计要点 ··(302)
　　四、儿童公园的种植设计 ··(304)
　第四节　儿童公园内活动设施和器械 ··(305)
　　一、儿童游戏场地、设施、器械与儿童身高的关系 ··························(305)
　　二、儿童游戏的场地和设施 ···(305)
　第五节　儿童公园设计方案介绍 ···(312)
　　一、公园现状 ··(314)
　　二、公园规划方案说明 ··(314)

第八章　森林公园 ··(321)
　第一节　森林公园与森林游憩发展概况 ···(321)
　第二节　森林公园概念、类型及特点 ··(322)
　　一、森林公园的特点 ··(322)
　　二、森林公园类型 ···(325)
　第三节　森林公园设计要点 ···(326)
　　一、森林公园总体规划设计应遵循的基本原则 ·······························(326)
　　二、森林公园可行性研究文件组成 ···(327)
　　三、森林旅游资源与开发建设条件评价 ···(327)
　　四、森林公园总体布局 ···(328)
　　五、森林公园保护、防护规划 ···(329)
　　六、森林公园景观系统规划 ···(331)
　　七、森林公园游览系统规划 ···(333)
　　八、森林公园道路交通系统规划 ··(339)
　　九、森林公园旅游服务系统规划 ··(340)
　　十、森林公园基础设施系统规划 ··(340)

主要参考文献 ··(349)

绪　　论

人类从茹毛饮血、树栖穴息到捕鱼狩猎、采集聚落开始，直至建立了城市、公园、国家公园的今天，经历了数千年的悠悠岁月。在这漫漫的历史长河中，人类写下了来自自然、索取自然、破坏自然、保护自然，最终回归自然的文明史。同时，人类也谱写了从中国汉书《淮南子》《山海经》记载的"悬圃"、"归墟"，西方《旧约圣经·创世纪》中描写的"伊甸园"，直至今日各国创作的种种公园、花园的世界园林史诗。

"设"者，陈设，设置，筹划之意；"计"者，计谋，策略之意。园林设计，就是园林的筹划策略。具体地讲，园林设计就是在一定的地域范围内，运用园林艺术和工程技术手段，通过改造地形（或进一步筑山、叠石、理水）、种植树木、花草，营造建筑和布置园路等途径创作而建成的美的自然环境和生活、游憩境域的过程。园林设计这门学科所涉及的知识面较广，它包括文学、艺术、生物、生态、工程、建筑等诸多领域，同时，又要求综合各学科的知识统一于园林艺术之中。所以，园林设计是一门研究如何应用艺术和技术手段处理自然、建筑和人类活动之间复杂关系，达到和谐完美、生态良好、景色如画之境界的一门学科。

园林设计课研究的内容，包括园林设计原理、园林设计布局、园林设计程序，园林设计图纸及说明书等。本课程还包括综合性公园、植物园、动物园、森林公园、风景名胜区的景区、景点设计，以及其它园林绿地的设计等内容。

中国是世界文明古国，有着悠久的历史，璀璨的文化，更有众多名山大川的钟灵毓秀，从而积淀了深厚的中华民族优秀的造园艺术遗产。从殷周时期的"灵囿"作为中国园林的起源，至今约有三千多年的历史。历经秦汉时期的建筑宫苑，唐宋写意山水园，到清代保留下来的颐和园、承德避暑山庄等园林作品，充分体现了中国自然山水式园林的独特风格。中国园林作为中国传统文化的组成部分，园林创作必然受到中国历史、政治、经济、文化诸方面条件的影响。经过两千多年封建社会孕育的中国园林，形成了在"天人合一、君子比德、封建迷信"等传统思想的束缚下，造就成的中国自然山水园林体系的特征。

长期的封建统治，最高统治者自命"真龙天子"，奉天承运，代表不可抗拒的神灵，宣扬代表自然界的"天"和人之间的"天人感应"思想。同时，中国传统哲学追求人与自然的和谐与统一，以大自然为审美认识和审美表达的对象。上述指导思想体现在中国园林创作中的"师法自然"、"中得心源"等手法，与西方的"征服自然"、"改造自然"正好是相反的两种传统哲学观的体现。中国儒家思想尤其起着重要的作用。孔子曰："仁者乐山，智者乐水。知者动，仁者静。"孔孟之道认为大自然所显现的高大雄伟的山、坦荡磊落的水，与人的品德具有类似的特征。历代封建君主专制统治和封建迷信，致使自秦汉开始帝王相信道教神学所创造的一种超现实世俗生活的彼岸世界，即逍遥自在、长生不老的神仙境界。为此，秦汉开始在宫苑内开凿太液池，池中堆筑方丈、蓬莱、瀛洲三岛，摹拟东海的所谓神山仙岛。这就是中国历代皇家园林创作中"一池三山"的滥觞（图0—1）。

西方最早的文化策源地是埃及，地处热带气候，温热干燥，湿度不足，人们渴望树林中所造

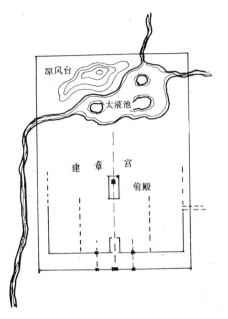

图0—1 汉建章宫内"一池三山"
(引自周维权《中国古典园林史》)

成的绿荫的凉爽环境。更由于尼罗河每年泛滥,退水之后需要丈量耕地而发展了几何学。古埃及人把几何学的概念应用于园林的规划设计。方整的水渠,建筑、树木的几何规则式配植,强烈的轴线对称布置,从公元前1375～1253年间埃及古墓壁画中得以佐证。古埃及墓壁上的石刻所显示的宅园平面,可以被认为是世界上最早的规则式园林(图0—2—A,0—2—B)。

从西方哲学发展历史来看,十分强调理性对实践的认识作用,把美学建立在"唯理"的基础上。德国唯心主义哲学家黑格尔的观点是"美就是理念的感性显现。"尤其具有代表性的观念,是在意大利文艺复兴时期提出的"人文主义"的口号,把人看成为宇宙万物的主宰,强调并提倡"改造自然"、"征服自然"。树木的整形修剪,规则对称的水渠、水池的形式,图案式的花坛设计,都反映了西方规则图案式园林的特征。这类园林的代表作品,就是法国巴黎的凡尔赛宫苑。

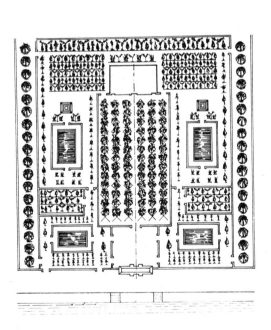

图0—2—A 埃及古代阿米诺三世时
某大臣宅园古墓壁画
(引自[日]针之谷钟吉《西方造园变迁史》)

图0—2—B 想象鸟瞰图

在中国古代长期的园林设计实践中,在优秀的古典园林体系的形成过程中,也产生了许多造园的行家里手。明末造园家计成就是其中的佼佼者。他结合自己的造园实践,创作了被称之为中国园林艺术第一名著的《园冶》,是集美学、艺术、科学于一体的中国古典园林艺术典籍。《园冶》中提出,园林作品应当是"虽由人作","宛自天开"的"天然图画";造园应做到富于诗情画意,"寓情于景"、"情景交融"。并要"巧于因借"、"精在体宜"等造园的重要原则。该书传到日本,书名被译成《夺天功》。《园冶》一书集中反映了中国园林传统的造园思想,对于学习、研究、继承、发扬我国优秀的园林艺术和园林设计思想,起到重要作用。

被誉为美国第一位风景园林大师的欧姆斯特德(Frederick Law Olmsted)是建设城市公园和提倡自然保护的创始人。1875年,欧姆斯特德和他的助手沃克斯(Calvert Vaux)合作,提出了编号为33号,叫做"绿草地"的纽约中央公园修建设计方案,在设计竞赛中赢得头奖。此后,在美国掀起一场"城市公园"建设运动,很多重要的城市公园设计工作由他主持,如费城的斐蒙公园(Fairmount Park Philadelphia),布鲁克林的前景公园(Prospect Park Brooklyn)以及1874～1895年间在首都华盛顿(Washington)的国会山周围的环境美化工作。欧姆斯特德首次把艺术用于改造和美化自然,他在美国首先提出以"Landscape Architecture"一词代替"Landscape Gardening"。后来,该专业名称被全世界园林界同仁所认可。Landscape Architecture 译成中文为"风景园林",或"园林",还有的译为"园景建筑";日本人译为"造园"。

随着社会的发展,新技术的崛起和进步,园林设计学也必然要适应新时代的需要,对学科的未来发展指明方向。什么是园林发展的趋势?生态学是研究人类、生物与环境之间复杂关系的科学。70年代后,生态平衡的理论得到迅速发展。生态平衡是自然科学问题,同时也是经济问题,以及社会问题。以生态学的原理与实践为依据,将是园林设计的发展趋势。

人类起源于自然,是自然的组成部分。从人类社会生活的发展中,人与自然的关系是"依赖自然——利用自然——破坏自然——保护自然到人工摹仿自然"的一个认识和实践过程。人类的生存环境只有运用生态的途径进行园林规划设计,才能创造舒适的环境给人类以美的享受。近30年来,欧、美国家提出城市森林化的概念,如美国、加拿大等国家开展了近30年的城市森林运动。地球上最大的植被类型、最大的陆地生态系统类型是森林。根据美国有关部门统计,全国城市森林的覆盖面积达到 $28\times10^4 km^2$。城市森林不是抽象概念,它包括美国的城镇、乡村的道路、溪流、湖泊、牧场、荒野和其它大片的森林地。城市森林是指将整个城市的树木归纳于一个森林的范畴而进行系统的规划、设计和管理,提供尽可能完善的城市环境效益。

上述园林发展趋势表明,园林设计不仅要求设计者要具备文学、艺术、建筑、生物、工程诸方面的知识,还必须掌握生态学的有关领域知识,以便能创作出最有艺术价值、最佳环境效益、理想社会效益和经济效益的园林作品。

面临着21世纪的到来,园林设计师必须考虑的问题之一,就是在园林设计中电子计算机的应用。国家有关部委提出,作为一项世纪工程,2000年工程设计甩掉绘图板。

在传统的园林或建筑设计行业中,尤其是规划设计结果的表达与表现多是用绘制透视图、鸟瞰图和制作模型来实现的。如今,通过计算机生成的设计图纸,可达到多角度、多视点、全方位地观察设计的效果,使人相对于设计对象有一种身临其境的真实感。同时,计算机生成的设计模型能更精确、更有效地表达设计人员的构想。

今天,学习园林艺术理论和园林设计的创作方法,首先,要总结我国古代园林设计优秀传统,取收世界各国园林设计之精华,做到"古为今用,洋为中用",继承与发展相结合,提高园林创作水平,为人类服务。

其次,必须做到理论与实践相结合,理论指导实践,成功的实践积累将反过来促进园林艺术理论的进一步发展。

第三,提高艺术观、审美观,并借鉴姐妹艺术的成就,扩大视野,做到"举一反三","触类旁通"。

第四,动手、动脑;多看、多问。做到"左图右画,开卷有益;模山范水,集思广益",勇于实践,敢于创新。

总　　论

第一章　园林设计的依据与原则

第一节　园林设计的依据与原则

园林设计的最终目的是要创造出景色如画，环境舒适、健康文明的游憩境域。一方面，园林是反映社会意识形态的空间艺术，园林要满足人们精神文明的需要；另一方面，园林又是社会的物质福利事业，是现实生活的实境，所以，还要满足人们良好休息、娱乐的物质文明的需要。

一、科　学　依　据

在任何园林艺术创作的过程中，要依据有关工程项目的科学原理和技术要求进行。如在园林中，要依据设计要求结合原地形进行园林的地形和水体规划。设计者必须对该地段的水文、地质、地貌、地下水位、北方的冰冻线深度、土壤状况等资料进行详细了解。如果没有详实资料，务必补充勘察后的有关资料。可靠的科学依据，为地形改造，水体设计等提供物质基础，避免产生水体漏水，土方塌陷等工程事故。种植各种花草、树木，也要根据植物的生长要求，生物学特性，根据不同植物的喜阳、耐阴、耐旱、怕涝等不同的生态习性进行配植。一旦违反植物生长的科学规律，必将导致种植设计的失败。园林建筑、园林工程设施，更有严格的规范要求。园林设计关系到科学技术方面的问题很多，有水利、土方工程技术方面的，有建筑科学技术方面的，有园林植物、甚至还有动物方面的生物科学问题。所以，园林设计的首要问题是要有科学依据。

二、社　会　需　要

园林是属于上层建筑范畴，它要反映社会的意识形态，为广大人民群众的精神与物质文明建设服务。《公园设计规范》指出，园林是完善城市 4 项基本职能中游憩职能的基地。所以，园林设计者要体察广大人民群众的心态，了解他们对公园开展活动的要求，创造出能满足不同年龄、不同兴趣爱好、不同文化层次游人的需要，面向大众，面向人民。

三、功　能　要　求

园林设计者要根据广大群众的审美要求、活动规律、功能要求等方面的内容，创造出景色优美、环境卫生、情趣健康、舒适方便的园林空间，满足游人的游览、休息和开展健身娱乐活动的功能要求。园林空间应当富于诗情画意，处处茂林修竹，绿草如茵，繁花似锦，山青水秀，鸟语花香，令游人流连忘返。不同的功能分区，选用不同的设计手法，如儿童活动区，要求交通便捷，一般要靠近主要出入口，并要结合儿童的心理特点，该区的园林建筑造型要新颖，色彩要鲜艳，空间要开朗，形成一派生机勃勃，充满活力、欢快的景观气氛。

四、经 济 条 件

经济条件是园林设计的重要依据。经济是基础。同样一处园林绿地，甚至同样一个设计方案，由于采用不同的建筑材料，不同规格的苗木，不同的施工标准，将需要不同的建园投资。当然，设计者应当在有限的投资条件下，发挥最佳设计技能，节省开支，创造出最理想的作品。

综上所述，一项优秀的园林作品，必须做到科学性、艺术性和经济条件、社会需要紧密结合，相互协调，全面运筹，争取达到最佳的社会效益、环境效益和经济效益。

第二节 园林设计必须遵循的原则

"适用、经济、美观"是园林设计必须遵循的原则。

园林设计工作的特点是有较强的综合性，所以，要求做到适用、经济、美观三者之间的辩证统一。三者之间的关系是相互依存、不可分割的。当然，同任何事物发展规律一样，三者之间的关系在不同的情况下，根据不同性质、不同类型、不同环境的差异，彼此之间有所侧重。

一般情况下，园林设计首先要考虑"适用"的问题。所谓"适用"，一层意思是"因地制宜"，具有一定的科学性；另一层意思是园林的功能适合于服务对象。"适用"的观点带有一定的永恒性和长久性。即使是"普天之下，莫非王土"的清代皇帝，在建造帝王宫苑颐和园和圆明园时，也考虑因地制宜，具体问题具体分析。颐和园原先的瓮山和瓮湖（又叫西湖）已具备大山、大水的骨架，经过地形整理，仿照杭州西湖，建成了以万寿山、昆明湖的山水骨架、以佛香阁为全园构图中心、主景突出式的自然山水园。与颐和园毗邻的圆明园，原先是丹凌沜地貌，自然喷泉遍布，河流纵横。根据圆明园的原地形和分期建设的情况，建成平面构图上以福海为中心的集锦式的自然山水园。由于因地制宜，适合于各自原地形的状况，从而创造出自具特色的园林佳作。

在考虑是否"适用"的前提下，其次考虑的是"经济"问题。实际上，正确地选址，因地制宜，巧于因借，本身就减少了大量投资，也解决了部分经济问题。经济问题的实质，就是如何做到"事半功倍"，尽量在投资少情况下办好事。当然，园林建设要根据园林性质、建设需要确定必要的投资。

在"适用"、"经济"前提下，尽可能地做到"美观"，即满足园林布局、造景的艺术要求。在某些特定条件下，美观要求提到最重要的地位。实质上，美、美感，本身就是一个"适用"，也就是它的观赏价值。园林中的孤置假山、雕塑作品等起到装饰、美化环境，创造出感人的精神文明的氛围，这就是一种独特的"适用"价值，美的价值。

在园林设计过程中，"适用、经济、美观"三者之间不是孤立的，而是紧密联系不可分割的整体。单纯地追求"适用、经济"，不考虑园林艺术的美感，就要降低园林的艺术水准，失去吸引力，不受广大群众的喜欢；如果单纯地追求"美观"，不是全面考虑到"适用"问题或"经济"问题，就可能产生某种偏差或缺乏经济基础而导致设计方案成为一纸空文。所以,园林设计工作必须在适用和经济的前提下,尽可能地做到"美观",美观必须与适用经济协调起来,统一考虑,最终创造出理想的园林设计艺术作品。

第二章 园林布局

园林的布局,就是在选定园址或称之在"相地"的基础上,根据园林的性质、规模、地形特点等因素,进行全园的总布局,通常称之为总体设计。不同性质、不同功能要求的园林,都有着各自不同的布局特点。不同的布局形式必然反过来反映不同的造园思想,所以,园林的布局,即总体设计是一个园林艺术的构思过程,也是园林的内容与形式统一的创作过程。

第一节 立 意

立意是指园林设计的总意图,即设计思想。无论中国的帝王宫苑、私人宅园,或外国的君主宫苑、地主庄园,都反映了园主的指导思想。

一、神仪在心,意在笔先

晋代顾恺之在《论画》中说:"巧密于精思,神仪在心"。即绘画、造园首先要认真考虑立意,"意在笔先"。明代恽向也在《宝迁斋书画录》中谈到:"诗文以意为主,而气附之,惟画亦云。无论大小尺幅,皆有一意,故论诗者以意逆志,而看画者以意寻意"。扬州个园园主无疑在说,"无'个'不成竹。"个园"暗喻他有竹子品格的清逸和气节的崇高。唐柳宗元被贬官为永州司马时,建了一个取名为"愚溪"的私园。该园内的一切景物以"愚"字命名,愚池、愚丘、愚岛、愚泉、愚亭……一愚到底,其意与"拙政园"的"拙者为政"异曲同工。

承德避暑山庄是中国皇家园林之冠。500hm^{2}的庞大园林的立意也十分明确。山庄的东宫,有景点"卷阿胜境",意在追溯几千年前的君臣唱和,宣传忠君爱民的思想,从而标榜清朝最高统治阶级的"扇被恩风,重农爱民"的思想境界。"崇朴鉴奢,以素药艳,因地宜而兴造园",这就是根据山庄本身优越自然条件,"物尽天然之趣,不烦人事之工",以创造山情野致。在这种设计思想指导下,产生了"依松为斋","引水在亭"的创作手法。

美国首都华盛顿的"越战老兵纪念碑",碑园形式十分简洁,一曲折线道路,面临一垂直黑色花岗岩碑壁,壁上刻阵亡将士姓名。该方案评审过程中,不是高大、复杂的纪念碑作品中选,而是立意准确、作品标题"越战老兵纪念碑",副标题"被遗忘的角落"的巧妙构思、新奇形式折桂。作者的折曲形的道路,更准确、简要地表达了美国人参加越南战争,只不过在历史上走了一段"弯路"的客观结果(图2—1至图2—6)。

园林"立意"与"相地"是相辅相成的两方面。《园冶》云:"相地合宜,构园得体。"这是明代园林哲师计成提出的理论,他把园林"相地"看作园林成败的关键。古代"相地",即造园的选择园址。其主要含义为,园主经多次选择、比较,最后"相中",即园主人所认为理想的地址。那么,选择的依据是什么呢?园主人在选择园址的过程中,已把他的造园构思与园址的自然条件、社会状况、周围环境等诸因素作综合的比较、筛选。因而,不难看出相地与立意,或立意与相地是不可分割的,是在园林创作过程中的前期工作。

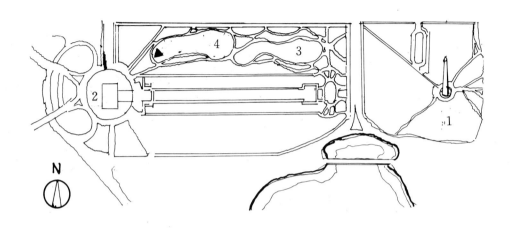

图 2—1 美国首都华盛顿国政公园越战老兵纪念碑位置示意
1. 华盛顿纪念碑 2. 林肯纪念堂 3. 国政公园 4. 纪念碑

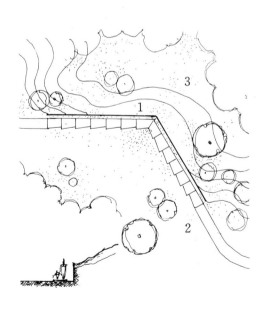

图 2—2 越战老兵纪念碑平面、剖面示意
1. 黑大理石碑墙 2. 步道 3. 斜坡

图 2—3　越战老兵纪念碑入口　　　　　图 2—4　越战老兵纪念碑的游览路面

图 2—5　越战老兵纪念碑碑体　　　　　图 2—6　越战老兵纪念碑细部

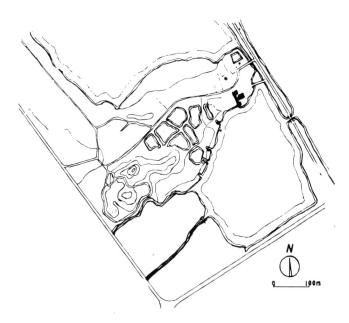

图 2—7　杭州花港观鱼公园地形

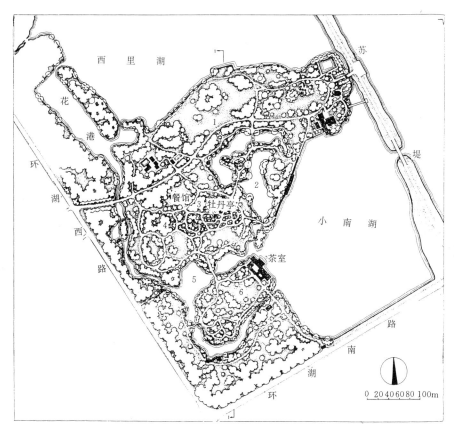

图 2—8　花港观鱼公园总平面
1. 草坪景区　2. 鱼池景区　3. 牡丹园景区　4. 丛林景区　5. 花港景区　6. 疏林草地景区

图 2—9 花港观鱼公园中牡丹亭

图 2—10 花港观鱼公园中红鱼池

图 2—11 花港观鱼公园中大草坪

随着社会的进步和城市建设的发展，出现另一种情况，就是有关部门确定园林项目，不能做到理想地选择园址，而是在城市建设中，将不宜建房、地形条件较差的区域确定为园林绿地，如杭州的花港观鱼公园，原址仅 0.2hm²，亭墙颓圮，野草丛生，除浅水方塘外，一片荒芜，原址为水塘地（图 2—7 至图 2—11）；浙江的温岭市，东南部有一片低于市区 80cm 的水稻田地，属河网地，城市规划过程中，不宜作为居住区或其它开发的地段，最后确定作为城市公园用地，见图 2—12。所以，园林设计工作中，如何"因地制宜"而达到"构园得体"是园林规划设计师的重要任务之一。

图 2—12 浙江温岭市锦屏公园河网地形

二、情因景生，景为情造

造园的关键在于造景，而造景的目的在于抒发作者对造园目的与任务的认识和激发的思想感情。所谓"诗情画意"写入园林，即造园不仅要做到景美如画，同时还要求达到情从景生，要富有诗意，触景能生情。"情景名为二，而实不可离。神于诗者，妙合无垠，巧者则有情中景，景中情。"（王夫之《姜斋诗话》）。苏州古典园林中，历史最早的一处名园沧浪亭，园内土阜最高处有一座四方亭叫沧浪亭，其上对联为"清风明月本无价，近水远山皆有情。"正是这"清风明月"和"近水远山"美景激发起诗人的情感。

可见，园林创作过程中，选择园址，或依据现状情况，确定园林主题思想，创造园景是几个方面不可分割的有机整体。而造园的"立意"，或称之为"构思"、创作"激情"，最终要通过具体的园林艺术创造出一定的园林形式，通过精心布局得以实现。

第二节　布　　局

园林布局，即在园林选址、构思（立意）的基础上，设计者在孕育园林作品过程中所进行的思维活动。主要包括选取、提炼题材；酝酿、确定主景、配景；功能分区；景点、游赏线分布；探索所采用的园林形式。

立意，即主题思想的确定。主题思想通过园林艺术形象来表达，主题思想是园林创作的主体和核心。立意和布局，其关系的实质，就是园林的内容与形式。只有内容与形式的高度统一，形式充分地表达内容，表达园林主题思想，才能达到园林创作的最高境界。

一、园林的内容与形式

园林的内容是其内在诸要素的总和，园林的形式是其内容存在的方式，内容与形式之间是矛盾的统一体。没有无形式的内容，也没有无内容的形式。园林的内容决定其形式，园林的形式依赖于内容，表达主题。

内容和形式的关系又是相对的，作为一定内容的园林形式，可以成为另一种园林形式的内容。有时，由于内容发展的需要，必须及时破除旧的园林形式，创立新的园林形式。

封建社会皇家宫苑，一方面要显示帝王的无上权势，"普天之下，莫非王土"；另一方面反映"天人感应"，迷信神仙方术，欲图长生不老等造园思想。为表达上述思想内容，反映在园林形式上，皇家宫苑的面积、规模都比较宏大雄伟；挖池筑岛来摹拟海上仙山的"一池三山"模式，都是内容决定园林形式，形式表现园林内容，内容与形式辩证统一的体现。

自秦汉到明清，历代皇家宫苑的理水，一贯沿袭"一池三山"的模式，从而形成了中国皇家园林湖岛景观的独特风格。然而，历代的"一池三山"模式绝不是简单的重复再现，而是"巧于因借""精而合宜""景到随机""因境而成"。问题不在于"一池三山"模式的本身，而是通过该模式不同形象的探微，寻找出传统中"一法多式""有法无式"的高超园林设计技艺。

"一池三山"模式的产生，源于中国封建社会的君主为满足其梦寐以求的"不老永生""神山仙界"的欲望。该模式在各朝各代，不同的历史时期，根据具体地形、环境条件，创造出生动、精彩、多姿的湖岛艺术形象（图0—1和图2—13）。

社会主义的新中国为世界所瞩目，我国的新园林就应当反映我们伟大时代的精神风貌和先进思想。我们时代的园林，要求有适合广大群众开展各种有益于身心健康、文明的活动内容，要求创造出为大众所喜爱的园林形式。必须从社会主义的内容出发，继承祖国优秀传统和民族形式之精华，结合时代的新要求，在继承传统的基础上进一步革新，创造出新型的社会主义园林。

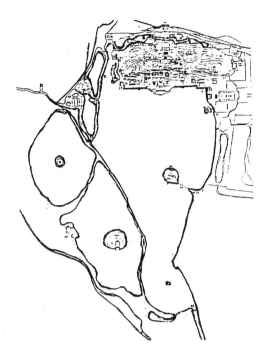

图 2—13 清·清漪园昆明湖内"一池三山"

二、园林形式的确定

1. 根据园林的性质

不同性质的园林,必然有相对应的不同的园林形式,力求园林的形式反映园林的特性。纪念性园林、植物园、动物园、儿童公园等,由于各自的性质不同,决定了各自与其性质相对应的园林形式,如以纪念历史上某一重大历史事件中英勇牺牲的革命英雄、革命烈士为主题的烈士陵园,较著名的有中国广州起义烈士陵园、南京雨花台烈士陵园、长沙烈士陵园、德国柏林的苏军烈士陵园、意大利都灵战争牺牲者纪念碑园等,都是纪念性园林。这类园林的性质,主要是缅怀先烈革命功绩,激励后人发扬革命传统,起到爱国主义、国际主义思想教育的作用。这类园林的布局形式多采用中轴对称、规则严整和逐步升高的地形处理,从而创造出雄伟崇高、庄严肃穆的气氛(图 2—14 至图 2—20)。而动物园主要属于生物科学的展示范畴,要求公园给游人以知识和美感,所以,从规划形式上,要求自然、活泼,创造寓教于游的环境(图 2—21 至图 2—23)。儿童公园更要求形式新颖、活泼,色彩鲜艳、明朗,公园的景色、设施与儿童的天真、活泼性格相协调。形式服从于园林的内容,体现园林的特性,表达园林的主题。

2. 根据不同文化传统

由于各民族、国家之间的文化、艺术传统的差异,决定了园林形式的不同。中国由于传统文化的沿袭,形成了自然山水园的自然式规划形式。而同样是多山的国家意大利,由于意大利的传统文化和本民族固有的艺术水准和造园风格,即使是自然山地条件,意大利的园林则采用规则式(图 2—24)。

3. 意识形态的不同决定园林的表现形式

西方流传着许多希腊神话,神话把人神化,描写的神实际上是人。结合西方雕塑艺术,在园林中把许多神像规划在园林空间中,而且多数放置在轴线上,或轴线交叉中心(图2—25至图2—27)。而中国传统的道教,传说描写的神仙则往往住在名山大川中,所有的神像在园林中的应用一般供奉在殿堂之内,而不展示于园林空间中,几乎没有裸体神像。上述事实都说明不同意识形态对园林形式的影响。

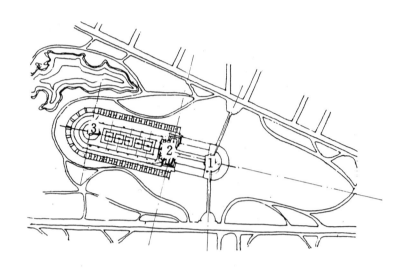

(A)
1. "母亲"坐像 2. 旗门及"战友"雕像 3. 战士立像

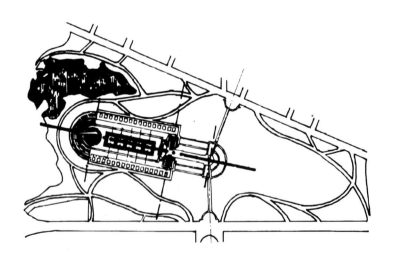

(B)

图2—14 德国柏林市郊苏军烈士陵墓总平面图及轴线系列

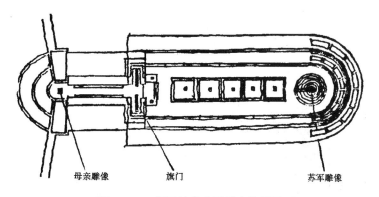

母亲雕像　　旗门　　　　苏军雕像

图 2—15　德国柏林苏军烈士陵园平面

图 2—16　陵园内"母亲"雕像

图 2—18 苏军烈士纪念碑

图 2—17 陵园内"战友"雕像

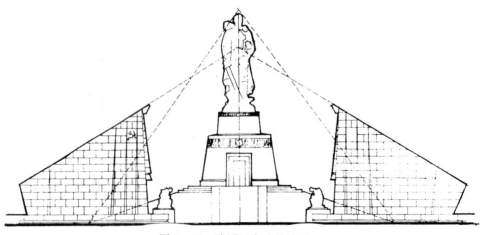

图 2—19 陵园纪念碑的构图

图 2—20 南京雨花台烈士陵园总平面

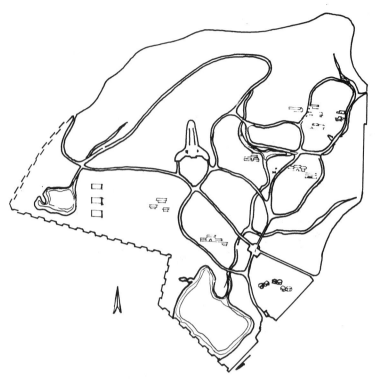

图 2—21 南京中山植物园平面示意

三、构成园林形式的要素

大千世界，各国形形色色的园林形式的构成可以归纳为若干要素，即无论任何一种形式的园林都由这些要素组成。

1. 园林组成要素

任何一种艺术和设计学科都具有特殊的固有的表现方法。园林设计也一样，正是利用这些手法将作者的构思、情感、意图变成实际形象，即具有三维空间的园林艺术形象，创造出舒适的优美的环境，供人观赏、游览。

园林设计就是利用地形（包括水体）、植物、建筑、道路、园林小品等设计要素，最后将这些要素通过作者有机地组合，构成一定特殊的园林形式，表达某一性质，某一主题思想的园林作品。

2. 园林构成五大要素

（1）地形　地形是构成园林的骨架，主要包括平地、土丘、丘陵、山峦、山峰、凹地、谷地、坞、坪等类型。地形要素的利用与改造，将影响到园林的形式、建筑的布局、植物配植、景观效果、给排水工程、小气候等诸因素。

水体是地形组成中不可缺少的部分。水是园林的灵魂，有的园林设计师称之为"园林的生命"，足见水体是园林中重要组成因素。水体可以分成静水和动水两种类型。静水包括湖、池、塘、潭、沼等形态；动水常见的形态有河、湾、溪、渠、涧、瀑布、喷泉、涌泉、壁泉等。另外，水声、倒影等也是园林水景的重要组成部分。水体中还形成堤、岛、洲、渚等地貌。

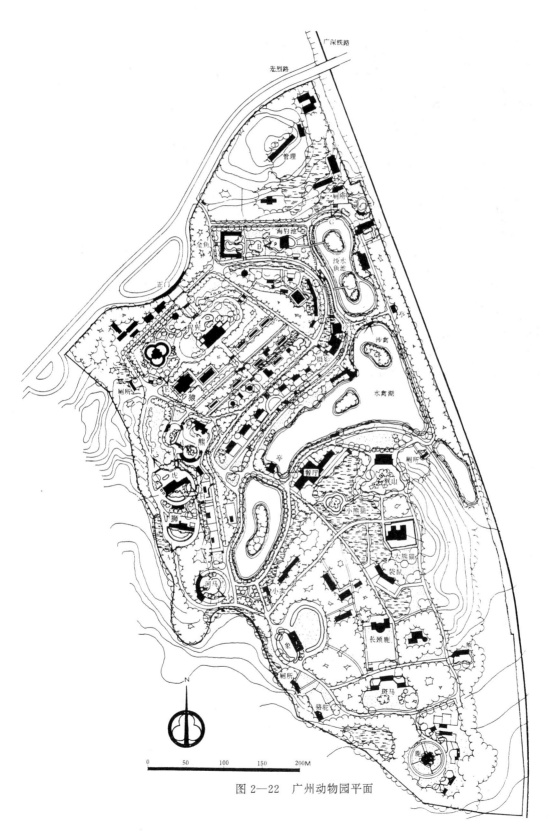

图 2—22 广州动物园平面

图 2—23 日本某儿童交通公园

图 2—24 意大利台地园

(A)

(B)

(C)

图 2—25　俄国彼得宫中雕像

图 2—26　凡尔赛宫中阿波罗神雕像

（2）植物　植物是园林设计中有生命的题材。植物要素包括乔木、灌木、攀缘植物、花卉、草坪地被、水生植物等。植物的四季景观，本身的形态、色彩、芳香、习性等都是园林造景的题材。园林植物与地形、水体、建筑、山石、雕塑等有机配植，将形成优美、雅静的环境和艺术效果。

园林中除了考虑植物要素外，自然界往往是动物、植物共生共荣构成的生物生态景观。在条件允许的情况下，动物景观的规划，如观鱼游、听鸟鸣、莺歌燕舞、鸟语花香将为园林景观增色。

（3）建筑　根据园林设计的立意、功能要求、造景等需要，必须考虑适当的建筑和建筑的组合。同时考虑建筑的体量、造型、色彩以及与其配合的假山艺术、雕塑艺术、园林植物、水景等诸要素的安排，并要求精心构思，使园林中的建筑起到画龙点睛的作用。

（4）广场与道路　广场与道路、建筑的有机组织，对于园林形式的形成起着决定性的作用。广场与道路的形式可以是规则的，也可以是自然的，或自由曲线流线形的。广场和道路的系统将构成园林的脉络，并且起到园林中交通组织，联系的作用。

（5）园林小品　它是园林构成不可缺少的组成部分，使园林景观更富于表现力。园林小品，一般包括园林雕塑、园林山石、园林壁画、摩岩石刻等内容。很难想象，将西方园林中的雕塑作品去掉，或把中国园林中的假山、石驳岸、碑刻、壁雕等去掉，如何构成完整的园林艺术形象。反之，园林小品也可以单独构成专题园林，如雕塑公园、假山园等。

四、园林布置形式

园林布置形式的产生和形成，是与世界各民族、国家的文化传统、地理条件等综合因素的作用分不开的。英国造园家杰利克（G. A. Jellicoe）在1954年国际风景园林家联合会第四次大会致词中说："世界造园史三大流派：中国、西亚和古希腊"。上述三大流派归纳起来，可以把园林的形式分为三类。这就是：整形式、自然式和混合式。

1. 规则式园林

这类园林又可以称之为"几何式"、"整形式"、"对称式"和"建筑式"园林。

埃及不仅是人类文明的摇篮，它的造园也独树一帜。从埃及、巴比伦、希腊、罗马起到18世纪英国风景式园林产生之前，西方园林主要以规则式为主，其中以文艺复兴时期意大利大台地园和19世纪法国勒诺特（Le Notre）平面几何图案式园林为代表。这类规则式园林有以下主要特征（图2—27）。

（1）中轴线　全园在平面规划上有明显的中轴线，并大抵依中轴线的左右前后对称或拟对称布置，园地的划分大都成为几何形体。

（2）地形　在开阔较平坦地段，由不同高程的水平面及缓倾斜的平面组成；在山地及丘陵地段，由阶梯式的大小不同水平台地倾斜平面及石级组成，其剖面均为直线所组成。

（3）水体　其外形轮廓均为几何形，主要是圆形和长方形，水体的驳岸多整形、垂直，有时加以雕塑；水景的类型有整形水池、整形瀑布、喷泉、壁泉及水渠运河等，古代神话雕塑与喷泉构成水景的主要内容。

（4）广场与道路　广场多呈规则对称的几何形，主轴和副轴线上的广场形成主次分明的系统；道路均为直线形，折线形或几何曲线形。广场与道路构成方格形式、环状放射形、中轴对称或不对称的几何布局。

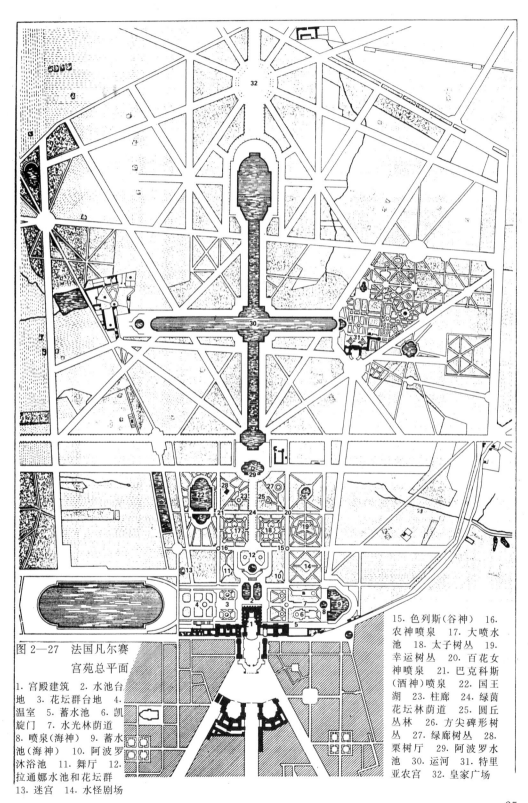

图 2—27 法国凡尔赛宫苑总平面

1.宫殿建筑 2.水池台地 3.花坛群台地 4.温室 5.蓄水池 6.凯旋门 7.水光林荫道 8.喷泉(海神) 9.蓄水池(海神) 10.阿波罗沐浴池 11.舞厅 12.拉通娜水池和花坛群 13.迷宫 14.水怪剧场 15.色列斯(谷神) 16.农神喷泉 17.大喷水池 18.太子树丛 19.幸运树丛 20.百花女神喷泉 21.巴克科斯(酒神)喷泉 22.国王湖 23.柱廊 24.绿茵花坛林荫道 25.圆丘丛林 26.方尖碑形树丛 27.绿廊树丛 28.栗树厅 29.阿波罗水池 30.运河 31.特里亚农宫 32.皇家广场

(5) 建筑　主体建筑组群和单体建筑多采用中轴对称均衡设计，多以主体建筑群和次要建筑群形成与广场、道路相组合的主轴、副轴系统，形成控制全园的总格局。

(6) 种植规划　配合中轴对称的总格局，全园树木配植以等距离行列式、对称式为主，树木修剪整形多模拟建筑形体、动物造型，绿篱、绿墙、绿门、绿柱为规则式园林较突出的特点。园内常运用大量的绿篱、绿墙和丛林划分和组织空间，花卉布置常为以图案为主要内容的花坛和花带，有时布置成大规模的花坛群。

(7) 园林小品　园林雕塑、瓶饰、园灯、栏杆等装饰、点缀了园景。西方园林的雕塑主要以人物雕像布置于室外，并且雕像多配置于轴线的起点、交点和终点。雕塑常与喷泉、水池构成水体的主景。

规则式园林的规划手法，从另一角度探索，园林轴线多视为是主体建筑室内中轴线向室外的延伸。一般情况下，主体建筑主轴线和室外园林轴线是一致的。

2. 自然式园林

自然式又称为风景式、不规则式、山水派园林。

中国园林从周朝开始，经历代的发展，不论是皇家宫苑还是私家宅园，都是以自然山水园林为源流。发展到清代，保留至今的皇家园林，如颐和园（图2—28）、承德避暑山庄、圆明园；私家宅园，如苏州的拙政园、网师园（图2—29）等都是自然山水园林的代表作品。从6世纪传入日本，18世纪后半叶传入英国。

自然式园林的主要特征：

(1) 地形　自然式园林的创作讲究"相地合宜，构园得体。"主要处理地形的手法是"高方欲就亭台，低凹可开池沼"的"得景随形"。自然式园林最主要的地形特征是"自成天然之趣"，所以，在园林中，要求再现自然界的山峰、山巅、崖、岗、岭、峡、岬、谷、坞、坪、洞、穴等地貌景观。在平原，要求自然起伏、和缓的微地形。地形的剖面为自然曲线。

(2) 水体　这种园林的水体讲究"疏源之去由，察水之来历"，园林水景的主要类型有湖、池、潭、沼、汀、泞、溪、涧、洲、渚、港、湾、瀑布、跌水等。总之，水体要再现自然界水景。水体的轮廓为自然曲折，水岸为自然曲线的倾斜坡度，驳岸主要用自然山石驳岸、石矶等形式。在建筑附近或根据造景需要也部分用条石砌成直线或折线驳岸。

(3) 种植　自然式园林种植要求反映自然界植物群落之美，不成行成排栽植。树木不修剪，配植以孤植、丛植、群植、密林为主要形式。花卉的布置以花丛、花群为主要形式。庭院内也有花台的应用。

(4) 建筑　单体建筑多为对称或不对称的均衡布局；建筑群或大规模建筑组群，多采用不对称均衡的布局。全园不以轴线控制，但局部仍有轴线处理。中国自然式园林中的建筑类型有亭、廊、榭、舫、楼、阁、轩、馆、台、塔、厅、堂、桥（图2—30～36）等。

(5) 广场与道路　除建筑前广场为规则式外，园林中的空旷地和广场的外形轮廓为自然式的。道路的走向、布列多随地形，道路的平面和剖面多为自然的起伏曲折的平曲线和竖曲线组成。

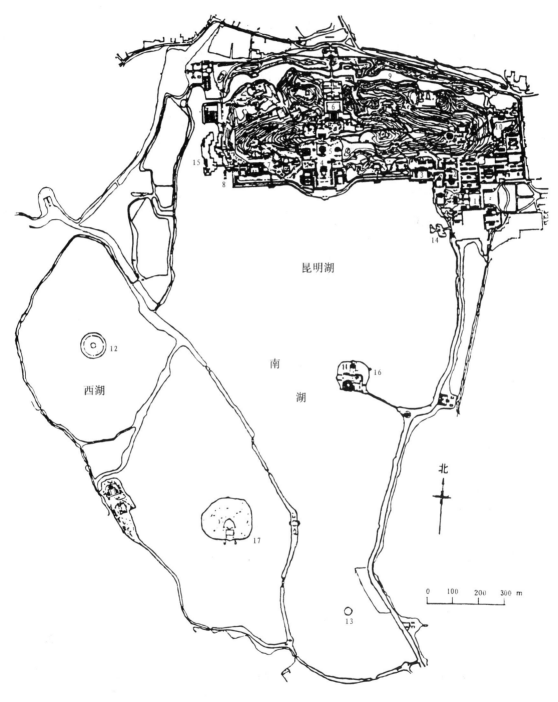

图 2—28 颐和园平面
1.东宫门 2.德和园 3.乐寿堂 4.排云殿 5.佛香阁 6.须弥灵境 7.画中游 8.清晏舫 9.后湖（后溪河） 10.谐趣园 11.龙王庙 12.治镜阁 13.凤凰墩 14.知春岛 15.小西泠 16.南湖岛 17.藻鉴堂

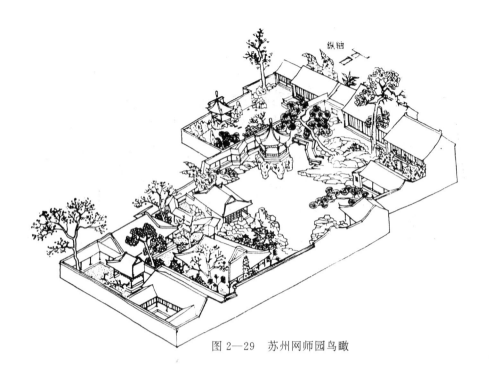

图 2—29 苏州网师园鸟瞰

图 2—30 亭（三角亭）

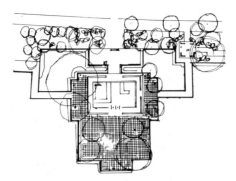

图 2—31 台（杭州平湖秋月平台）

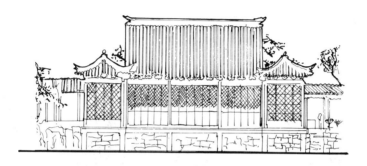

图 2—32 厅·堂（苏州拙政图鸳鸯厅）

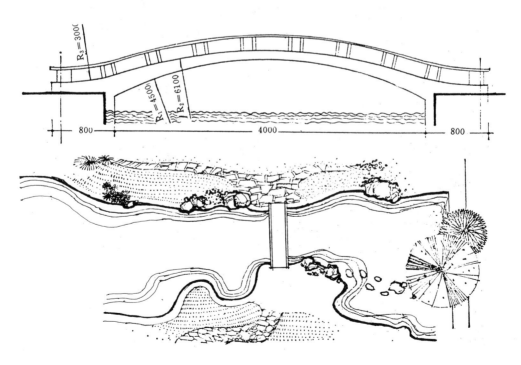

图 2—33 桥（公园小拱桥）

图 2—34 阁（浙江宁波天一阁）

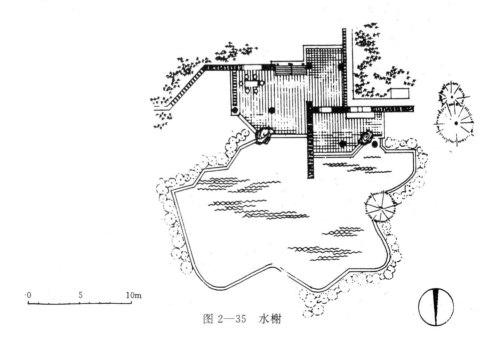

图 2—35 水榭

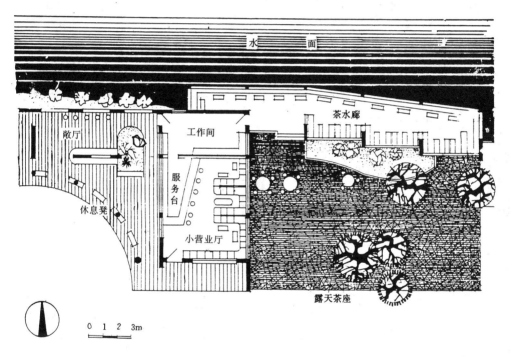

图 2—36 茶室

(6) 园林小品　假山、石品、盆景、石刻、砖雕、石雕、木刻等。

3. 混合式园林

所谓混合式园林，主要指规则式、自然式交错组合，全园没有或形不成控制全园的主中轴线和副轴线，只有局部景区、建筑以中轴对称布局，或全园没有明显的自然山水骨架，形不成自然格局。一般情况，多结合地形，在原地形平坦处，根据总体规划需要安排规则式的布局。在原地形条件较复杂，具备起伏不平的丘陵、山谷、洼地等，结合地形规划成自然式。类似上述两种不同形式规划的组合即为混合式园林。

五、园林设计方法

图 2—37 印度泰姬陵

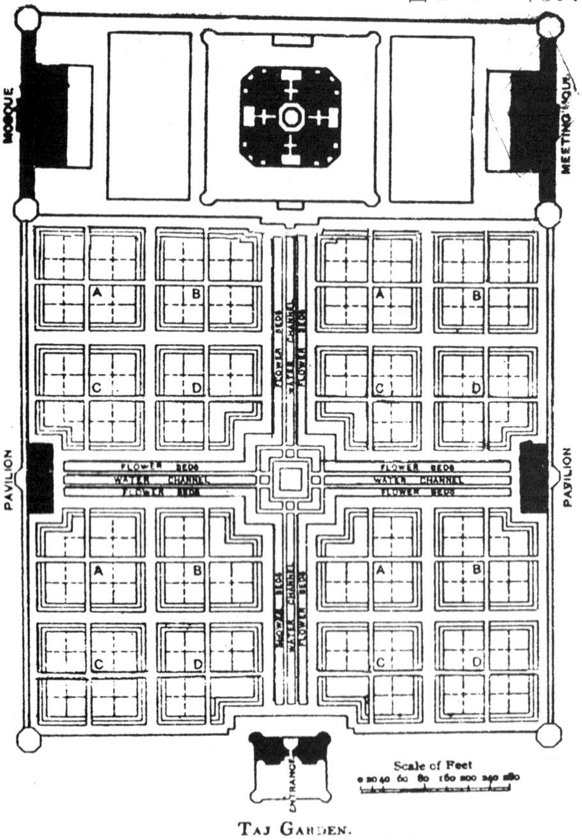

图 2—38 泰姬陵平面

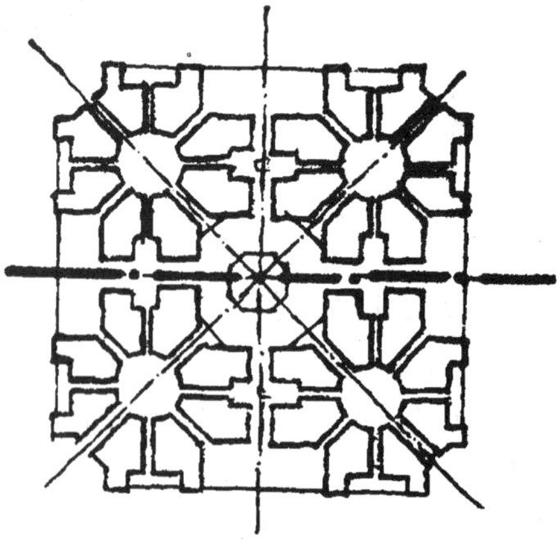

图 2—39 泰姬陵轴线系列

纵观园林大千世界，各国家、各民族、各地区的人们在漫长的历史变迁中，创造了无数的园林佳作。如果究其根本的创作方法，主要有3种方法，一是轴线法，二是山水法，三是综合法。

1. 轴线法

轴线法即规则式园林的设计方法。任何设计方法无非是园林的五大要素之间的组合形式。轴线法是规则式园林的实质。由于强烈、明显的轴线结构，规则式园林将产生庄重、开敞、明确的景观感觉。一般轴线法的创作特点是由纵横两条相互垂直的直线组成，控制全园布局构图的"十字架"，然后，由两主轴线再派生出若干次要的轴线，或相互垂直，或成放射状分布，一般组成左右对称，有时还包括上下、左右对称的、图案性十分强烈的布局特征。轴线法创作产生的规则式园林最适合于大型、庄严气氛的帝王宫苑、纪念性园林，广场园林等。如法国巴黎凡尔赛宫（图2—41轴线系列用图2—40）、意大利台地园、英国伦敦的都铎王朝最著名的汉普顿宫、美国华盛顿纪念园林、中国故宫内的御花园（图2—40）、印度的泰姬陵（图2—37至图2—39）等园林设计精品。

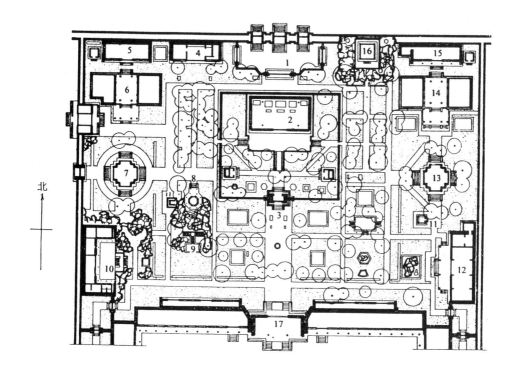

图2—40—A 故宫御花园平面

1.承光门 2.钦安殿 3.天一门 4.延晖阁 5.位育斋 6.澄瑞亭 7.千秋亭 8.四神祠 9.鹿囿 10.养性斋 11.井亭 12.绛雪轩 13.万春亭 14.浮碧亭 15.摘藻堂 16.御景亭 17.坤宁门

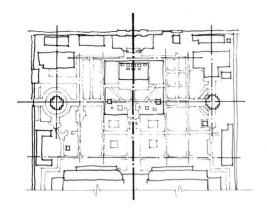

图 2—40—B 故宫御花园轴线系列

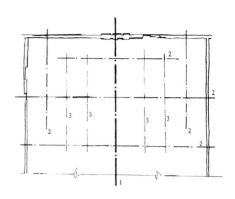

图 2—40—C 故宫御花园轴线系列分析
1. 主轴线 2. 副轴线 3. 支轴线(主轴、副轴与支轴构成故宫御花园轴线系列,其它图上轴线系列同样由主轴、副轴与支轴构成)

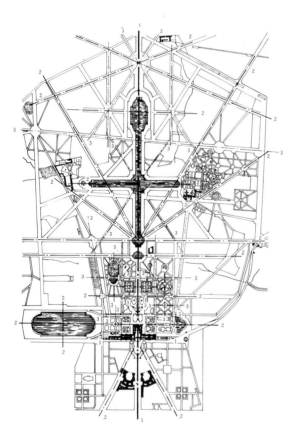

图 2—41—A 法国凡尔赛宫苑轴线系列

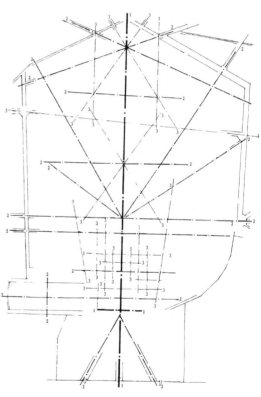

图 2—41—B 法国凡尔赛宫苑轴线系列分析

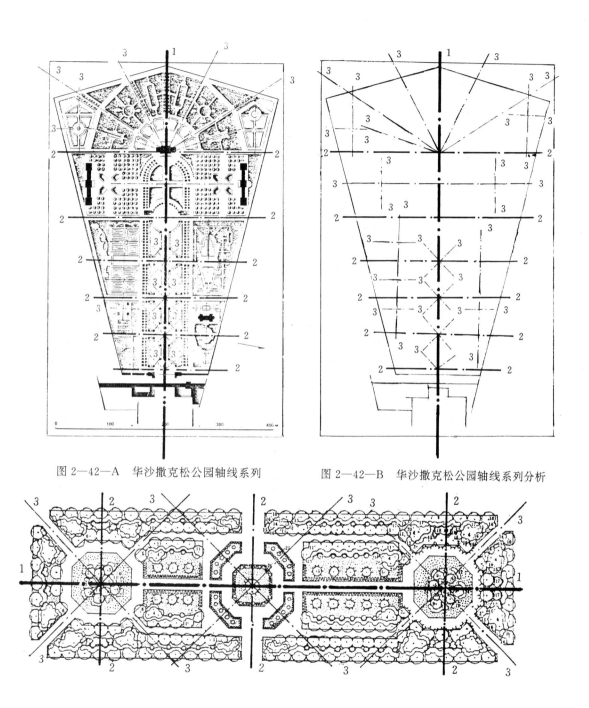

图 2—42—A 华沙撒克松公园轴线系列　　　图 2—42—B 华沙撒克松公园轴线系列分析

图 2—43—A 北京二里沟休息绿地轴线系列

以法国凡尔赛宫苑为例（图 2—27、图 2—41），把宫殿放在城市和宫苑之间的高地上。宫殿的主轴线，一头伸进城区，一头伸进宫苑，它从两个方向看起来都是体现"王权统治着城市和乡村"的统率构图。

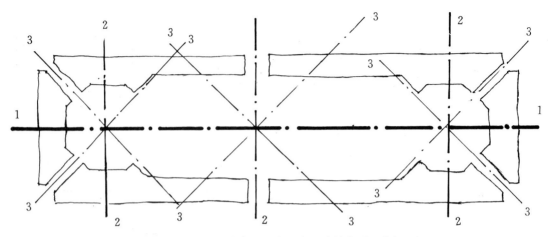

图 2—43—B 北京二里沟休息绿地轴线系列分析

宫苑内，主轴线真正成了艺术中心，而且不仅仅是一条几何轴线，有副轴线和其它次要轴线辅佐它。在它们之间，还有更小的，然而是笔直的林荫道。在道路的交叉点上安置雕像和喷泉。因此，整个园林的布局就是个秩序严整、脉络分明、主次有序的格网。宫殿或其它园林建筑近处是绣花花坛；还有全园在主轴线或次轴线上的，以及轴线交叉处的水池、水渠、绿篱、绿墙、绿门等一律是几何整形。

凡尔赛宫离巴黎 18km，原是路易十三世的一所猎庄，这里的自然条件很差，"那儿尽是盐碱化的、最光秃秃的不毛之地，没有景致，没有水，没有森林，只有飞扬的尘沙和沼泽。"路易十四的主要辅佐高尔拜竭力反对在此建园，主要考虑造宫殿园林的花费太大。但路易十四认为"正是在困难的事情里，才显出我们的英勇刚毅。"路易十四不但不接受高尔拜的谏诤，反而任命他为工程的主持人。这充分反映了，在法国那个时代，"人们要征服自然，……开拓它的穷荒"。在向自然索取的指导思想支配下，从选址到立意，反映了法国统治者所建立的专制王权，统治一切，征服自然的信念。

意大利台地建筑式园林（图 2—24），是结合山地国家在丘陵地带的斜坡上造园。台地多由倾斜部分和下方的平坦部分构成，建筑物也被用作瞭望台，故尽可能将它们建于高处，或被置于露台下方。平面布置采用轴线法，严格对称，一般园林的对称轴必定以建筑物的轴线为基准，即最广泛采用的形式是以建筑物中心轴线为庭园的主轴线。除一条主轴线外，还有数条副轴线与主轴线垂直或平行。其次，园林的局部通过轴线来对称地统一布置，以水渠、花坛、泉池、露台等为面；园路、绿篱、行列式的乔木、阶梯、瀑布等为线；小水池、园亭、雕塑品等为点进行布局。

被列为世界文化遗产之一的印度泰姬陵园（图 2—37）的规划，是轴线法的极品。这座陵园位于临近朱木拿河的地带，是一座优美平坦的陵园。该园的特征就是它的主要建筑物均不在园林的中心，而是偏于一侧。在通向巨大的拱形大门之处，以方形池泉为中心，开辟了与水渠垂直相交的大庭园，迎面而立的是大理石陵墓的动人的建筑造形倒映在一池碧水之中。陵墓通体用纯白大理石建成，镶嵌有 28 种宝石（包括玛瑙、玉石和石榴石）。建筑物建在高 9.14m（30 英尺）的平台上，顶部为高 97.54m（320 英尺）的穹顶圆塔，四隅建有尖塔（minaret）。

稍小于主体建筑的带圆塔的建筑物如侍女一般立在左右，就像建筑完全对称那样。陵园的园林部分以建筑物的轴线为中心，取左右均衡的极其单纯的布局方式，即用十字形水渠来造成的四分园，在它的中心处没有建筑物，而筑造了一个高于地面的白色大理石的漂亮的喷水池陪衬陵墓。

规则式轴线法的创作特色讲究对称、轴线，在种植设计上，为达到对称、整齐、几何形，所以，多进行树木整形，修剪，创作出树墙、绿篱、花坛、花境、草坪，修剪树形、瓶饰等西方园林中规则式的种植方式（图2—44至图2—48）。

中国古代皇家宫苑中，也有中轴对称布置的应用，如北京紫禁城内的御花园（图2—40）就是很好的实例。御花园位于北京紫禁城中轴线的尽端，御花园的中轴线和故宫的轴线重合。建筑布局按照宫苑模式，主次分明，左右对称，园路布置亦呈纵横规整的几何式，山、池、花木在规则、对称的前提下有所变化。御花园的总体规划于严整中又富于变化，显示了皇家园林的气派，又具有浓郁的园林气氛。

2. 山水法

东方园林，以中国古典园林为代表的自然山水园就是山水法设计的典范。日本（图2—49）以及亚洲其它国家也普遍沿用。17世纪以后，英国等其它欧洲国家受中国自然山水园的影响，也多有采用。

中国园林可分为四大类型：即帝王宫苑、私家宅园、寺庙园林和风景名胜区。无论哪种类型，其园林形式都类归于自然山水园林。山水法的园林创作特点，就是把自然景色和人工造园艺术，包括园林五大要素的改造，两者巧妙地结合，达到"虽由人作，宛自天开"的效果。最突出的园林艺术形象，是以山体、水系为全园的骨架，模仿自然界的景观特征，造就成第二个自然环境。

山水法造园，一般"地势自有高低"，那么"高方欲就亭台，低凹可开池沼"；即使原地形较平坦，也"开池浚壑，理石挑山"。用一句话概括，"挖湖堆山"法。

"构园无格，借景有因"。所以，山水法的园林布局"巧于因借"，"精在合宜"。因借，"借"者，"园虽别内外，得景则无拘远近"。借外景，也就是"晴峦耸秀，绀宇凌空，极目所至，俗则屏之，佳则收之，不分町疃，尽力为烟景，斯所谓巧而得体者也。"《园冶》的这段关于"借"的论述有几层意思：一是借景可分园内借和园外借；二是凡是人的视线所及，必须做到收进美好能成景的形象。另外，《园冶·卷三·十·借景》指出："构园无格，借景有因"，"夫借景，林园之最要者也。如远借、邻借、仰借、俯借、应时而借。"

远借，一般指外借。颐和园西边的玉泉山、玉泉塔，远看好像在园内，为颐和园的组成部分，可实际距离相隔约1km。实际上，从观景效果，等于颐和园的赏景范围扩大了1km之遥。承德避暑山庄附近"山矗崎倚天，特作金碧色者"的磬锤峰，专为观赏日落前后的借景。这些借景为园林增辉。"因"者，"随基势之高下，体形之端正，……宜亭斯亭，宜榭斯榭，不妨偏径，顿置婉转"，斯谓"精而体宜"。

所谓"体宜"，即"构园得体"，布局合理，"自成天然之趣，不烦人事之工。"山水法造园也是根据不同的"基势"、"体形"，而做到"得景随形"。就以中国三个皇家的帝王宫苑为例，都是山水法所创作的自然山水园，由于规划设计者"相地"和"构园"做到"合宜"、"得体"，使得颐和园、圆明园、避暑山庄不仅在面积、规模等方面成为中国古典园林之最，而且在园林技术发展史上，以其精湛的设计技巧独占鳌头，别具一格，权当楷模。

图 2—44—A 凡尔赛宫苑花坛行列树

图 2—44—B 凡尔赛宫苑瓶饰、花坛

图 2—45 美国旧金山金门公园内树墙

图 2—46 美国旧金山金门公园温室前种植

图 2—47 美国西雅图月季园内修剪树形

图 2—48 美国华盛顿某教堂园林

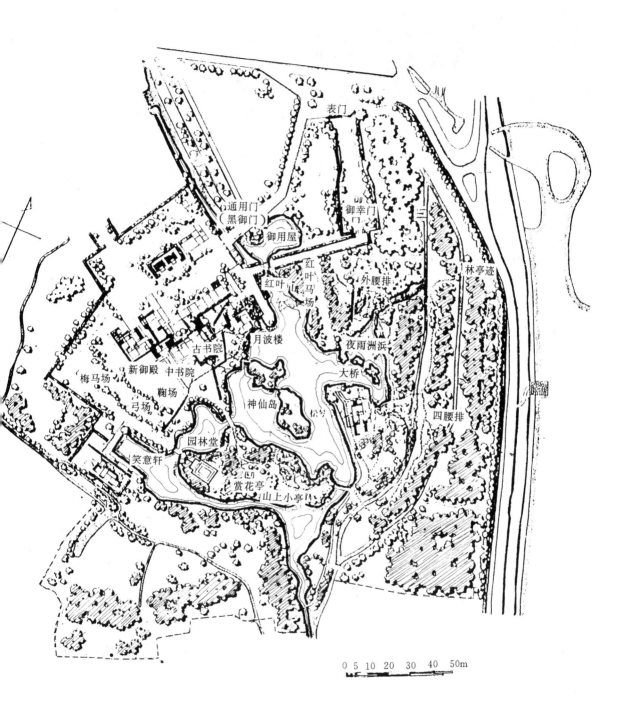

图 2—49 日本桂离宫平面

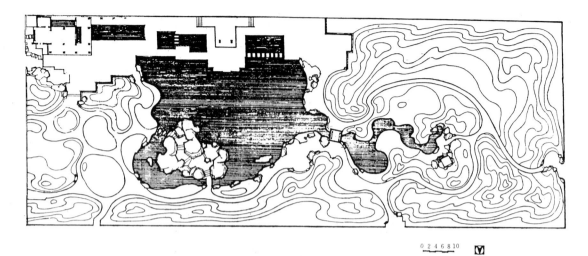

图 2—50—A 北京国际贸易中心庭园山水骨架设计方案

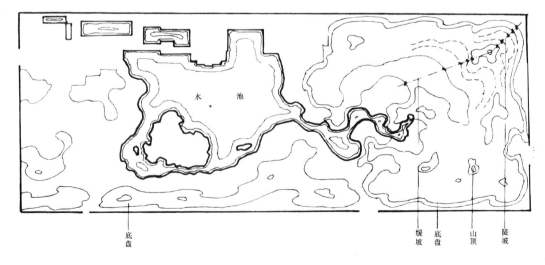

图 2—50—B 北京国际贸易中心山体设计分析

山水地形是园林的间架，自然山水园的构景主体是山体水系（图2—51）。这就是园林构景区别于单纯的建筑群和庭园布置的主要点。《画论》指出："水令人远，石令人古"，"地得水而柔，水得地而流"，"胸中有山方能画水，意中有水方许作山"，上述说明山水不可分割的关系。承德避暑山庄山地占3/4，所以在处理山水关系时，自然以山为主，以水为辅，同时以建筑为点景，以树木为掩映。也就是说，在山水间架确定后，全园五大要素统一协调，全面布局。

杭州西湖内三潭印月景点（图2—51—A），就是山水法中堤岛型景观，应用虚实对比的手法，创造出虚中求实，实中有虚，虚虚实实，湖中有岛，岛以堤围，堤中又有岛的水景园。此外，还有"湖洞式"，如浙江绍兴的"东湖"等。

除了帝王宫苑，江南私家宅园均是自然山水园，更确切地称之"文人自然山水园"，也是我国造园艺术的精华。

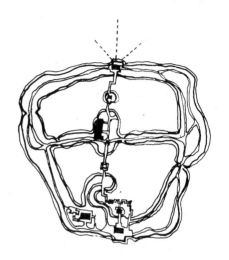

图2—51—A 杭州西湖三潭印月平面

苏州古典园林著名者有拙政园、留园、网师园、沧浪亭、狮子林、怡园、耦园等。在苏州城内的这些"咫尺山林"与住宅紧密相连，占地600~1000m²，到最大者拙政园也就是40000m²，布局特点，多半以上园子中间以水池构景，构图摹仿自然，挖湖堆山，以叠石堆山丰富园景，建筑、道路、花木曲折自由。自建园林，即将"诗情画意"融贯于园林之中，标榜园主人之"清高"与"风雅"。

江南地区，如扬州、杭州、南京、上海、无锡等地，私家宅园风格类似，但都结合当地条件，创造出各具特色的园林（图2—51—B~G）。

3. 综合法

所谓综合法是介于绝对轴线对称法和自然山水法之间的园林设计方法，又称混合式园林。由于东西方文化长期交流，相互取长补短，使园林设计方法更加灵活多样。由于文化交流、思想沟通和科学的进步、社会的发展，现代文化生活趋于近似。中国近代、现代城市公园的设计，逐渐地形成现代中国自然山水园的风格（图2—52）。

上海广中公园（图2—52—A），东北部是采用中轴对称的规则形式。该公园从东入口到西部管理处，约250m长的中轴线贯穿到底，然后一条支轴线垂直于该主中轴线往南，逐步转变为自然曲线道路、土山、水池构成的自然式（自由曲线）的园林空间。

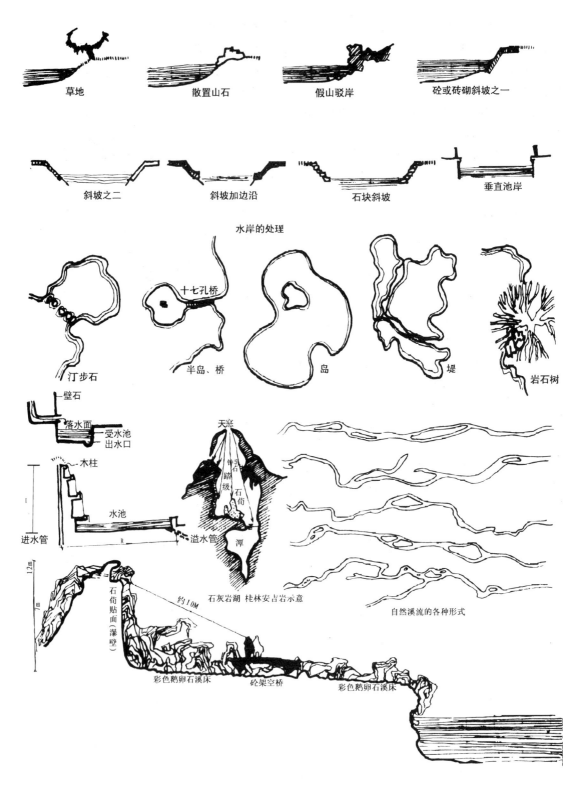

图 2—51—B 水岸、水面设计

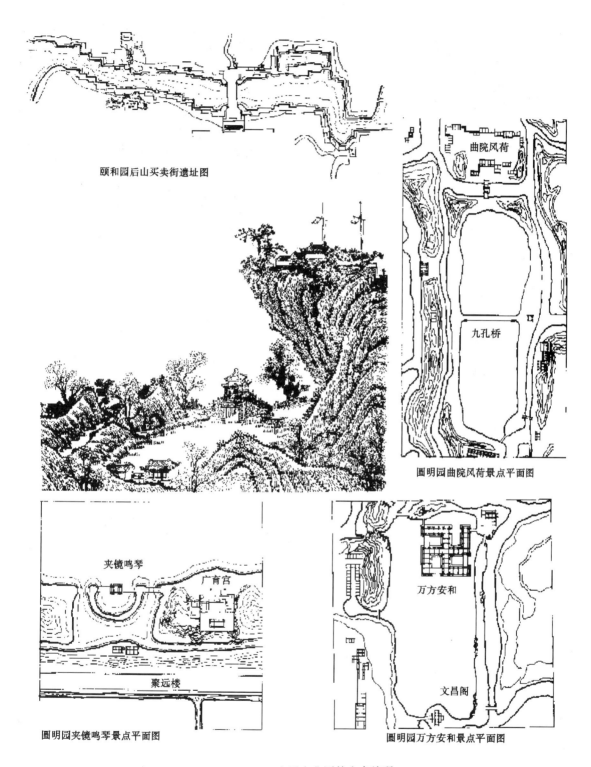

图 2—51—C 中国古典园林山水处理

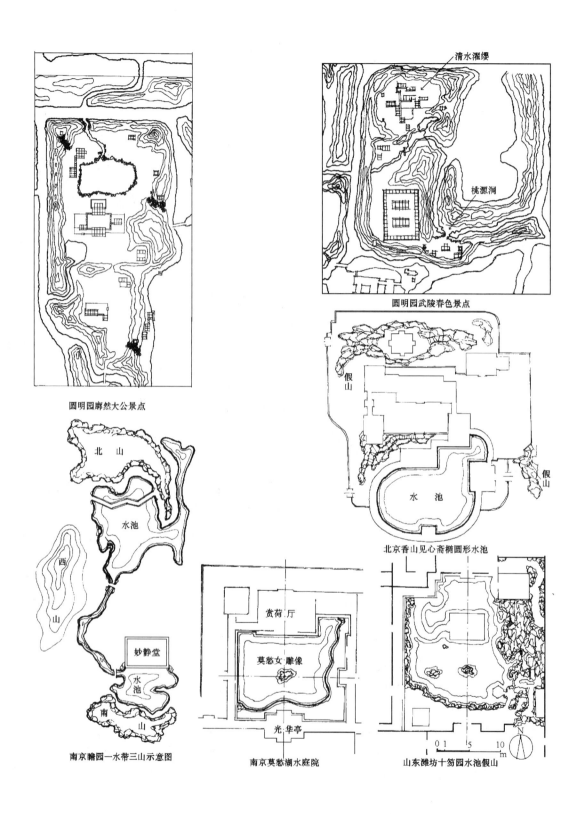

图 2—51—D 传统山水园水体

46

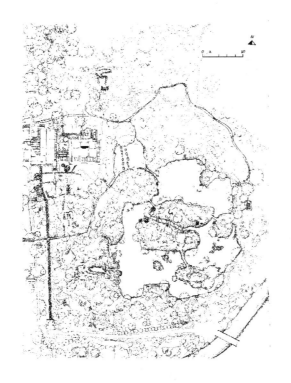

图 2—51—E 日本古典园林——西芳园的水岛平面

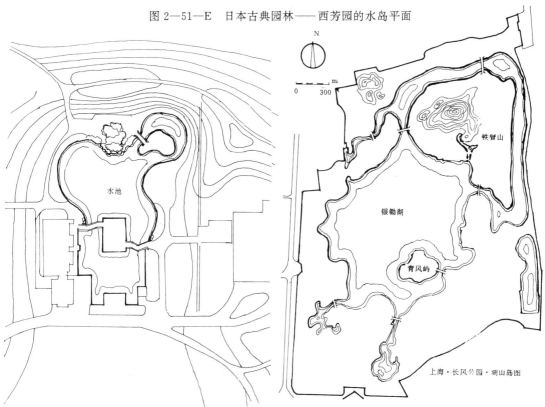

图 2—51—F 现代园林山水体系

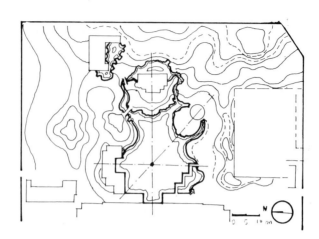

图 2—51—G 现代园林山水体系

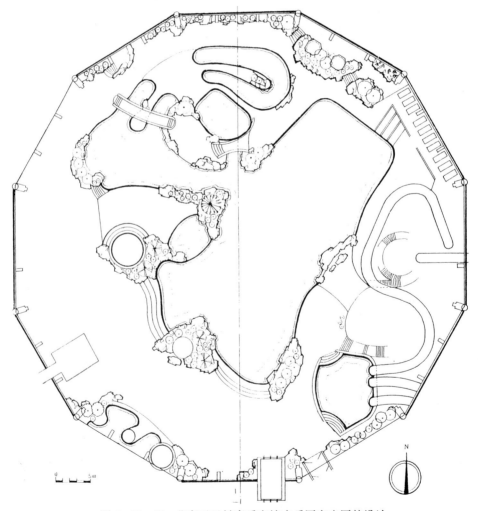

图 2—51—H 北京亚运村康乐宫嬉水乐园室内园林设计

图 2—51—I 美国加利福尼亚州某私人曲线流线形游泳池

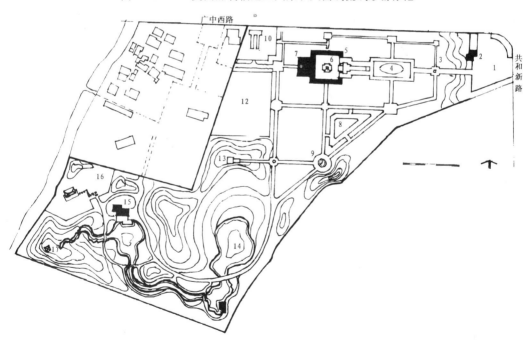

图 2—52—A 混合式园林（上海广中公园总体规划）

1. 公园入口广场 2. 售票、值班 3. 入口西洋名雕 4. 沉床园 5. 廊柱花架 6. 喷泉 7. 荟萃展厅 8. 纹样花坛 9. 花钟 10. 花圃 11. 公园管理处 12. 儿童乐园 13. 格兰亭 14. 水池 15. 茶室 16. 和风庭 17. 清趣亭

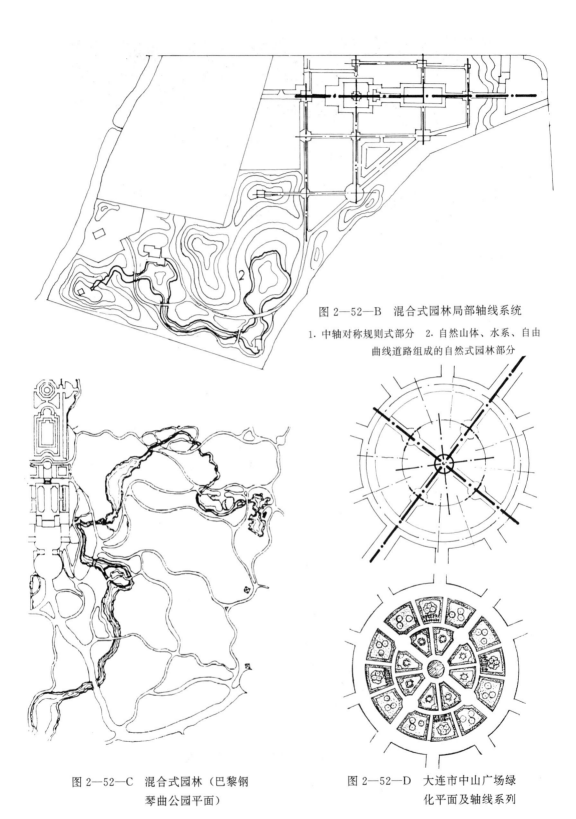

图 2—52—B 混合式园林局部轴线系统
1. 中轴对称规则式部分 2. 自然山体、水系、自由曲线道路组成的自然式园林部分

图 2—52—C 混合式园林（巴黎钢琴曲公园平面）

图 2—52—D 大连市中山广场绿化平面及轴线系列

第三节 园林布局基本原则

一、构园有法，法无定式

园林设计所牵涉的范围广、内容丰富，这就要求设计者要根据具体的园林内容和园林的特点，采用一定的表现形式。内容和形式基本确定后，还要根据园址的原状实际情况，通过设计手段，创造出具有个性的园林作品。

园林布局基本原则包括以下诸方面的内容：

1. 主景与配景

在自然界，植物的干与枝、花与叶，动物的躯干与四肢（或双翼）都呈现出明显的主——从结构。自然界正是通过这些差异的对立，又共同成为一种统一、协调的有机组合的整体。各种艺术创作中，首先确定主题、副题，重点、一般，主角、配角，主景、配景等关系，都表现为主从关系。所以，园林布局，首先在确定主题思想前提下，考虑主要的艺术形象，也就是考虑园林主景。

以德国柏林苏联红军烈士纪念墓为例，其主题非常明确，为纪念当时苏军战士。苏军战士为消灭法西斯，拯救在德国纳粹奴役下的各国人民而献出自己的生命。也表达苏联人民对阵亡儿子的深切怀念。

柏林苏军烈士纪念墓，在1949年进行设计竞赛。1952年，从52件设计作品中，选出以"祖国母亲"为题的设计方案。苏军烈士墓坐落于德国柏林的特列普托夫公园内，作者：

建筑师　　雅·布·列洛波利斯基
雕塑家　　伊·弗·弗鲁列季奇

作品献给苏军攻占柏林与法西斯血战中阵亡的苏军战士。

烈士墓位于一锐角三角形地段，地势平坦，背面有山地、水体。作者采用中轴对称的形式，在角分线上安排主轴线，展开全园的布局序列。

陵墓主轴线上，安排主景——古坟岗，顶上屹立苏军战士一只手握剑、斩破纳粹卐字徽，另一只手抱着儿童。圆顶墓下面用玻璃做成的《胜利》勋章，石基座用黑色大理石做成书籍造型，上书曰："埋葬战争"。苏军战士雕塑的形象严肃、沉静，表达他们为反法西斯而战的坚毅精神。登上陵墓有56级台阶，逐级升高。这样，使陵墓主景更加突出。瞻仰者从两边入口，斜对轴线中心，一座"母亲"雕像迎面而来，朝主墓望去，前面为红色花岗岩做成的半倒旗门，象征对烈士致哀，旗下为战友半跪像。上了旗门台阶，在古坟岗和旗门之间，有5块正方形的花坛连续排列，上置白色花岗岩雕成5个花圈平放于花坛上。两边是战友坟墓、石棺，上面刻有苏联卫国战争的浮雕。

"祖国——母亲"雕塑，一组作品选用坚硬的花岗岩共650t。

从图面上不难看出设计者所安排景物的序列：从《母亲》雕像开始，接着是旗门（前有半跪"战友"雕像，上数步台阶，进而是5块方形镶上白色花岗岩花圈，最后到古坟岗上苏军战士像。景物的排列：序幕（母亲雕像）→起景（旗门）→发展（花圈、花坛）→高潮（古坟岗）。该作品的排列方式，以高潮即结尾的方法布局。

这样，我们看到配景烘托的作用，母亲雕塑作为序幕，在低处与主景苏军战士遥相呼应；起景旗门分别两旁，半倒旗，一方面起到左右陪衬的作用，又起框景效果，使主要景物有前景呼应。进而5大花坛，花圈在平地上布局，临近主景苏军战士，直接起到烘托主景的艺术效果。

颐和园（图2—53），前山宽1000m，最高处不过60m。设计者在安排颐和园前山建筑、园林空间布局中，首先确定了从"云辉玉宇"排楼起始，包括其前面凸出于湖面的弧形登船上岸码头的垂直驳岸，直至"智慧海"的一条前山主轴线。以排楼为序幕，以排云门为起景，发展到排云殿，登上垂直石壁两边的石蹬道，达到主轴线上的主要景物—佛香阁。这也就是前山主轴线景观序列的高潮点。最后，智慧海作为该序列的结束点。

主景佛香阁为高38m，八角形、四重檐、攒尖顶木结构建筑。佛香阁以重彩浓墨着意渲染，突出建筑群的主轴线。佛香阁不仅体量高大，而且建筑形象典丽端庄，又绰约多姿。此外，在比例、尺度、质地、色彩上都作了精心推敲，而且主要景物佛香阁位于高程的高处，一定程度上，满足了视觉效果的要求。

主要景物还通过次要景物的配景、陪衬、烘托，得到加强。云辉玉宇排楼两边是绝对对称的两组四座建筑：东为介寿堂垂花门、对鸥舫；西为清华轩垂花门、鱼藻轩。佛香阁东西两侧为等距离而不同形象的铜亭（宝云阁）和湖山碑。这组属拟对称的景点十分重要地起到使严格对称的建筑群向万寿山自然景观过渡的作用。

《画山水诀》云："主山最宜高耸，客山须是奔趋"，"画有宾主，不可使宾胜于主"，"众山拱伏，主山始尊"。上述画论对主景山、配景山技法的分析，在园林筑山、构景中道理是一样的。

为了表现主题，在园林和建筑艺术中主景突出，通常采用下列手法：

(1)中轴对称 在园林布局中，确定某方向一轴线，在轴线的上方通常安排主要景物，在主景物前方两侧，常常配置一对或若干对的次要景物，以陪衬主景。这种手法，如纪念性广场，纪念性园林，如前述的苏军烈士墓、广州起义烈士陵园、南京雨花台烈士陵园、美国首都华盛顿纪念性园林、天安门广场，法国凡尔赛宫殿等。

(2)主景升高 主景升高犹如"鹤立鸡群"，这是普通、常用的艺术手段。主景升高往往与中轴对称的方法联用。美国首都华盛顿纪念性园林是东西、南北两根轴线交叉点，在缓坡、略突起的土岗上，设主景——华盛顿纪念碑，方尖碑，碑体总高约155m，处于两根中轴线交叉中心点。北京天安门广场的人民英雄纪念碑、颐和园前山的佛香阁，法国巴黎凡尔赛宫前路易十四雕像的位置也是在严格中轴对称线的高台上。

(3)环拱水平视觉四合空间的交汇点 园林中，环拱四合空间主要出现在宽阔的水平面景观或四周由群山环抱的盆地类型园林空间，如杭州西湖中的三潭印月、圆明园福海中的蓬岛瑶台、避暑山庄湖区的金山塔、北海静心斋的沁泉廊、北海湖面琼华岛上的白塔寺园林空间。此外，苏州的留园、拙政园等小型园林都采用了同样手法。圆明园中的杏花春馆(图2—54)景区，四周群山、土岗围合，中间杏花春馆以及农田、村舍的布置又是一种形式。自然式园林中四周由土山和树林环抱的林中草地，也是环拱的四合空间。四周配植林带，在视觉交汇点上布置主景，如花地、水景、假山、树丛、树群、建筑等，即可以起到主景突出作用。

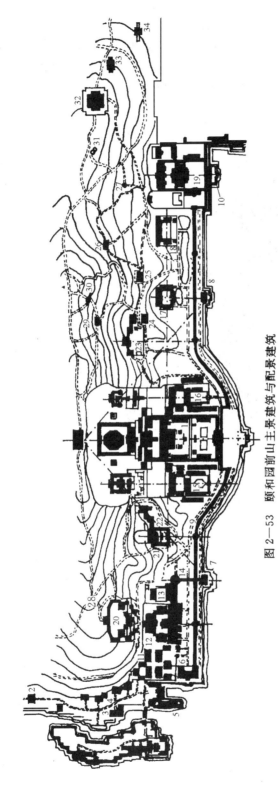

图 2-53 颐和园前山主景建筑与配景建筑

1. 排云殿、佛香阁 2. 宿云檐 3. 临河殿 4. 小有天 5. 清宴舫 6. 石丈亭 7. 鱼藻轩 8. 对鸥舫 9. 长廊 10. 水木自清 11. 西四所 12. 听鹂馆 13. 贵寿无极 14. 山色湖光共一楼 15. 清华轩 16. 介寿堂 17. 无尽意轩 18. 茶云轩 19. 乐寿堂 20. 画中游 21. 云松巢 22. 邵窝 23. 写秋轩 24. 阅朗斋 25. 意迟云在 26. 福荫轩 27. 含新亭 28. 湖山真意 29. 重翠亭 30. 千峰彩翠 31. 云阁 32. 景福阁 33. 自在在 34. 赤城霞起

(4)构图重心位能 三角形、圆形图案等重心为几何构图中心,往往是处理主景突出的最佳位置,起到最好的位能效应。自然式园林中的视觉重心,也是突出主景的非几何中心。自然山水园的视觉重心忌居正中,如园林中主景假山的位置,不规则树丛主景树的配植位置,水景中主岛的布局、自然式构图中主建筑的安置,都考虑在自然重心上。重心处理,山水画和山水园林构图师出一脉(图2—55)。

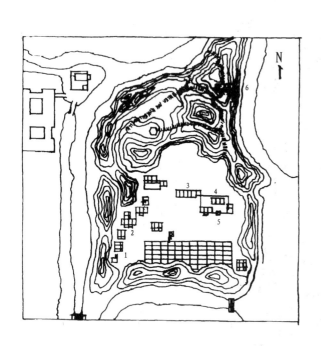

图2—54—A 圆明园杏花春馆
1.杏花村 2.春雨轩 3.翠微堂 4.镜水斋 5.抑斋

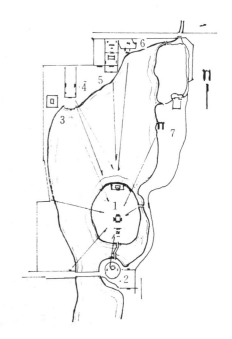

图2—54—B 北海琼华岛
1.琼华岛 2.团城 3.五龙亭 4.阐福寺
5.西天梵境 6.静心斋 7.船坞

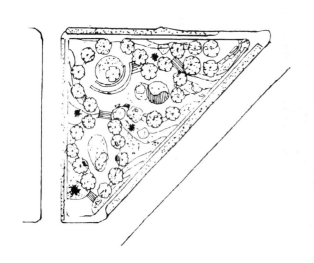

图2—55—A 前苏联某街心花园广场位置

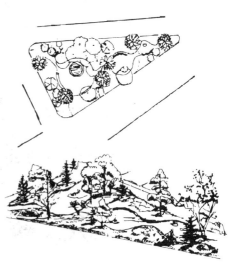

图2—55—B 美国维明顿城休息绿地

(5)渐变法 渐变法即园林景物布局,采用渐变的方法,从低到高,逐步升级,由次要景物到主景,级级引入,通过园林景观的序列布置,引人入胜,从序幕、发展,最后达到高潮,引出主景。

当然,上述几种主景突出方法往往不是单独处理,而是若干方法的综合。例如德国柏林的苏军烈士陵园正是通过中轴线、主景升高、渐变等手法的综合应用,达到主景突出,表达主题思想。

上述主景突出的表现手法,归纳起来,主要是应用艺术处理中的对比方法,即主景升高与配景是降低、拱伏的对比;中轴对称、构图重心、渐变的处理,即配景、次要景物相互之间位能主、次、重、轻之对比。而上述对比的双方又统一于完整的构图之中。也就是有花无叶,或光有叶而没有花都成不了景。只有绿叶配红花,主景突出,配景烘托才能成为完整园林构图。这与戏剧中主角、配角演成一台戏同理。

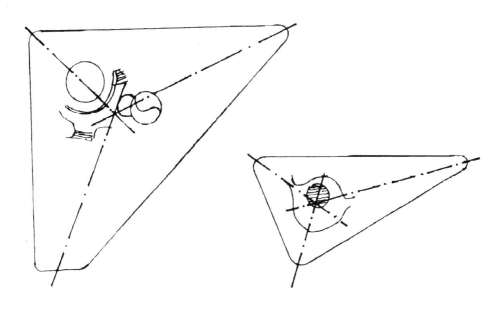

图 2—55—C 三角形图案几何中心位能示意

法国大雕塑家罗丹曾有一段"砍手"故事。大意是这样,有一次罗丹完成一项较得意的作品,并展示给他的学生观看。结果学生们都称赞罗丹雕刻作品中人物手部的雕刻令观者注目,精采无比。此时,罗丹拿起锤子砸掉雕刻作品中手的部分,并告诉学生为什么要砸掉手部的原因。主要错在作品的脸部主要表情部分被手部的次要形象所淹没,已起到喧宾夺主的艺术效果。所以,任何艺术家,包括造园艺术家,时时记住任何艺术的局部不能影响整体主要的艺术效果。

从主景与配景的景观处理,可以让我们引出一条重要的艺术创作原则——多样统一的构图原则。无论是主景与配景的关系,或对比手法、韵律、比例、尺度、均衡等艺术创作手法,都不过是多样统一构图在某一方面的表现形式。

多样统一,即有机的统一,或称之为统一中求变化,在变化中求统一。任何造型艺术都是由不同的局部所组成,这些部分之间,既有区别,又有内在联系,只有将这些部分按一定规律,有机地组合成为一个整体,既有变化,又有秩序,这就是多样统一。反之,一件艺术品，缺乏多样性和变化，就产生单调感；同样，缺乏和谐和秩序，作品就产生杂乱无章的效果。

2. 对比与调和

对比与调和是布局中运用统一与变化的基本规律，创作景物形象的具体表现。对比，是借两种或多种性状有差异的景物之间的对照，使彼此不同的特色更加明显，提供给观赏者一种新鲜兴奋的景象。对比是采用骤变的景象，以产生唤起兴致的效果。空旷的绿茵草坪，由于竖向高耸的密林对比，水平或缓坡的草坪显得更加广阔和爽朗。调和的手法，主要通过布

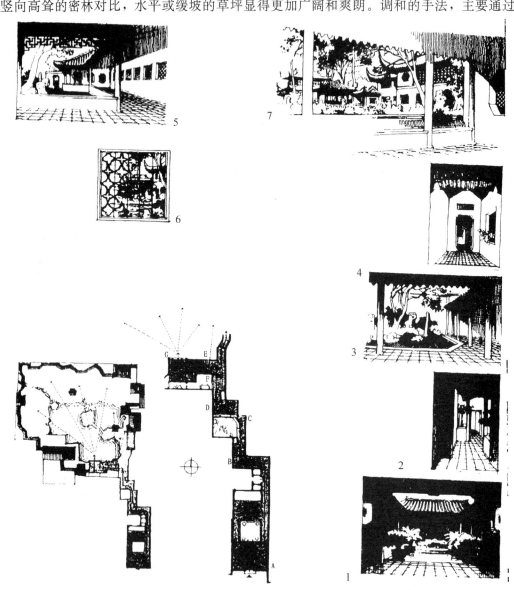

图 2—56—A 苏州·留园入口"空间对比"艺术手法图解
1. 进园后第一小院 2. 狭长多变的曲廊 3. 又一小院 4. 封闭而狭窄的廊子
5. 走出廊子后豁然开朗 6. 隔窗窥见园内景物 7. 位于末端的最后小院
8. 留园入口至中心水池平面图 9. 留园入口不同停留点示意

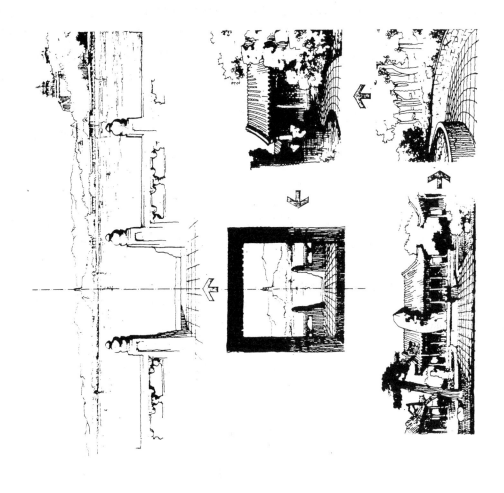

图 2-56-B 颐和园仁寿殿后"盘山道"与昆明湖畔空间对比图解

1. 仁寿殿　2. 盘山道　3. 玉澜堂　4. 昆明湖畔

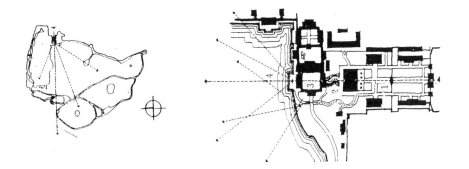

局形式、造园材料等方面的统一、协调，如把美学性状相同或相似的景物配置在一起，整个景观效果较和谐。

园林设计中，对比手法主要应用于空间对比、疏密对比、虚实对比、藏露对比、高低对比、曲直对比等。主景与配景本身就是"主次对比"的一种对比表现形式。

（1）空间对比　苏州留园出入口的处理，是空间对比的一个佳例。留园的入口既曲折又狭长，且十分封闭，但由于处理得巧妙，充分利用其狭长、曲折、忽明忽暗等特点，应用对比的手法，使其与园内主要空间构成强烈的反差，使游人经过封闭、曲折、狭长的空间后，到达园内中心水池，感到空间的豁然开朗。同时，由于入园门以后，内厅的暗与天井亮的对比，小院天井与曲廊的明与暗的对比，还有入园门后游览路线西→北→西北→西→北→西……不断的方向变化，加上大天井、小曲廊、小天井、小院、内院……之间空间大小的变化，使游人处于明暗对比、方向对比、空间大小对比变化之中，从而没有沉闷、单调的感觉。相反，通过对比的原理，最终进入主空间时，顿觉留园中心水池的主空间，明朗、宽阔（图2—56—A）。

北京颐和园，入口部分，即东宫门后区的仁寿殿及其后面的玉澜堂均为四合院，游人穿过仁寿殿后门的"盘山道"、宽约2.5m的曲折"山路"，然后过玉澜堂门前到昆明湖畔，遥望远方玉泉山上玉泉塔，对面的玉带桥，视野顿觉开阔，颐和园湖光山色尽收眼底，正是空间对比的艺术效果（图2—56—B）。

（2）虚实对比　虚与实是相辅相成又相互对立的两个方面，虚实之间互相穿插而达到虚中有实，实中有虚，使园林的景观变化万千，玲珑生动。如：杭州西湖的堤岛三潭印月，从湖面上看，岛的四周绿树成荫，好似岛上浮着一颗实实的绿珠，一旦游人上了堤岛，堤内湖光水色美不胜收；再望前，只见湖水中的岛又产生一幅幅画面倒影，真可谓"湖中有岛，岛中有湖，湖中又有岛"，"虚中有实，实中有虚，虚中又有实"。杭州西湖三潭印月的园林景观正如《浮生六记》所指出："……，园林的妙处不仅在迂迴曲折，而且还表现在虚中有实，实中有虚，或藏或露，或深或浅"。园林中的虚实，还体现在山与水方面，山为实，水为虚，水中有岛，岛中又有池，这就是"实中有虚，虚又有实"。另外，如粉墙为实，而门窗、月洞门为虚，……。

（3）疏密对比及其它　篆刻艺术的布局处理曾讲到，为求得气韵生动，在位置经营上必须有疏有密，而不能平均对待。所谓"宽可走马，密不容针"的提法就是讲究疏密对比的艺术手法。园林中，在种植设计上的密林、疏林、草地，就是疏密对比手法的具体应用，如杭州花港观鱼公园中的雪松草地，草地中的树丛，树丛中又疏疏留出小的草地，就是疏密对比、疏密变化手法的应用。

其它方面的对比，如主次对比、高低对比、上下对比、直线与曲折线的对比等手法，都在园林中得以广泛应用。

3. 节奏与韵律

在园林布局中，常使同样的景物重复出现，如德国柏林苏军烈士墓前5块方形草坪，5块等量草坪上摆着5个用花岗岩雕刻成同样大小、同样画案的白色花岗岩的花圈。这种同样的景物重复出现和布局，就是节奏与韵律在园林中的应用。

节奏为音乐上的术语，指音响运动的轻重缓急形成节奏，其中节拍的强弱或长短交替出现，而合乎一定规律。

韵律为诗歌中的声韵和节律。诗歌中音的高低、轻重、长短组合，均匀地间歇或停顿，一定地位上相同音色的反复出现，以及句末或行末利用同韵同调的音相和时，构成了韵律。韵律可分为连续韵律、渐变韵律、交错韵律、起伏韵律等处理方法。一种连续韵律是图案相同、距离相等、重复出现的，如上述的苏军烈士墓的花岗岩花圈。另一种是图案形状不同，但图案大小近似，距离相等重复出现的，如颐和园乐寿堂粉墙上的形形色色景窗，距离相等，体量相似，但图案不同，每个图案都不重复，虽然图案没有一个重样，但总的感觉，多而不乱，多样统一于连续韵律的构图之中。再如，颐和园十七孔桥的桥孔，从中间往两边逐渐由大变小，形成递减趋势。中国传统的塔式建筑，如西安的大雁塔、小雁塔，杭州的六和塔等和十七孔桥的原理都一样，是渐变韵律的具体应用。

4. 均衡与稳定

在园林布局中均衡可以分为静态均衡或依靠动势求得均衡，或称之为拟对称的均衡。对称的均衡为静态均衡，一般在主轴两边景物以相等的距离、体量、形态组成均衡即静态均衡。拟对称均衡，是主轴不在中线上，两边的景物在形体、大小、与主轴的距离都不相等，但两景物又处于动态的均衡之中，如北京颐和园昆明湖上的廓如亭与南湖岛通过十七孔桥的连接达到拟对称均衡的效果。庞大的南湖岛，岛上有龙王庙等建筑，通过十七孔桥，与单个亭子——廓如亭取得动态均衡。廓如亭面积为 $130m^2$，为八角重檐特大型木结构亭，亭子的柱子内外3圈，由24根圆柱，16根方柱组成。尤其在严冬，当树叶凋谢后，游人可在万寿山脚昆明湖畔清晰地看到这组拟对称均衡的画面。其均衡原理恰似中国传统古秤，秤锤和物体之间不对称均衡的原理一样。

5. 尺度与比例

任何物体，不论任何形状，必有3个方向，即长、宽、高的度量。比例就是研究三者之间的关系。任何园林景观，都要研究双重的3个关系，一是景物本身的三维空间；二是整体与局部，或称之为景物与周围环境组成的景观总体形象之间的关系。

园林中的尺度，指园林空间中各个组成部分与具有一定自然尺度的物体的比较。功能、审美和环境特点决定园林设计的尺度。园林是供人们休憩、游乐、赏景的现实空间，所以，要求尺度要满足人的需要，令游人感到舒适、方便。不可变尺度，或称之为适用尺度，如踏步一般高为15cm，栏杆为80cm，坐凳为40cm，月洞门为2m直径，儿童活动场坐凳高为30cm等，都是按一般人体的常规尺寸确定的尺度。当然，特殊情况另作处理，如为残疾人服务的设施就要特殊考虑。另外一种是可变尺度，如建筑形体、雕像的大小、桥景的幅度等都要依具体情况而定。

园林中经常应用的是夸张尺度，夸张尺度往往是将景物放大或缩小，以达到造园意图或造景效果的需要，如颐和园的佛香阁到智慧海一段登山道，台阶自然错落，但一般台阶都在30cm到40cm高，很明显，设计者的目的在于创造出一种登佛寺（无梁殿）的艰难感，令游人对佛寺产生尊严感。也在颐和园后湖北面的后山，建一缩小比例的妙觉寺，门洞不足2m，城关采用小尺度的手法。对比的结果，使后山这座假山显得高大，这就是夸张尺度在园林中应用的两个实例。

二、功能明确，组景有方

园林布局是园林综合艺术的最终体现，所以任何一项园林工程，必须考虑好它的功能分区合理，组织景区、景点有序。

整个园林观赏活动的内容，归结于"点"的观赏、"线"的游览两个方面。园林景观游赏恰似风景连续剧，或比作山水风景画长卷。园林布局与山水画处理手法是一样的。

在分析园林观赏点、游览线之前，首先要了解园林的功能分区。

在园林总体布局中，功能分区是首先要解决的技术问题。园林既是游憩空间，又是生活空间，所以，古今中外任何一件成功的园林作品都要解决功能分区问题。

以世界上规模（1500hm²）最大的法国巴黎凡尔赛宫为例，园中轴线长达3km，与在高坡上长400m的宫殿主楼垂直联系。中轴的一半是十字形运河，中轴两侧分布对称的花坛、喷泉、池沼、雕像。整座凡尔赛宫由两个功能分区，即横轴长400m的行宫区和行宫以南旷大的宫苑区组成。

颐和园总面积290hm²，分成3个功能区。宫廷区位于园的东北端，宫廷区的西北紧靠生活区，仁寿殿、玉澜堂以西便是广大的苑林区。苑林区又以万寿山山脊为界，分为南北两个景区，即前山前湖景区，后山后湖景区。前山中央建筑群轴线上以佛香阁为主景，整个建筑组群形成前山前湖的构图中心。

昆明湖广阔的水面，由西堤及其支堤划分为3个水域，东水域最大，它的中心岛屿是南湖岛；西堤以西有两小水域；靠南是颐和园内最大的岛屿，南岸建藻鉴堂，靠北是水中两层圆形城堡式岛屿三层高的治镜阁。

现代园林的功能分区更具体明确。杭州西湖的西南角花港观鱼（图2—7至图2—11）建于1953年，总面积为18hm²。它是以"花"、"港"、"鱼"为观赏特色的新型公园，共3个入口，东门、西门、南门。全园可划分为6个主要景区，一是鱼池御碑亭区，该区为花港观鱼旧址，由旧鱼池和御碑亭组成；二是观鱼区，该区是公园平面构图中心，主体为大片塘塘，以观红鱼为特色；三是牡丹园，该区为公园立面的构图中心，筑有土丘假山，山顶置牡丹亭，小径两侧由山石砌种植池，以牡丹为主，衬托以山石、日本五针松、红枫和翠柏；四是大草坪区，公园北面长200m、宽80m的大草坪，草坪配植大雪松，构成雪松草坪的开阔、高耸、葱翠的景观效果，为广大游人所喜爱；五是密林区，该区位于公园西部，景观特点在于野趣盎然、茂林修竹、曲径幽雅；六是新花港区，该区位于公园南部，草坪、疏林、亭廊、茶舍，是群众休息的好去处。

在合理的功能分区基础上，组织游赏路线，创造系列构图空间，安排景区、景点，创造意境情景，是园林布局的核心内容。

园林中的游览路线就是园路，园路规划本身的重要职能之一，就是要考虑组织观赏程序、疏导游览人流的集散、导向。园林游赏路线，主要指贯穿于全园各景区、主要景点、景物之间的联系与贯通线路，也就是园林中、公园中主路的结构和系统，其小路只起到辅助作用。作为真正的游览路线，将由游人在兴致勃勃参观游览中，自成随意、自由、错综复杂的路线。按阿姆斯特德原则（要点）第五条道路成流畅曲线型布置和第六条全园靠道路划分不同区域，同时联系各景区构成统一整体。

总结历来园林布局，可以归纳以下游览路线组织的特点：

1. 水景区

一般多作环湖导游，主要原因是由人们固有的对水景的亲近性所决定的。水是活物，无风时水面平静如镜，有风时水浪汹涌澎湃，微风时水面碧波涟漪。水中的倒影，彩光反射，以

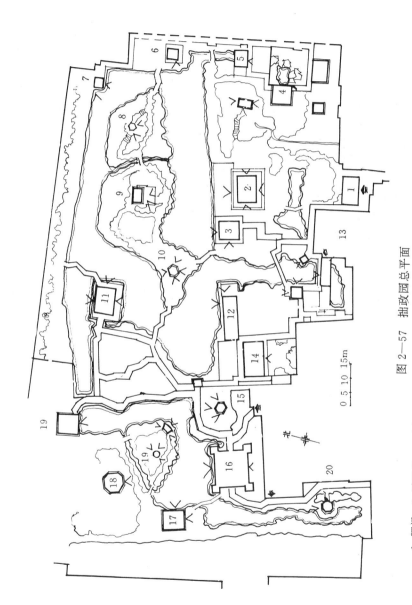

图 2—57 拙政园总平面

1. 腰门 2. 远香堂 3. 南轩 4. 玲珑馆 5. 海棠春坞 6. 梧竹幽居 7. 绿绮 8. 待霜 9. 雪香云蔚
10. 荷风四面 11. 见山楼 12. 香洲 13. 小沧浪 14. 玉兰堂 15. 两宜亭 16. 卅六鸳鸯馆
17. 听雨轩 18. 浮翠阁 19. 倒影楼 20. 塔影楼

及水的可游、可玩、可赏，所以，几乎中国园林中无园不水。纵观苏州古典园林的千姿百态，但比较共同的布局特点之一，是水池居中，桥岛相连，四周山石、建筑、花木环抱，错落布局（图2—57）。

2. 山林区

道路的分布多沿山脊或山谷走向。向上观赏高远景致，向下观赏俯视景观。

游览路线忌讳直通，方向重复，或树干分叉。路线组织追求环行、均衡分支，自成循环体系。

3. 景物观赏点

观景点一般安排在主景物的南向，景物坐北朝南，不仅可以争取到好的采光、光照、背风，而且为植物生长创造良好条件。

以苏州古典园林为例，厅堂往往是全园主要的观赏点，而且园主常常在此进行宴客、娱乐活动。厅堂多布置在主要园景的正面，隔水对山、对景而立。留园的"涵碧山房"，沧浪亭的"见山楼"，拙政园的"远香堂"，这些厅、堂都是坐南向北，而主要景物，建筑景观坐北而朝南，而不致于使景物坐南朝北，终日处于受阴无光面的环境，影响景观质量。

拙政园中部、西部主要观赏点（图2—57）：远香堂、南轩、梧竹幽居，雪香云蔚、绣绮亭、见山楼、玉兰堂、小香洲；卅六鸳鸯馆、两宜亭、倒影楼，浮翠阁、听雨轩等观赏点的观赏特点列于表2—1至表2—4。

表2—1 拙政园中部、西部观赏点的特点*

观赏点	地面标高（m）	观赏特点
远香堂室内地坪	+1.91	主要厅堂，四面有对景，前景开敞
远香堂室外平台口	+1.60	主要观赏所在，隔水看山
香洲舱前平台	+0.96	低视点，因水得景
见山楼楼下地平	+0.91	低视点，因水得景
香洲楼上	+4.96	高视点，可俯览山池亭榭
见山楼上	+3.51	高视点，可俯览山池亭榭
小沧浪	+1.10	低视点，因水得景，前景深远而多层次
小飞虹	+1.04～+1.32	桥梁，因水得景
西半亭	+1.15	因水得景，前景深远
雪香云蔚亭前地面	+4.63	山上高视点，可远眺俯览园景
待霜亭前地面	+4.47	山上高视点，可远眺俯览园景
梧竹幽居	+1.71	因水得景，前景深远
荷面四面亭	+1.50	三面濒水，一面因山
绣绮亭	+4.51	山上高视点，可远眺俯览园景

* 以1962年10月13日水面标高为±0.00

表 2—2 观赏点与景点之间的距离实测[1)]

园　名	观赏点与景点起止点	视距(m)	景物的高度（m）		
			房屋	亭子	山景
拙政园	从"远香堂"至"雪香云蔚"	34		8.5	4.5
留　园	从"涵碧山房"至"可亭"	35		10	4
怡　园	从"藕香榭"至"小沧浪"	32		9	4～5
狮子林	从"荷花厅"至对面假山	18			
沧浪亭	从"明道堂"至"沧浪亭"	13			
网师园	从"看松读画轩"至"濯缨水阁"及假山	31	5.5		
环秀山庄	从西侧边楼至假山主峰	13			

表 2—3 以峰石为主景的视距实例[1)]

石峰所在园名	视距起止点	视距(m)	石峰高(m)	高与远之比
留园"冠云峰"	从"林泉耆硕之馆"北门口至"冠云峰"中心	18	6.5	约1∶3
怡园"拜石轩"北面中峰	从"拜石轩"北门口至中间石峰	9	3	1∶3
狮子林小方厅	从"小方厅"北门口至石峰	10	5	1∶2
狮子林古五松园	从"古五松园"东门口至石峰	8	4	1∶2
留园石林小院	从"揖峰轩"门口至石峰	5.5	3.2	约1∶2
留园五峰仙馆	从"五峰仙馆"南门口至石峰	10	5.2	约1∶2

1) 引自潘谷西·苏州园林的观赏点和观赏路线，建筑学报。

表 2—4 颐和园观赏点与佛香阁视距与视角[2)]

观赏点	佛香阁高度（m）	视距(m)	垂直视角
豳风桥	76	600	7°13′
北水域之中心	80	500	9°5′
知春亭	79.5	530	8°32′
夕佳楼	75	450	9°27′
藕香榭	79	460	9°45′
水木自亲	79	400	11°10′

2) 引自周维权·颐和园的前山前湖，建筑史论文集。

由表 2—1 至表 2—4 不难看出，观赏点的几个主要特点：

(1) 观赏点的位置　观赏点与被观赏的景物之间的位置有高有低，高视点多设于山顶或楼上。这样可以产生鸟瞰或俯瞰效果，登高望，高瞻远瞩，纵览园内和园外景色，并可获得较宽幅度的整体景观感觉。低视点多设于山脚或水边，水边的亭、榭、旱船，或山洞底部上仰，飞檐挑梁、假山洞、悬崖，从而产生高耸、险峻的园景。观赏点与景物之间高差不大，将产生平视效果，一般感觉平静、舒适。

观赏点的位置可高可低，可进可退；游人可以登山、登塔、登楼俯视或鸟瞰，亦可乘船、濒水、涉溪而仰视；或境处于开朗空间，或境处于聚敛空间；或宏观全景，或细察精微。

（2）观赏点与景物的距离　园林中，观赏点与景物之间的距离，根据不同的园林类型，不同规模，而产生不同的视觉条件。一般来说，在大型的自然山水园林中，视距在200m以内，人眼可以看清主景中单体的建筑物；200～600m之间，能看清单体建筑的轮廓；600～1200m之间，能看清建筑群；视距大于1200m，则只能约略辨识建筑群的外形。在宅园的环境中，以苏州宅园为例，厅堂和假山之间的视距多在30～35m；厅前空间较小，一般在15m左右。苏州宅园中假山少数高达7m，一般高度都在4～6m。

据研究，正常人的视力，明视距离为25cm，4km以外的景物就不易看到。正常人的视域，水平方向的视角为160°，垂直方向的视角为130°。根据眼球的构造，眼底视网膜的黄斑处，视觉最敏感，但黄斑的面积较小，只在6°～7°范围内的景物能映入黄斑。如果以黄斑中央微凹处为中心，再以中视线为轴，即构成圆锥的视锥，可称之为视域或视域锥。一般情况下，60°范围以内，图象较清楚，而30°范围内，该视域内景物较为适宜。所以，在正常平视情况下，看清所观赏的景物的整体形象，水平视场为45°，垂直视场为26°～30°。

研究结果表明，产生"合适视距"的计算公式如下：

当垂直视域为30°时，其合适视距为：

$$D = (H-h)\text{ctan}\alpha$$
$$= (H-h)\text{ctan}(30°\times\frac{1}{2})$$
$$= (H-h)\text{ctan}15°$$
$$= 3.7(H-h)$$

式中，D 为合适视距；H 为景物高度；h 为人眼高度；α 为垂直视角。

据统计，大型物象，合适视距约为景物高度的3.5倍；小型物象的合适视距约为景物的3倍。

当水平视角约为45°时，其合适视距为：

$$D = (\frac{45°}{2})\times\frac{W}{2}\text{ctan}$$
$$= 22°30'\times\frac{W}{2}\text{ctan}$$
$$= 1.2W$$

式中，D 为合适视距；W 为景物宽度；α 为视角。

前苏联建筑师梅尔切斯以在广场设置雕像为例，考虑在不同垂直视角下的视觉效果，提出以下见解：当垂直视角为45°时的视距，即在雕像自身高度的尺度以内，游人可清楚地看到雕像的细部；当垂直视角为27°时的视距，即在雕像的2倍处，观赏者可观赏到雕塑作品的整体形象；当垂直视角为18°时的视距，即在雕像高度的3倍地方，游客将可以很好地观赏到雕像和周围景物一起的完整画面。以上关于视点与景物之间的视距,在不同垂直角位置分析,可作为园林设计中,园林建筑、园林雕塑等所在园林空间前面广场的尺度与范围的设计中作参考。一般情况,广场的尺度为园林建筑或园林雕塑作品的2～3倍,以满足园林建筑,园林雕像的艺术形象联同周围景物能完整地被游人观赏(图2—58)。

此外,不同观赏点、不同观赏角度的变化,将为游人带来"步移景异"的景观效果。杭州"花港观鱼"水榭景区的视点不同而得不同景观。

图2—58—A 不同视点的变化,产生"步移景异"的艺术效果
(引自合肥逍遥津公园"水榭景区"分析,中国新园林)

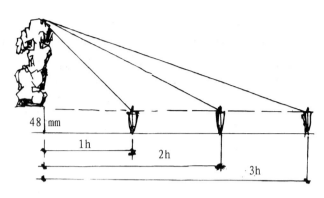

图 2—58—C 视点在 1 倍、2 倍、3 倍于景物距离时视觉效果

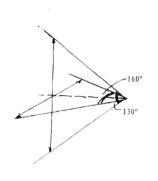

图 2—58—B 正常人视域、总视场

三、因地制宜，景以境出

《园冶·卷一·兴造论》中，开卷即曰："凡造作"，要"随曲合方"，"能妙于得体合宜。""园林巧于'因'、'借'，精在'体'、'宜'。""因者，随基之高下，体形之端正，碍木删枝，泉流石注，互相借资；宜亭斯亭、宜榭斯榭，不妨偏迤，顿置婉转，斯谓'精而合宜也'。"这说明要根据地形、地势的实际情况，因地制宜地建亭、筑榭，山道随形势，清泉石上流。

"因地制宜"的原则，是造园最重要的原则之一。同样是帝王宫苑，由于不同地形状况，而采用不同的造园手法，创造出迥然不同，各具风格的园林。

1. 颐和园——主景突出式自然山水园

颐和园前身叫清漪园，清漪园原址有一山叫瓮山，山前的湖泊叫瓮山泊，又称西湖，是北京近郊一带难得的一片水域。这一带，夏天十余里荷蒲菱芡，远近村落在长堤翠柳中若隐若现，10 座寺庙散落湖面，统称"西湖十寺。"1750 年，清乾隆皇帝改瓮山为万寿山，西湖改为昆明湖，绕万寿山西麓，连接北麓而开挖后溪河（后湖）。昆明湖的水域划分，以杭州西湖为蓝本，西堤的走向仿杭州西湖的苏堤，乾隆的《万寿山即事》诗云："背水面山池，明湖仿浙西；琳琅三竺宇，花柳六桥堤"可以佐证。万寿山南坡为庞大的建筑群体，建筑群中央的主体建筑佛香阁，通高 38m，器宇轩昂、凌驾前山，成为颐和园的构图中心，万寿山、佛香阁、昆明湖、西堤、三岛（昆明湖中的南湖岛、堤西的治镜阁、藻鉴堂等三大岛）、后湖（后溪河）形成"主景突出式"的自然山水园。

2. 圆明园——集锦式自然山水园

圆明园（图 2—60）原址在海淀镇北的一片平原上，地势低洼，间有潜水溢出地表，亦有自流泉水，称之为"丹棱沜。"圆明园的创作是自流泉水四引，用溪涧方式构成水系，称池、湖、海的大水面构成景区，在挖溪池的同时就高地叠土垒石堆成岗阜（一般高 7m 左右，或高至 20m 以上的小山），全园"因高就深，傍山依水，相度地宜，构结亭榭"（胤禛《圆明园记》）。全园无高大的山体，平面上以 500m 见方的大水面福海，周围 15 个景点聚合，向心于"蓬岛瑶台"平面构图中心。圆明园继承中国历代优秀造园传统，乾隆几下江南，命造园家尽收江南风景与园林之精华，结合北方气候条件，地理条件，导水堆山，移天缩地，在约 340hm² 的园地内，创造了千姿百态的风景点，而成为"万园之园"。集锦式的圆明园和主景式的颐和园成为我国北方皇家园林两颗串联的明珠（图 2—59）。

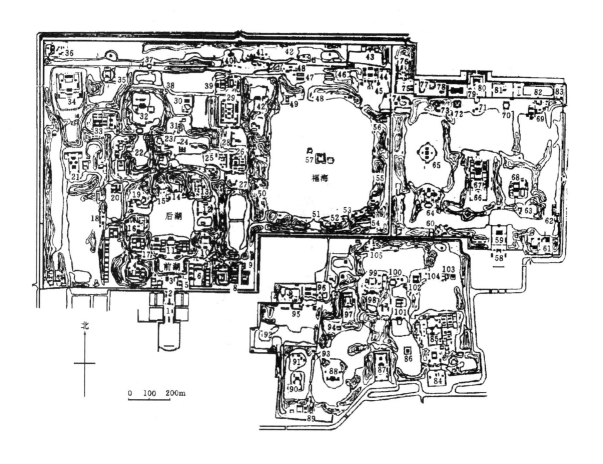

图2—59 圆明园平面图（引自周维权·中国古典园林史）

1.大宫门 2.出入贤良门 3.正大光明 4.长春仙馆 5.勤政亲贤 6.保和太和 7.前垂天贶 8.洞天深处 9.如意馆 10.镂月开云 11.九洲清晏 12.天然图画 13.碧桐书院 14.慈云普护 15.上下天光 16.坦坦荡荡 17.茹古涵今 18.水高水长 19.杏花春馆 20.万方安和 21.月地云居 22.武陵春色 23.映水兰香 24.澹泊宁静 25.坐石临流 26.同乐园 27.曲院风荷 28.买卖街 29.舍卫城 30.文源阁 31.水木明瑟 32.濂溪乐处 33.日天琳宇 34.鸿慈永佑 35.汇芳书院 36.紫碧山房 37.多稼如云 38.柳浪闻莺 39.西峰秀色 40.鱼跃鸢飞 41.北远山村 42.廓然大公 43.天宇空明 44.蕊珠宫 45.方壶胜境 46.三潭印月 47.大船坞 48.双峰插云 49.平湖秋月 50.藻身浴德 51.夹镜鸣琴 52.广育宫 53.南屏晚钟 54.别有洞天 55.接秀山房 56.涵虚朗鉴 57.蓬岛瑶台（以上为圆明园） 58.长春园大宫门 59.澹怀堂 60.茜园 61.如园 62.鉴园 63.映清斋 64.思水斋 65.海岳开襟 66.含经堂 67.淳化轩 68.玉玲珑馆 69.狮子林 70.转香帆 71.泽兰堂 72.宝相寺 73.法慧寺 74.谐奇趣 75.养雀笼 76.万花阵 77.方外观 78.海晏堂 79.观水法 80.远瀛观 81.线法山 82.方河 83.线法墙（以上为长春园） 84.绮春园大宫门 85.敷春堂 86.鉴碧亭 87.正觉寺 88.澄心堂 89.河神庙 90.畅和堂 91.绿满轩 92.招凉榭 93.别有洞天 94.云绮馆 95.含晖楼 96.延寿寺 97.西宜书屋 98.生冬室 99.春泽斋 100.展诗应律 101.庄严法界 102.涵秋馆 103.凤麟洲 104.承露台 105.松风梦月（以上为绮春园）

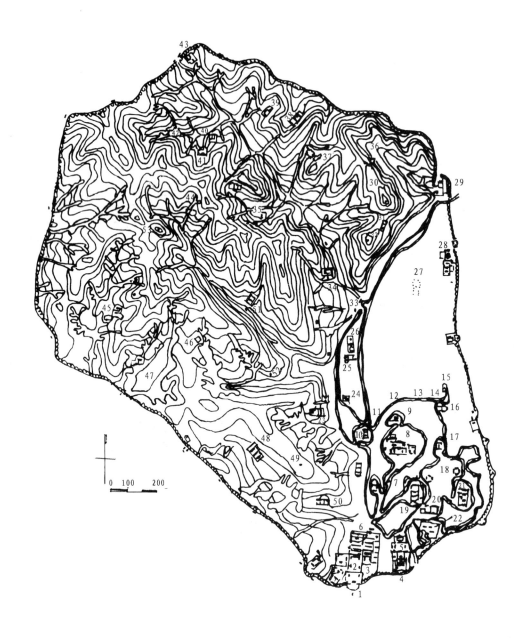

图 2—60 承德避暑山庄平面

1. 正门 2. 正宫 3. 松鹤斋 4. 德汇门 5. 东宫 6. 万壑松风 7. 芝径云堤 8. 如意洲 9. 烟雨楼 10. 临芳墅 11. 水流云在 12. 濠濮间想 13. 莺啭乔木 14. 莆田丛樾 15. 苹香沜 16. 香远益清 17. 金山亭 18. 花神庙 19. 月色江声 20. 清舒山馆 21. 戒得堂 22. 文园狮子林 23. 殊源寺 24. 远近泉声 25. 千尺雪 26. 文津阁 27. 蒙古包 28. 永佑寺 29. 澄观斋 30. 北枕双峰 31. 青枫绿屿 32. 南山积雪 33. 云容水态 34. 清溪远流 35. 水月庵 36. 斗老阁 37. 山近轩 38. 广元宫 39. 敞晴斋 40. 含青斋 41. 碧静堂 42. 玉岑精舍 43. 宜照斋 44. 创得斋 45. 秀起堂 46. 食蔗居 47. 有真意轩 48. 碧峰寺 49. 锤峰落照 50. 松鹤清越 51. 梨花伴月 52. 观瀑亭 53. 四面云山

3. 避暑山庄——风景式自然山水园

山庄（图2—60）总面积约为560hm²，其中山地占3/4强，湖区和平原地占不到1/4，尤其平原约占9%的总面积。山庄北面的外八庙呈众星拱月之势，加上周围多处风景点，使山庄规模更显宏伟、广大。避暑山庄号称七十二景，其实风景点远远超过这个数字。避暑山庄与颐和园、圆明园比较，是以山为宫、以庄为苑，得天独厚，自然环境无比优越，于风景名胜中妆点而成的风景式园林。是以人工美渗透于自然美之中的"野朴"情趣的山庄风景园。

避暑山庄的"相地"是十分成功的佳例。《园冶·山林地》中云："园林惟山地林最胜，有高有凹，有曲有深，有峻而悬，有平而坦，自成天然之趣，不烦人事之工。"清康熙皇帝花约3年时间的选址，"疏源之来由，察水之来历。"经比较，才确定将这块汇集多种地形、地势优点的地域作为行宫。避暑山庄兼得北方雄、野和江南秀丽之美，外围环拱之山坡地又有发展之余地，加上山泉、热湖，茂林劲松，鸟语花香，鸢飞鱼游，构成一幅天然图画。

四、掇山理水，理及精微

人们往往用"挖湖堆山"来概括中国园林创作的特征。

《画论》云："水令人远，石令人古"，"胸中有山方能有水，意中有水方许作山"，"地得水而柔，水得地而刚"，"山要回抱，水要萦迴"，"水因山转，山因水活"等山水画要诀，就是我们"挖湖堆山"的理论依据。同时，明确指出掇山理水是不可分割的关系。

中国历代学者对山水的理解已有精辟论述。

孔子云："智者乐山，仁者乐水"。因他看山高草木生长，鸟兽繁衍，雨露之泽，万物以成，即"水无私给予万方生灵"，遂以山水喻世人之品德。

宋郭熙在《林泉高致》一文中对山、水也有一番论述："山有三远，自山下而仰山巅谓之高远；自山前而窥山后谓之深远；自近山而望远山谓之平远"。"高远给人以清明感，深远给人以重晦感，平远给人以仲融飘渺感。"而其对水的三远是："聚者辽阔，散则萦迴，前者旷观，后者微观"，"近岸旷水，旷阔遥山，有烟雾"，"一片大明，景物至绝而微茫，漂渺者为幽远"，"水之三远：旷远，幽远与迷远。"

郭熙对水的特性描述如下："水活物也。其形欲深静，欲柔滑，欲汪洋，欲四环，欲肥腻，欲喷薄，欲激射，欲多泉，欲远流，欲瀑布插天，欲溅，欲扶烟云而秀媚，欲照溪谷而生辉，此谓水之活体也。"

自秦始皇在长池中作三仙岛以后，历代帝王多崇"一池三山"之法，包括西藏拉萨的罗布林卡这座达赖喇嘛的夏宫，也在他的湖心宫中建成藏式的"一池三山。"湖心宫中的"一池三岛"是三个方岛，其中最大者为汉式攒尖顶的方亭，另一岛为藏式攒尖亭，第三个岛为绿岛。然而，中国的传统文化艺术讲究既有一定之法，又可一法多用，即所谓"有法而无式"，有一定的法度而无固定的模式，一法可多式。

1705年，清乾隆帝为其母祝寿所建的清漪园，同样采用"一池三山"的模式。规划者根据当时"瓮山"、"瓮湖"的现状，一池三岛的创作，采用留堤（西堤）、留岛（藻鉴堂、治镜阁）、堆岛（南湖岛）的新法，在原瓮湖水面基础上，留出西堤向西扩展水面，留出藻鉴堂（山岛），治镜阁（阁岛），而不同于杭州西湖的"疏湖堆岛"；同时，在湖岛艺术处理上不重复同一个水面内留三岛的处理，而是分三个水面，由三个水面组合成一个大湖面，形成湖、堤、岛的新的"一池三山"新形象。更难能可贵之处，在于颐和园（原清漪园）在塑造三大岛——

南湖岛、藻鉴堂、治镜阁的同时,增添三小岛——知春岛、小西泠、凤凰墩。而且知春岛由两小岛、两座木桥、1 座十六柱亭——知春亭组成。小西泠岛是由曲折线的规则垂直条石驳岸构成,在传统自然山水园中,一反常法,与其周围的石舫、船坞构成颐和园西部景区的独特风格。小西泠岛曲折线规则垂直条石驳岸,与后湖苏州街的曲折线垂直驳岸又起到前后呼应的作用。后湖叫后溪河,以溪河形象对比于昆明湖"汪洋"大水面,在 1000m 长的后溪河上,水面收放有致,环境宁静清雅,形成另一番带状水系景致。

在建造圆明园时,为突出"仙岛神山"的主题思想,创造了以圆明园的福海三岛"蓬岛瑶台"的全园构图中心,约 25hm² 近方形湖面,东西、南北约 500m 长的湖岸线,尤其在雨雾天气,湖中的三岛如仙都神宫。三个岛分别叫做"北岛玉宇"、"蓬岛瑶台"、"瀛海仙山",中间蓬岛瑶台略大,其余两岛略小,仿李思训画意,成仙山楼阁之状。岩岩亭亭,望之若金堂五所,玉楼十二也。真可谓"天上画图悬日月,水中楼阁浸琉璃"。三岛皆近正方形,呈现西北往东南方向斜串联的湖岛布局,实属中国造园手法之妙举。

承德避暑山庄的湖区,由堤岛形仿中国古代吉祥物"如意"、"灵芝"之形,通过芝径云堤,使湖中三岛的形象构成一棵"如意灵芝"树,为"一池三山"的传统湖岛模式又添新花。

元代的大内御苑的太液池中三岛布列,分别为"万岁山"(原为金代的琼华岛),万岁山摹拟仙山琼阁的境界。其余二岛为"圆坻"和"犀山"。到明代的大内御苑中的西苑,将元代的太液池分成三个水面:北海、中海、南海。在西苑的南部开凿南海,扩大了太液池的原水面。在西苑北部的北海中改元代的万岁山为原名"琼华岛"。琼华岛浮现在北海的水面上,每当晨昏烟霞弥漫时,四际扑朔迷离,宛如仙山琼阁。元时的圆坻由水中岛屿变化半岛,原圆坻的土筑高台改为砖砌城墙的"团城"成为另一仙山。南海中堆筑大岛"南台"。从而在明代,将元代太液池的旧址改为西苑,西苑的水面由北海、中海、南海等三海组成,由琼华岛、团城、南台构成新的"一池三山"形象。

祖国西南雪域西藏的首府拉萨布达拉宫西南三里许,占地约 36hm² 的罗布林卡,藏语意为"宝贝园林",是达赖喇嘛专用的园林。罗布林卡始建于 18 世纪 40 年代七世达赖喇嘛时期。其中,措吉颇章景区(即湖心宫)内有罗布林卡中唯一的一处长 100m、宽 42m 的水池,池呈斜长方形,池内置正方形的石砌驳岸的三方岛。中岛面积约为 440m²,岛上一座汉式歇山顶的长方形建筑,叫措吉颇章(湖心宫),面积约 84m²;北面方岛约占地 168m²,岛上一座藏式四角攒尖式屋顶的正方形建筑,叫鲁康奴(西龙王宫),面积约 64m²;南面一座面积约等于鲁康奴大小的绿岛,上植树木。湖心宫等三岛成一正轴线上串联的布局。西藏拉萨市罗布林卡内同样再现了中国传统的"一池三山"风采。

中国的园林艺术对外国的造园也产生过一定的影响。据史料记载,大约在公元 5 世纪时,佛教经中国、朝鲜传入日本,中国的汉字、绘画、建筑等也随之传入,7 世纪的奈良时期,日本进一步汲取中国盛唐文化,这时,中国的园林艺术,也传入日本。当时在日本的园林中的水池,常也有蓬莱三岛的布局,这反映了日本园林受到中国秦汉神仙思想的影响(图 2—61 至图 2—79)。

1. 理水

理水首先要沟通水系,即"疏水之去由,察源之来历",切忌水出无源,或死水一潭。

水景的类型可分为静态水景与动态水景。静态水景又可分为:规则式和自然式、混和式等类型。规则式静态水景,如方形(北海静心斋),长形(南京煦园),自然式静态水景,如若方形（苏州的网师园等），若三角形（颐和园的谐趣园等），若长方形、狭形、复合形等。混合式静态水景以颐和园的扬仁风内水池称著。动态水景，如溪流、瀑布（湍濑、匹落、线落等形式）、泉等。见图2—80—A～B。

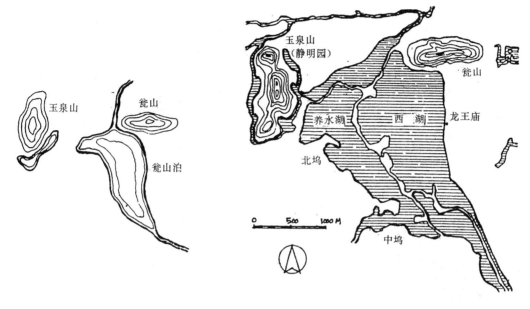

图2—61　元代瓮山泊、瓮山　　　　　图2—62　明末清初西湖瓮山

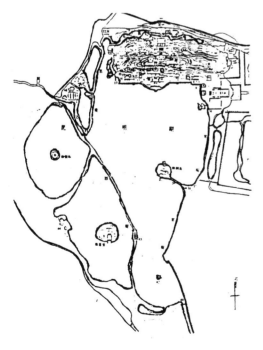

图2—63　清漪园昆明湖内"一池三山"

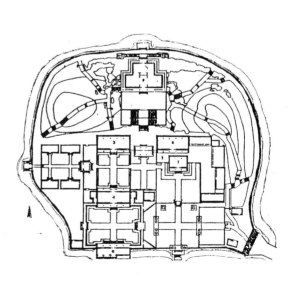

图2—64　南湖岛龙王庙

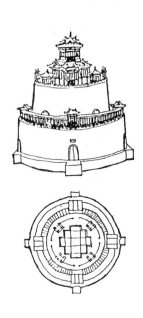

图 2—65 阁岛—治镜阁

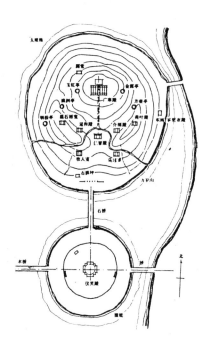

图 2—66 万岁山—团坻

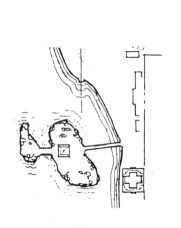

图 2—67 知春岛—知春亭

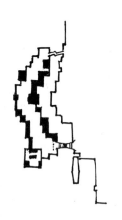

图 2—68 小西泠

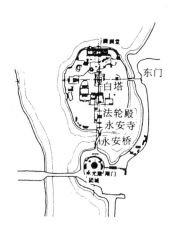

图 2—69 琼华岛及团城

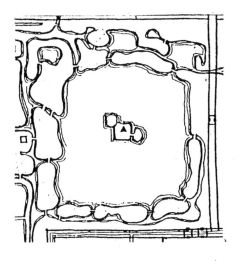

图 2—70 圆明园福海内"一池三山"

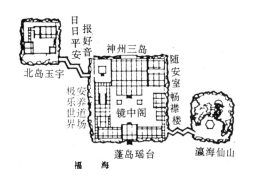

图 2—71 蓬岛瑶台

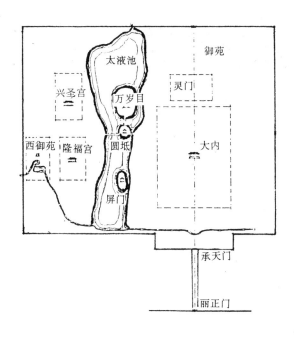

图 2—72 元大都皇城太液池内"一池三山"

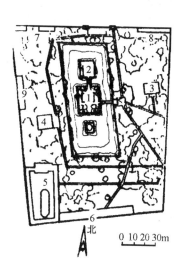

图 2—73 西藏罗布林卡湖心宫内"一池三山"

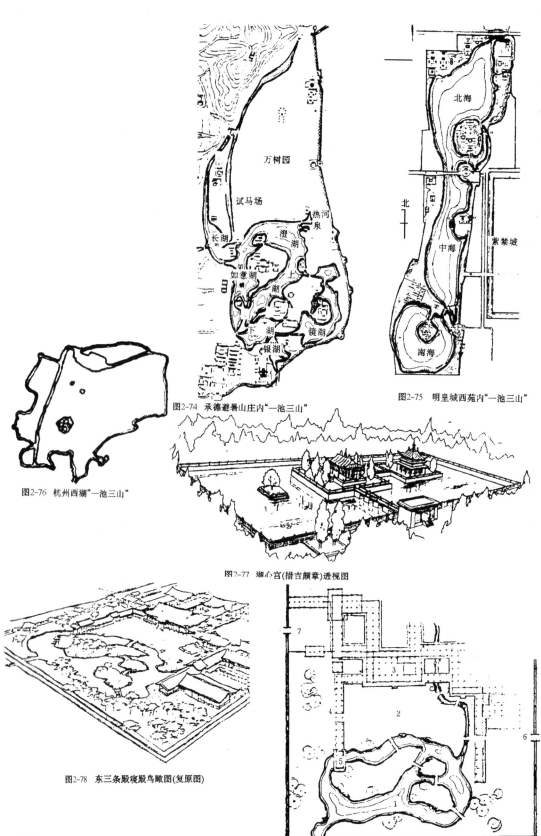

图2-74 承德避暑山庄内"一池三山"

图2-75 明皇城西苑内"一池三山"

图2-76 杭州西湖"一池三山"

图2-77 湖心宫(措吉颇章)透视图

图2-78 东三条殿寝殿鸟瞰图(复原图)

图2-79 东三条殿寝殿造庭园内"一池三山"

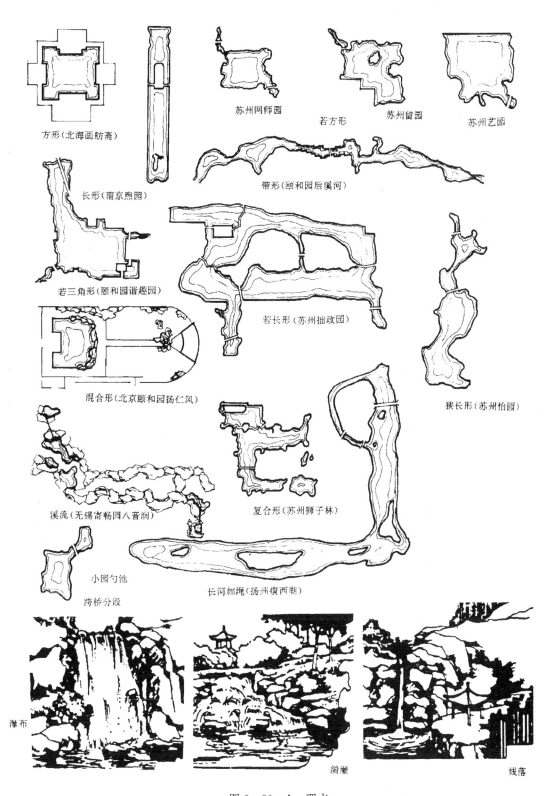

图 2—80—A 理水
（该版图引自《建筑设计资料集》3）

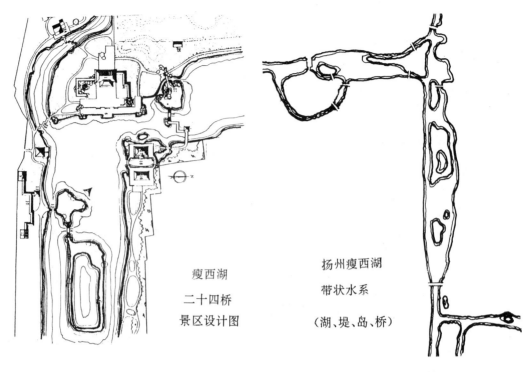

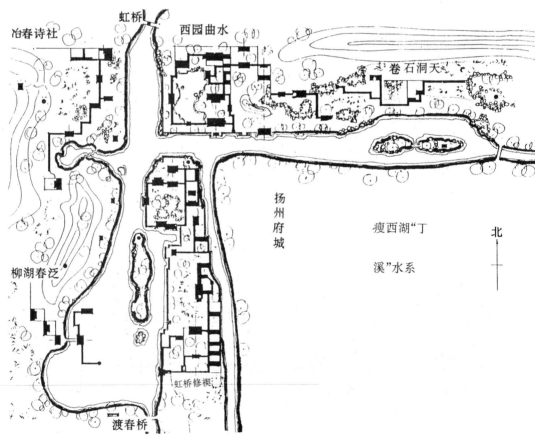

图 2—80—B 扬州瘦西湖水系

园林中，水系设计要求：

(1) 主次分明，自成系统　水系要"疏水之去由，察水之来历"。水体要有大小、主次之分。并做到山水相连，相互掩映，"模山范水"，创造出大湖面、小水池、沼、潭、港、湾、滩、渚、溪等不同的水体，并组织构成完整的体系。

(2) 水岸溪流，曲折有致　水体的岸边，溪流的设计，要求讲究"线"形艺术，不宜成角、对称、圆弧、螺旋线、等波状、直线（除垂直条石驳岸外）等线型。姐妹艺术中，以讲究线形艺术的书法，而书法中尤以草书的形态，可以作为园林设计中"线"形艺术创作的参考。唐代书法家孙过庭在其《书谱》一文中，对书法艺术中的形态、神韵、用墨、笔触等曾有过极其精采的描绘："…夫悬针垂露之异，奔雷坠石之奇，鸿飞兽骇之资，鸾午蛇惊之态，绝岸颓峰之势，临危据槁之形，或重若崩云，或轻如蝉翼，导之则泉注，顿之则山安，纤纤乎似初云出天崖，落落乎犹众星之列河汉，同自然之妙，…。"上述可以看出唐代孙过庭对书法的"异"、"奇"、"姿"、"态"、"势"、"形"等的描述，对于园林中的线形景观，如湖岸线、天际线、园路线等的设计都有一定的可借鉴性。当然，湖岸线、天际线等的设计，除了考虑线形外，还要因地制宜，结合驳岸工程的要求等综合因素加以确定。

(3) 阴阳虚实，湖岛相间　水体设计讲究"知白守黑"，虚中有实，实中有虚，虚实相间，景致万变。一般园林中水体设计可以根据水面的大小加以考虑。古典皇家园林颐和园水面占全园的 1/3，约 200hm²，所以水景分岛、堤、湖、河、湾、溪、瀑布（小型）、池等，驳岸有石条垂直驳岸、山石驳岸、矶等形式，使水景丰富多彩。有的水体还创造洲、渚、滩等景观。现代公园中，如上海的长风公园，水面占全园的 39%，约 14.3hm²，银锄湖内的青枫绿屿岛打破了湖面的单调感，因为大型园林的水体忌讳"一览无余"，岛的作用，增加湖面的层次，同时又组织了湖面的空间。一般小型园林，如苏州宅园，也在湖、池中点缀小岛、或山石，尤其假山驳岸或悬崖峭壁、山洞等处理，使水景更引人入胜。

(4) 山因水活，水因山转　传统的中国园林山水创作，山与水是不可分割的整体。水系与山体相互组成有机整体，山的走势、水的脉络相互穿插、渗透、融汇，而不能是孤立的山，无源的水。

2. 掇山

在造园的过程中，挖了"湖"，就要"堆山"。园林中堆山又可称之为"掇山"、"筑山"（图 2—81）。人工掇山可以分为：土山、石山、土石相间的山等不同类型。在掇山过程中，应根据土、石方工程的技术要求，设计者酌情而定。

土山在园林设计中，按造景的功能，分为主山、客山；土山还可以作围合空间、屏障、阜障、土丘、缓坡、微地形处理等。园林建设中，堆山较高的实例，如上海长风公园的铁臂山，高约 30m；上海植物园的松柏山，高约 9m；组织空间的土山，约 1.5～3.0m；组织游览的阜障、土丘，约高 1.0m；缓坡的坡度约为 1∶4～1∶10。

在《公园设计规范》中，确定了我国园林行业中，地形设计的标准。其中明确指出："大高差或大面积填方地段的设计标高，应计入当地土壤的自然沉降系数。改造的地形坡度超过土壤的自然安息角时，应采取护坡、固土或防冲刷的工程措施。"并规定，土山（上植草皮）最大坡度为 33%，最小坡度为 1%。土山设计要点为：

(1) 主客分明，遥相呼应　主山不宜居中，忌讳"笔架山"对称形象。山体宜呈主、次、

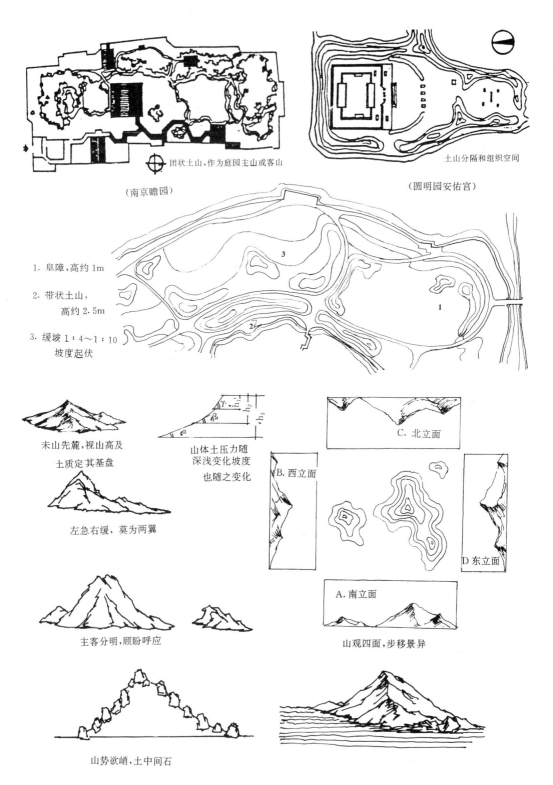

图 2—81—A 筑山（该图版引自《建筑设计资料集》3）

 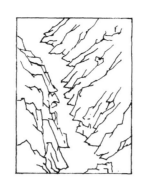 

高远，自下仰视山巅　　　　深远，自山前窥山后　　　　平远，自近山望远山

图 2—81—B　山的"三远"

配的和谐构图，高低错落，前后穿插，顾盼呼应，切忌"一"字罗列，成排成行。

（2）未山先麓，脉落贯通　堆山视山高及土质而定其基盘。山形追求"左急右缓，莫为两翼"，避免呆板、对称。

（3）位置经营，山讲三远　在较大规模的园林中，布置一组山体，在规划设计过程中，考虑达到山体的"三远"艺术效果。

（4）山观四面而异，山形步移景变　四面各异，讲究山体的坡度陡、缓各不同；不同角度，不同方面形态变化多端。峰、峦、崖、岗、山形山势随机；坞、嶂、洞、穴随形。

（5）山水相依，山抱水转　山水相连，山岛相延，水穿山谷，水绕山间。

微地形的利用与处理，近年来受到园林界的重视。缓坡草地、草坪为广大群众所接受。起伏的微地形，不仅创造出优美、细腻的景观，同时利用地形排水，节省土地，适宜开展各项活动。在居民区，微地形草坪更宜合于开展户外活动。

五、建筑经营，时景为精

中国园林中的建筑具有使用和观赏的双重作用，要求园林建筑达到可居、可游、可观。中国传统的园林建筑类型，常见的有厅、堂、楼、阁、塔、台、轩、馆、亭、榭、斋、舫、廊等。《园冶》云："凡园圃之基，定厅堂为主。先乎取景，妙在朝南。""楼阁之基依次序定在厅堂之后"，"花间隐榭，水际安亭"，廊则"蹑山腰，落水面，任高低曲折，自然断续蜿蜒。"这些说明，由于建筑使用的目的、功能不同，建筑的位置选择也各异。

园林中建筑的平面类型多种多样，屋顶的类型也形形色色，建筑的基址也千变万化。以园林中的亭子为例，亭子可以是三角形、四方形、五角形、六角形、八角形或其它多边形。亭子的平面还有不等边形、曲边形、半亭、双亭、组亭及组合亭、不规则平面等。亭子顶部，有攒尖、歇山、庑殿、盝顶、十字顶、悬山顶、藏式金顶、重檐顶等类型。亭子的造型千姿百态，亭子的基址，因地制宜，亭子与环境协调统一，各具其妙。

亭子可临水而建，可近岸水中建亭；岛上、桥上、溪涧、山顶、山腰、山麓、林中、角隅、平地、路旁建亭；还可以筑台、掇山石建筑。其它园林建筑也不拘一格，"景到随机"，"山楼凭远"、"围墙隐约于萝间"、"门楼知稼，廊庑连芸"，"漏层阴而藏阁，迎先月以登台"，"榭者，藉也。⋯⋯或水边，或花畔，制亦随态。"总之，中国园林建筑的布局，依据"相地合宜，构园得体"的原则，成为园林中的景物，又是赏景点，以供凭眺、畅览园林景色，同时可防日晒、避雨淋，是纳凉、小憩的游人之处，如图 2—82 至图 2—84。

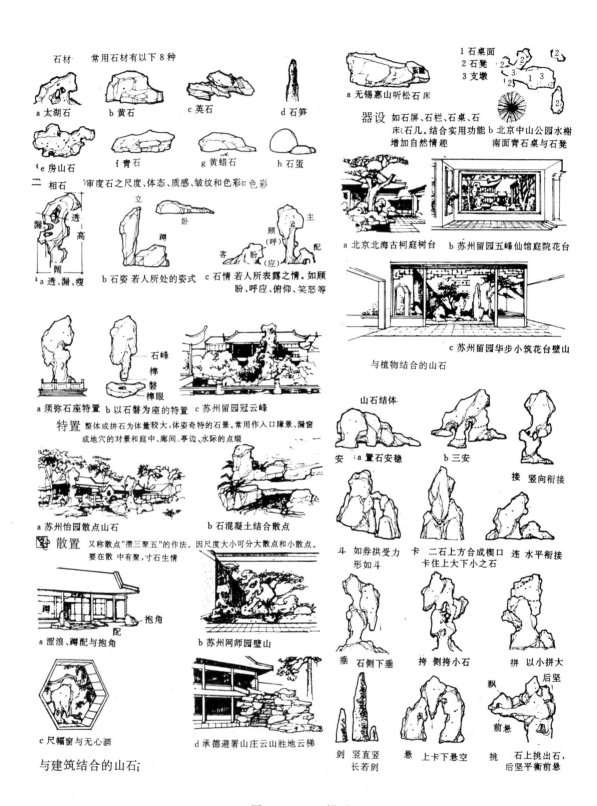

图 2—81—C 置石

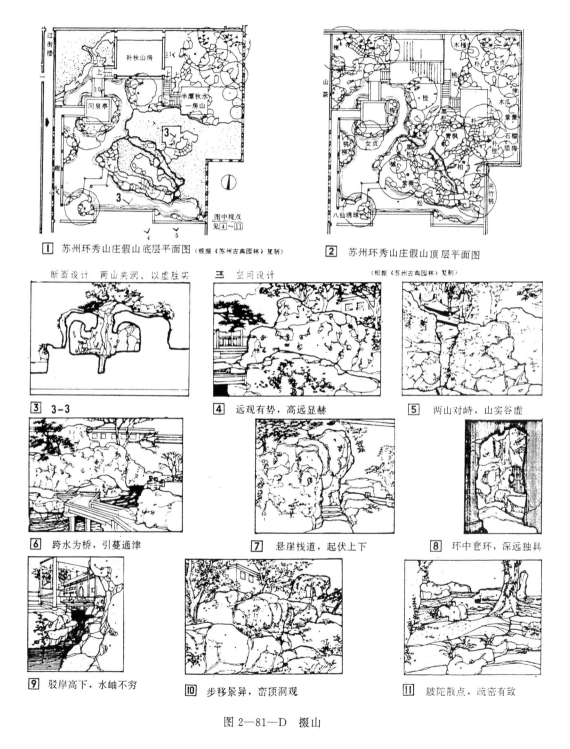

图 2—81—D 掇山

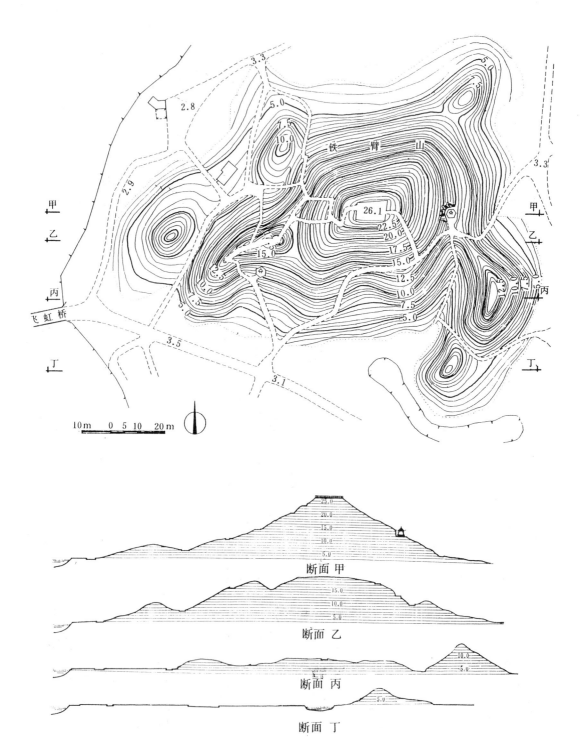

图 2—81—E 上海长风公园铁臂山平面、断面

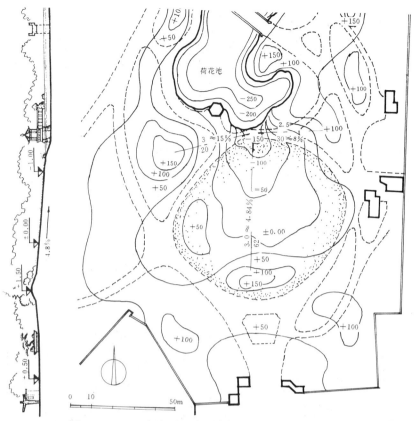

图 2—81—F 上海天山公园南部地形设计及纵向割面

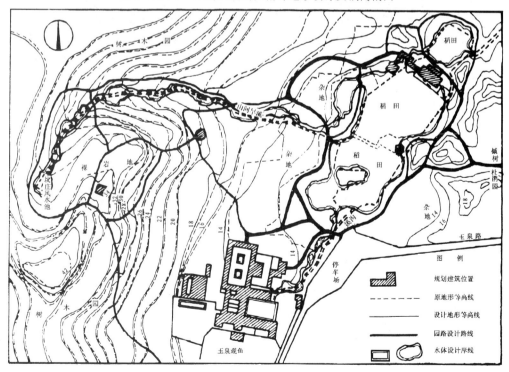

图 2—81—G 杭州植物园山水园地形改造设计图

图 2—81—H　个园四季假山图片

图 2—81—I　个园四季假山表现图（春、秋）

图 2—81—I　个园四季假山表现图（冬、夏）

河北承德避暑山庄文津阁前假山

北京颐和园扬仁风假山洞连山石驳岸

北京亚运村庭园中的水池山石

北京香山饭店山石

福建福州乌山铁拐李雕像山石

江苏苏州虎丘山石驳岸

图 2—81—J　园林假山实例

苏州·拙政园山石驳岸

苏州·拙政园听雨轩山石驳岸

苏州·留园山石池岛

苏州·留园冠云峰

苏州·退思园假山

苏州·退思园假山亭

图 2—81—K 苏州古典园林山石实例（1）

苏州·环秀山庄假山（壁山）

苏州·环秀山庄假山石

苏州·拙政园西部塔影亭旁山石水道

苏州·拙政园塔影亭北山石驳岸

苏州·艺圃假山（1）

苏州·艺圃假山（2）

图 2—81—L　苏州古典园林假山实例（2）

图 2—81—M　《芥子园画谱》内"山论三远法"图

图 2—81—N 《芥子园画谱》论"宾主朝揖法"及"主山自为环抱法"

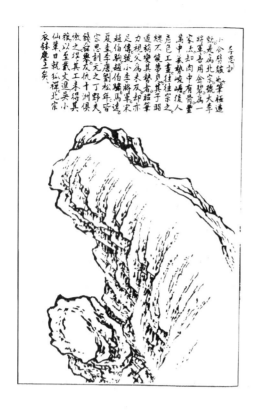

图 2—81—O　《芥子园画谱》中王维、李思训、荆浩、关仝诸画家的"山"图

图 2—81—P "溪山烟雨""梧桐庭院"、"江山晓霁"、"松壑鸣琴"景色山水画

图 2—81—Q 《芥子园画谱》中山水、瀑布景观

图 2—81—R 《芥子园画谱》中画家郭熙等山水画面

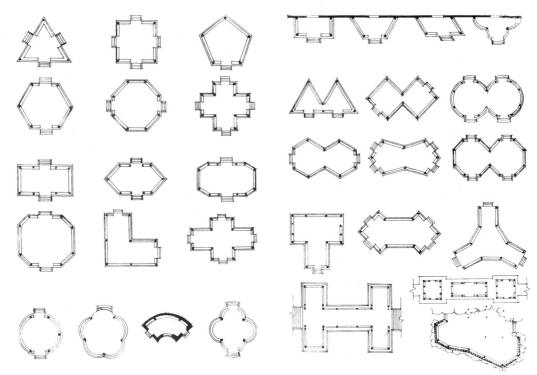

图 2—82 中国亭子平面（引自《建筑设计资料集》）

现代中国园林，由于为广大群众所享受，所以相应地要求新的园林建筑类型。现代园林建筑类型繁多，根据其功能、观赏考虑，可以有以下几种：

文化、宣传类：纪念馆、展览馆、陈列室、阅览室、演讲厅等。文娱、体育类：电影院、剧场、露天演出场、溜冰场、游泳池、乒乓球室以及游艺室、棋艺室等。园艺类：观赏温室、生产温室、盆景园、奇石园等。游览、休息类：亭、廊、榭、舫、花架等。服务、管理类：餐厅、茶室、冰室、小卖、厕所以及管理处的办公室、食堂、车库、仓库、工具间等。还有专类园林，如纪念性公园的馆、墓、塔、碑等。再有就是桥、园墙、栏杆等构筑物等建筑类型，不胜枚举。

院落是中国古典园林的一种建筑组合形式。院落的空间处理，一般有封闭、开敞两种主要形式。以院落来划分空间和景区，在有限的空间内创造出诸多幽静、优美、舒适的环境，或在不同的建筑之间，创造出不同景色的过渡空间，从而丰富了园景（图 2—85A～D）。

中国园林建筑的布局手法：

1. 山水为主，建筑配合

中国园林的基本特点之一，就是"山水为主，建筑是从"。建筑有机地与周围结合，创造出别具特色的建筑形象。中国园林组成的五大要素中，山体水系是骨架，建筑是眉目。建筑具有重要的造景、点景的作用。

主景突出式的颐和园，建筑群集中布置于前山，占总面积 1/4 的昆明湖水面和万寿山构成

图 2—83—A 中国亭子九例

图 2—83—B 中国亭子速写

图 2—84 园林中不同建筑类型实例

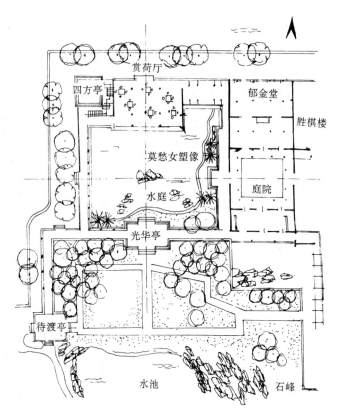

图 2—85—A 南京莫愁湖赏荷厅水庭院平面

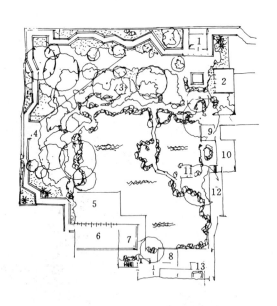

图 2—85—B 苏州留园闻木樨香轩庭院
1. 远翠阁 2. 汲古得绠处 3. 可亭 4. 闻木樨香轩 5. 平台
6. 涵碧山房 7. 明瑟楼 8. 绿荫 9. 清风池馆 10. 西楼
11. 濠濮亭 12. 曲溪楼 13. 古校响

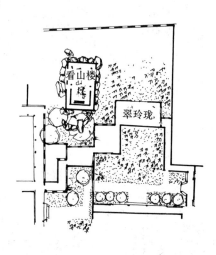

图 2—85—C 苏州沧浪亭翠玲珑馆小院

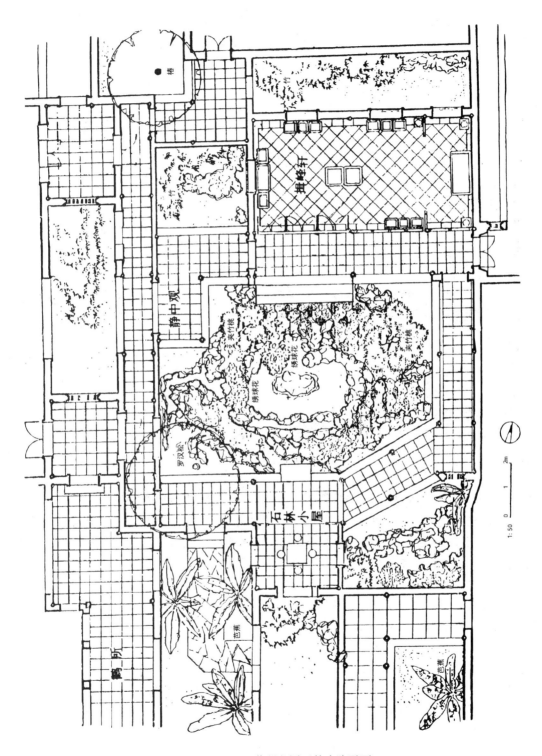

图 2—85—D 苏州留园石林小院平面
（引自南京工学院测绘图）

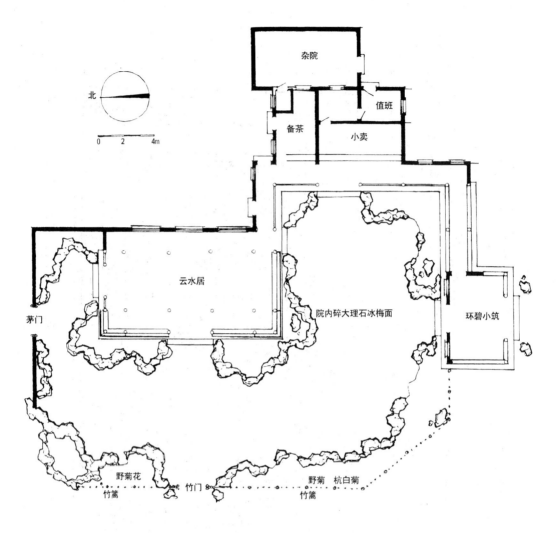

图 2—85—E 杭州西湖阮公墩内"环碧小筑"民居院落平面

自然山水风景的主体,以佛香阁为主景的建筑组群起到装饰景观的作用,形成宏伟的建筑和广阔水景之间强烈对比。苏州园林中的艺圃,以博雅堂为中心的建筑院落布置于北部,南部为山林景观,中间水池和山林构成山水景观主体,形成建筑与山水间强烈的又一次对比。

2. 统一中求变化,对称中有异象

任何园林布局,都必须着眼于总体。按构图规律,组合全园成为统一的整体,同时,力求其中的变化。对园林建筑的布局来讲,就是除了有主有从以外,还要在统一中求变化,在对称中求灵活。最成功的实例之一,就是颐和园佛香阁的东西两侧,在前山布置景点几乎是绝对对称的情况下,东面的湖山碑和西面铜亭,位置上处于等距离的对称点上,但碑体和铜亭的高度、造型、性质、功能都绝然不同,然而就是这样绝然不同的景物却能很完美地统一于前山中轴对称的景观体系之中。同时,正是这种拟对称的手法,使严格对称的建筑群和自然错落的自然山体统一于一个画面之中。

构图的统一性还涉及到园林建筑的体量、色彩如何与环境取得协调。即"构园得体""精在体宜"。在园林建筑的选址时,要"相地合宜";在兴建时,要"格式随宜""方向随宜",根据地形的实际情况，"宜亭斯亭""宜榭斯榭"，随曲合方，做到"得体合宜"，从"因"出发，达到"宜"的艺术效果。人们对园林建筑的体量、形象、色彩、气氛的观赏感受产生意境。"幽雅"、"素雅"、"雅致"都是对园林建筑感受的表达。清·李渔在《闲情偶寄》中写过，建筑的体量与色彩、造型"贵精不贵丽，贵新奇大雅，不贵纤巧烂漫"。清·郑板桥画室的对联："室雅何需大，花香不在多"。中国园林建筑贵在体量与环境的合"宜"，灵"巧"，色彩的幽"雅"，总体布局到细部装饰纹样的"精"美。现代园林中大体量的建筑力求与环境的巧妙配合，力求建筑掩隐于绿色植物之中，如古人云："以人为之美入天然，故能奇；以清幽之趣药浓丽，故能雅"（朱启钤《重刊园冶序》）。

3. 对景顾盼，借景有方

所谓对景，一般指在园林中观景点具有透景线的条件下所面对的景物之间形成对景。一般透景线穿过水面、草坪，或仰视、俯视空间，两景物之间互为对景。如果两景点之间互不可视，不具备透景线，即有其它物体或景物阻挡，障景即产生。也可以讲，障景是短距离的对景。园林中厅、堂、楼、阁等主要建筑物，在方位确定后，在其视线所及，具备透视线，即可形成对景。对景的处理手法，在江南园林中应用甚广。

苏州几座著名的古典园林有非常成功的对景实例。拙政园内的远香堂对雪香云蔚亭；留园的涵碧山房对可亭；退思园的退思草堂对闹红一舸等。上述厅、堂所对的亭、舫等建筑与其周围的山水、竹石、花木等组成完整的对景，中间隔水，遥遥相对。对景的另一形式，是游人以道路、走廊的前进方向，或一进门、一转弯等变换空间处以及门、窗框内所看到的前方景物，构成对景。拙政园中部，从枇杷园内通过月洞门"晚翠"，望见池北雪香云蔚亭与周围山石、树木构成亭景；西部从与谁同坐轩这座扇面亭向北望门洞外倒影楼等景物都属于这类对景。上述园内对景的特征，从赏景人在确定的赏景点望去，通过透视线所能看到景物之间构成对景的效果。当然，对景是相对的，园内的建筑物既是赏景点，又是观赏对象，所以往往互为对景，对景互补。

现代公园设计应用对景的处理也不乏佳例。如南京有鹭洲公园的烟雨轩对白鹭群雕；莫愁湖公园的胜棋楼对湖心亭；广州流花湖公园的餐厅对望远亭；上海长风公园的朝霞榭对铁臂山的对景效果。

"夫借景，林园之最要者也。"（《园冶·卷三·十·借景》）上述论点是明代计成在其《园冶》全书结尾篇的最后一段话，以借景作为其结束语，可见借景在中国园林创作中的重要作用，它是丰富园景的重要手法之一。计成指出借景的五种方式：远借、邻借、仰借、俯借、应时而借。并强调"俗则摒之，嘉则收之"的原则。

园林借景的实例如拙政园从绣绮亭和梧竹幽居一带西望北寺塔；沧浪亭北面曲廊亭榭近借园外水面；拙政园西部靠近围墙高处的宜两亭（原属补园），是在高处东望拙政园，借邻近景色（邻借法）的佳作。

上海襄阳公园西北角，园外的俄罗斯教堂，孔雀蓝蒜头屋顶，在蓝天白云的衬托下，光彩夺目。园内一圆形水池，周围花架环围，池内俄罗斯教堂倒景构成一幅西洋风景建筑画。教堂不在园内，而优美的景色长留水池中，这也是一个成功的邻借实例。

园林中除了采用对景，障景，借景等手法以外，还应用框景，添景，夹景，漏景等艺术手法。

（1）框景　选择特定视点，利用窗框、门洞、山洞、树干等，观赏由树干或框架、山洞所围合成的景色，构成一幅仿佛镶嵌于镜框内的立体画面，一般称之为框景。如扬州瘦西湖吹台这座亭子，和苏州拙政园中的梧竹幽居一样，是四面都为月洞门的亭子。吹台的月洞门恰好将瘦西湖中的五亭桥、白塔等收入月洞门内，形成圆镜一般的框景。北京画中游二层，四方柱子和挂落构成近似宽影幕的横长画面，东收佛香阁，西取玉泉山与玉泉塔，南含昆明湖西堤，北容汉白玉牌坊与山石蹬道，构成山景、湖景、建筑、山石等四幅景象迥然的风景画面。正如《园冶》云："借以粉壁为纸，而以石为绘也，理者相石皴纹，仿古人笔意，植黄山松柏，古梅美竹，收之园窗，苑然镜游也。"李渔在自己家中创造了"尺幅窗"（即"无心画"），即是框景的神品。北海的"看画廊"就是摄取框景的又一佳作。

（2）添景　　所谓添景，一般在近景缺少内容情况下，为了使画面更完整、更理想的一种艺术手段。如游人在北海对岸取北海白塔为背景，但人物周围没有陪衬，往往拉柳条、花枝等作添景，使画面更完美。

（3）夹景　　为了强化和突出主要景物，或景物置身于两侧树丛、树林等所形成的狭长空间的尽端，这种左右两侧形成的狭长空间的前景称之为夹景。夹景主要用于突出、强化对景，或起到屏障平俗景物的效果。

（4）漏景　　一般在框景的效果不甚明显时，漏景景色若隐若现，含蓄雅致，空间渗透，漏窗看景。疏林、树枝交错漏出远方美景。

六、道路系统，顺势通畅

园林中，道路系统的设计是十分重要的内容之一。从上述规则式园林与自然式园林的比较中，不难看出，由于不同的道路设计形式（当然也综合其它构园因素），决定了园林的形式，表现了不同的园林内涵。

美国近代园林先驱阿姆斯特德在其长期的生产实践中，总结了有关园林设计的理论要点。阿姆斯特德原则要点如下：

①保护自然景观，园林设施融化于自然环境之中。
②尽可能避免使用规则形式。
③保持公园中心区一定面积的草坪、草地。
④道路成流畅曲线流线形，并成循环系统。
⑤全园靠道路划分不同区域。
⑥选用当地的乔木、灌木。

在上述原则中，阿姆斯特德讲了两点关于园路设计的原则。其一，论述了道路在公园中或其它类型园林的规划设计中，它既是园林划分不同区域的界线，又是连接园林各不同区域活动内容的纽带。园林设计过程中，除考虑上述内容外，设计的园路还应当起到引导游览、组织风景系列的作用。同时，要使道路与山体、水系、建筑、花木之间构成有机的整体。

"顺势辟路"，其意之一，指道路的设计应当与地形巧妙地结合。路折因遇岩壁，路转因交峰回。山势平缓则路线舒展，大曲率；山势变化急剧则路径"顿置宛转"；尤其在自然山体的山脊和山谷，有高有凹，有曲有深，所以山路讲究"路宜偏径"，要"临濠蜿蜒"，做到"曲折有情"。其意之二，"顺势"，就要分析园景的序列空间构图的游览形势，"因势利导"，"构园得体"。园路设计要求达到平面上曲折和剖面起伏融汇于一条上，达到"曲折有致"、"起伏顺势"。园路设计应顺地形的变化而"敷设"，顺地形而起伏，顺地形而转折；反之，设计者也可以结合园路的势态而陡急，而延缓。园路与地形、地势相辅互成。园路设计切忌

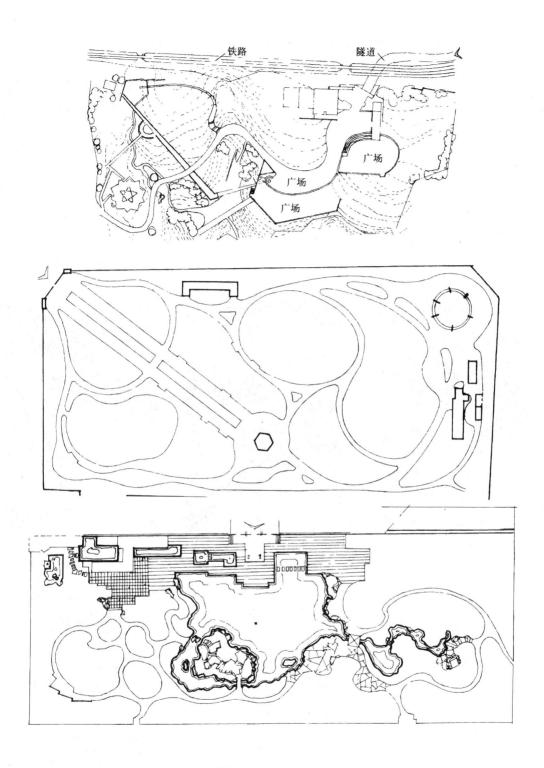

图 2—86 道路广场
上：日本神奈川县雕塑公园道路广场
中：上海襄阳公园道路广场
下：北京国际贸易中心庭园设计方案的道路广场

"拼盘"，如果在平坦的曲线园路两侧，堆砌山丘、阜障，而园路不是在已形成的地形上布设，曲线路必然失之生意。

　　园林道路的设计，首先要考虑系统性。要从全园的总体着眼，确定主路系统。主路是全园的框架，要求成循环系统。一般园林中，入园后，道路不是直线延伸到底（除纪念性园林外），而是入园后两翼分展，或三路并进。分叉路的设计，主要起到"循游"和"回流"的作用。道路的循环系统将形成多环、套环的游线，产生园界有限而游线无数的效果。路的转折、衔接通顺，符合游人行为规律图2—86。

　　一般主路宽5～7m，二级路2.5～3.5m，小路约0.9～1.2m，汀路、山道0.6～0.8m。主路设计要大曲率，流顺通畅，起到游览的主动脉作用，组织游览，疏导游人；同时要方便生产和管理。主路纵坡宜小于8%，横坡宜小于3%。为交通运输方便（如管理、喷洒、生产等

图2—87—A　园路六种形式

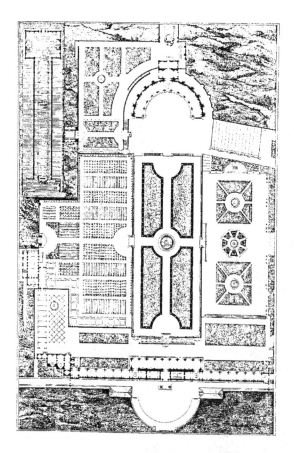

意大利阿尔巴尼庄园道路与广场布局

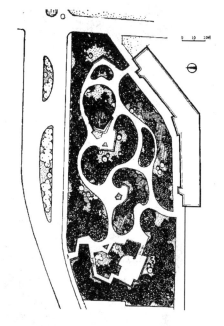

北京西便门24号楼前小游园道路广场布局

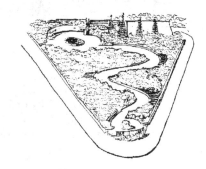

音乐家聂耳纪念碑园的曲线道路

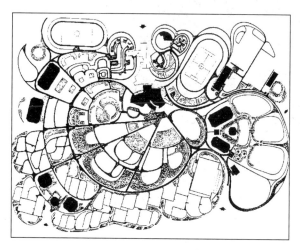

法国特拉姆布尔体育公园曲线流线形道路系统

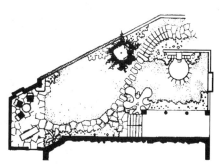

苏黎世庭园内不规则铺石曲线小径

图 2—87—B　园林道路广场实例

图 2—87—C 国外铺地实例

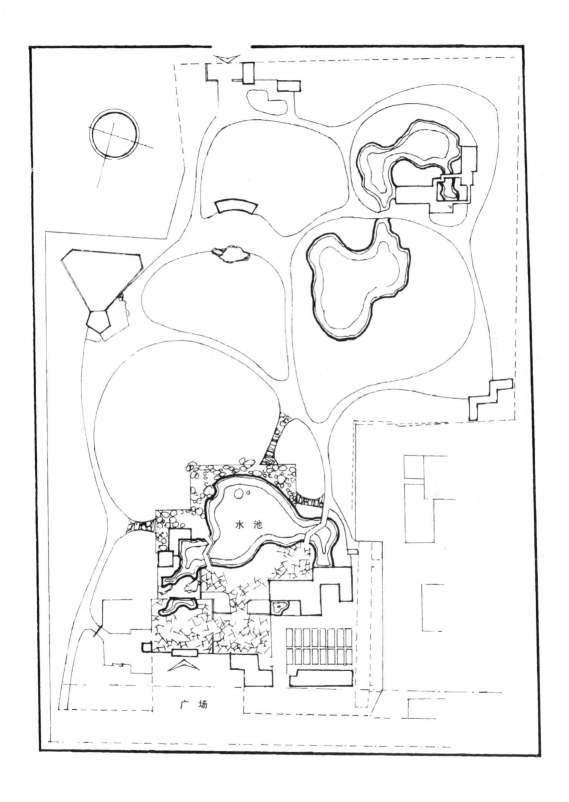

图 2—87—D 上海东安公园道路广场布局

活动),主路不宜设梯道。次路、小路宜顺地势而盘旋。山道可"羊肠小径"或"之"字形布列,更能得到"宛转"、"自然"的效果。水面"汀步"路,不得设计在深水大湖面,一般在50～60cm的浅水区部分。水面"汀步"和草坪"汀步"宜在较小的园林空间应用。

道路的平面造型有直线、曲线、折线等几种类型,具体形式的应用,因园而异,因景而别(图2—87)。

道路设计往往与建筑、广场两因素不可分开。从某种意义讲,广场就是道路的扩大部分。公园的出入口广场,它的形成和设计依据,可以理解为多股人流,即进出人流的交汇、集散、逗留、等候、服务等功能要求的客观需要。建筑与道路之间,也根据建筑的性质、体量、用途而确定建筑前的广场或地坪的形状、大小。大型、文化娱乐型建筑,如公园中的影院、剧场,观众必须在短时间内集散,上一场观众退场,下一场观众进场的高密度、短时间的更换,要求有足够的容纳空间,就是广场。

除了建筑前广场和公园出入口广场外,园林设计中作为游人共享空间的游憩、观赏型广场,是十分重要的内容。作为园路,主要目的是疏导游人,组织游赏。而作为游园的重要目的不单在游线——园路上观赏,还要停下来,一是室内观赏,二是室外观赏。而观赏广场,共享空间就是要满足游人的赏景要求。这类广场的设计,一般由园林建筑物,园林构筑物,如水池、喷泉,还有植物,园林小品,如假山、雕塑等组成开朗、优美、可聚集一定量游人、开展游赏活动的广场空间。有的设计以植物材料为主题,有的以雕塑物、假山为主要景物,或以观赏水池、喷泉为主要内容。同样一地段,可能创造出各式各样、多彩多姿的不同方案。

近些年,欧美国家盛行"下沉式"广场(图2—88)。在城市广场、机关单位、校园以及各种类型的绿化,大量应用下沉式广场。该类型广场的优点是便于开展群众性的集会、娱乐等活动,观众四周沿台阶而坐,观赏节目,或促膝谈心、议论、评述等,形式多样、活泼。平时,游人上、下数级台阶,别是一番景象。我国也有应用,如烟台的街心广场,文化宫前就有下沉式广场,并有城市雕塑造景;广西柳州市龙潭公园入口处近年来一处自然式下沉广场,在开展群众游园、娱乐活动方面,深受游人的喜爱。

图2—88—A 美国西雅图某大学内下沉式广场

图 2—88—B 下沉式广场实例——云南昆明民族村内图腾柱下沉式广场

美国城市绿地下沉式广场

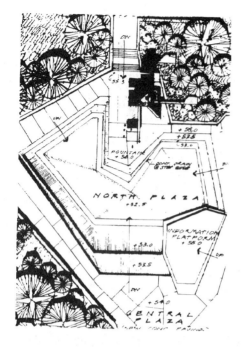

图 2—88—C
右：美国某儿童活动区内下沉式广场
左：美国某大商场内下沉式广场

下沉式广场设计，注意排水设施，不然雨季造成积水，影响公园的服务。

道路与建筑、广场的组合，忌"歪门斜道"，要求端正，设计图形为有规律可循的曲线流线形。考虑设计与施工的结合，不宜过分随意。园林的道路和广场设计同时还要考虑其图案、色彩、装饰诸因素的应用，以提高园景的观赏效果。

道路、广场设计要考虑游人的安全，尤其注意雪天、雨天等气候条件下，保证游人安全的问题。一般主路纵坡上限为 12%；小路纵坡宜小于 18%，主路考虑方便通车等因素，不宜设置台阶、陡坡。广场的铺装如图 2—89。

园桥可称之为"跨水之路"。它既起到全园交通连接的功能，又兼备赏景、造景的作用。犹其是以水体为主的水景园，古典园林中圆明园；现代公园中天津的水上公园；南京的玄武湖，都是多堤桥的园林类型。

园桥由于交通连接与造景功能的双重性，在全园规划时，务必首先将园桥所处的环境和所起的作用作为确定园桥的设计依据。如拱桥、亭桥、廊桥、折桥，多以造景为主，平桥以联系交通为主。当然任何一座园桥，都要考虑其交通和景观的因素。一般在园林中架桥，多选择两岸较狭窄处，或湖岸与湖岛之间，或两岛之间。另有旱桥、天桥等类型。同时，园桥的造型、体量、材料、色彩，桥拱是否要通船、设闸等因素都要予以考虑。

园桥的主要形式有拱桥、折桥、板桥、亭桥、廊桥、索桥、浮桥、吊桥、假山桥、风雨桥、闸桥、独木桥等（图 2—90）。

图 2—89　几种不同形式广场铺装

图 2—90　园林中的桥

七、植物造景，四时烂漫

植物造景。园林种植设计是园林设计全过程中十分重要的组成部分之一。

东西方园林各自具有特点，欧洲的建园布置标准要求体现整理自然、征服自然、改造自然的指导思想。其标准，种植设计是按人的理念出发，整形化、图案化。当然，西方园林的种植设计不可能脱离全园的总布局，在强烈追求中轴对称、成排成行、方圆规矩规划布局的系统中，也就产生了建筑式的树墙、绿篱，行列式的种植形式，树木修剪成各种造型，或动物形象，构成欧洲式传统的种植设计体系。中国园林的种植方法则另辟蹊径，强调和着重点是借花木表达思想感情。同时，以中国画画论为理论基础，追求自然山水构图，寻求自然风景。传统的中国园林，不对树木作任何整形，正是这一点，形成了中国园林和日本园林的主要区别之一。

中国园林善于应用植物题材，表达造园意境，或以花木作为造景主题，创造风景点，或建设主题花园。古典园林中，以植物为主景观赏的实例很多，如圆明园中：杏花春馆、柳浪闻莺、曲院风荷、碧桐书屋、汇芳书院、菱荷香、万花阵等风景点。承德避暑山庄中：万壑松风、松鹤清樾、青枫绿屿、梨花伴月、曲水荷香、金莲映日等景点。苏州古典园林中的拙政园，有枇杷园（金果园）、远香堂、玉兰堂、海棠春坞、听雨轩、柳荫路曲、梧竹幽居等以枇杷、荷花、玉兰、海棠、柳树、竹子、梧桐等植物为素材，创造植物景观。

中国现代公园规划，也沿袭古典园林中传统手法，创造植物主题景点。北京紫竹院公园的新景点：竹院春早、绿茵细浪、曲院秋深、艺苑、新篁初绽、饮紫榭、风荷夏晚、紫竹院等。上海长风公园的植物景观参观点，荷花池、百花亭、百花洲、木香亭、睡莲池、青枫绿屿、松竹梅园等。

目前，国内已建成的各类公园、风景点中的植物专类园有月季园、牡丹园、竹类园、木兰园、杜鹃园、桂花园、棕榈园、槭树园，还有香花园、岩生植物园、百草园、中草药园等。上述专类园在公园规划中，可根据当地气候条件、地理位置而灵活应用。

混合式园林融东西方园林于一体，中西合璧。园林种植设计强调传统的艺术手法与现代精神相结合，创造出符合植物生态要求，环境优美，景色迷人，健康卫生的植物空间，满足游人的游赏要求。

（一）园林植物种植规划要点

自然界的植物素材，主要以树木、花、草为主，如果按生态环境条件，则可分为陆生、水生、沼生等类型。我国植物资源十分丰富，而园林中主要栽培植物种类是有限的。所以，园林中主要研究园林草坪、园林花卉、园林树木以及水生植物、攀缘植物等在园林设计中的应用。

1. 园林植物造景要点

（1）四季景观　园林中，主要的构成因素和环境特色是以绿色植物为第一位，而规划设计要从四季景观效果考虑，不同地理位置，不同气候带各有特色。中国北方地区，尽可能做到"三季有花，四季常青。"中国南方，尤其热带地区，亚热带地域，四季常绿，花开周年。四季变化的植物造景，令游人百游不厌，流连忘返。春天的玉兰，夏天的荷花，秋天的桂花，冬天的梅花，是杭州西湖风景区最具代表性的季节花卉。

（2）专类园　在我国，以不同植物种类组成的专类园，在园林总体规划中，尤其是在公园总体景点规划中是不可缺少的内容。花繁叶茂，花色绚烂的专类园是游人乐于游赏的地方。北京园林中，常见的专类园有：蔷薇园、牡丹园、丁香园、槭树园、菊园、竹园等。上海、江浙一带的专类园有：杜鹃园、桂花园、梅园、木兰园、山茶园、海棠园、兰圃，以及松柏园、槭树园、竹园等。气候炎热地区，夜生活比较活跃，通常选择带香味的植物开辟夜香花园，深受广大群众所喜爱。

（3）水生植物区　园林水体中，水生植物以及耐水湿植物的布置，将为丰富园景起良好效果。水池中，主要栽植荷花、睡莲。池的四周可以配植其它树木。如杭州的苏堤、白堤和柳浪闻莺沿岸，"一株杨柳一株桃"。植物园分类区水池四周以各种乔灌木和草皮环绕，主要树种有樱花、珍珠花、桃花、棣棠、红枫、枫香、马尾松、水杉、水松、落羽松等，构成美丽的春景和秋景。在杭州，港叉、溪涧两岸临水际多种以大叶柳、枫香、木芙蓉、紫薇等。

（4）温室、盆景区　在有条件的地方，园林中，尤其在公园内建设园中之园——盆景园，还有展览温室，是冬季以及其它季节室内植物展览的精华区。盆景园的组成：大盆景、小盆景，树桩盆景、水石盆景、松柏盆景、花果盆景等种类，可根据条件而具体设计。该植物题材观赏区倍受老年人和盆景爱好者的青睐。有条件情况下，可结合兰圃展览。

（5）花圃、苗圃　公园中花圃和苗圃，往往和管理区划为一个区，或单独划出。一般花圃、苗圃区包括生产温室、车库、仓库、荫棚、管理用房。有条件的可以配备开展科学研究的实验室。有的花圃可以生产与观赏相结合。花圃主要生产和栽植一年生或宿根花卉。

图 2—91—A 园林中密林

2. 种植类型

园林中植物造景的素材，无非是常绿乔木、落叶乔木、常绿灌木、落叶灌木、花卉、草皮、地被植物，再有就是水生植物、攀缘植物等主要种类。其中，陆地植物造景是园林种植设计的核心和主要内容。

在园林设计过程中，首先要有整体观点。以公园为例，要从全园的植物造景中，平面布局的块状、线状、散点、水体等角度统筹安排，利用各种的种植类型，创造出四时烂漫，景观各异，色彩斑斓，引人入胜的植物景观。

(1) 块状　或称之为片状的成面形布局的密林、草坪类型。密林与草坪构成园林植物景观中虚实对比度最强的构图，形如金石篆刻艺术所形容的"草坪"宽可"走马"，"密林"密不"容

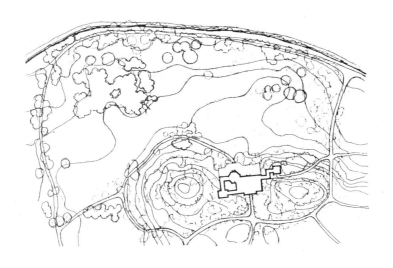

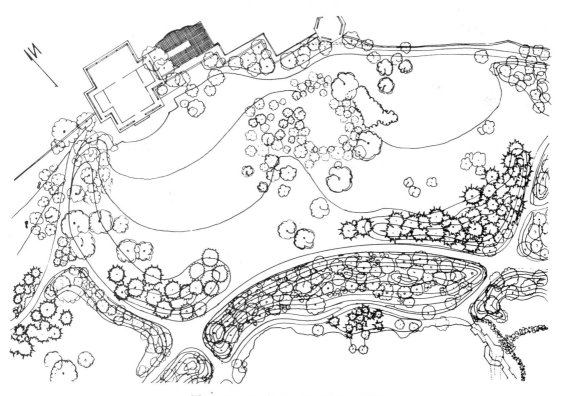

图 2—91—C 杭州·花港观鱼大草坪

针"的不同环境效果,不同景观特色,开展不同游赏活动的开敞、封闭的植物空间。开敞的草坪中又有树群、树丛,做到"虚"中有"实"。而树丛、树群中又有空隙,从而"实"中又有"虚"。而密林中,一般也有一定的林中空地,从而产生疏密、明暗之间景观变化。这种密林草坪一般利用略有起伏的地形。花港观鱼公园的蒋庄庭院的草坪,面积200m^2,草坪中一树丛,并以雪松林作为草坪的竖向景观和水平草坪底色的组合,形成雪松草坪。

树林、密林均可与草坪构成不同的柳树草坪、白皮松草坪、合欢草坪等。

密林。凡郁闭度即种植密度在70%以上的树林,可称之为密林。密林可以由1种树种或多种树种组成,称之为纯林或混交林。园林密林不同于荒山造林,在于种植方式不等距、不成行成排,高低自然错落,疏密变化,随地形起伏造成林冠线的变化。

单纯密林在自然界,是极端生存条件的典型植物群落,是最富于观赏特征,寿命长,生长健美的当地树种。杭州地区,以马尾松、金钱松、枫香、桂花、紫楠等为主要树种。北京地区,以白皮松、油松、桧柏、栎树类、槐树、毛白杨、青杨、元宝枫等为主要树种。

混交密林。园林中十分重要的植物群落。混交密林可以是3层:乔木层、灌木层、草本层,或乔木层、亚乔木层、草本层。5层:大乔木层、小乔木层、大灌木层、小灌木层、草本层。具体配植方案可根据实际环境、地形情况而定。

密林下部大都处于浓荫、半荫而又湿润、荫森的环境。由于阳光不能透入林下,土壤水分较多,适于鸢尾科、天南星科、莎草科等的阴性草本植物和百合、石蒜等;林缘的草本植物,如沿阶草、酢浆草、鸢尾、金针菜、吉祥草等生长。

草坪 作为园林草坪,最早研究这个课题,是1885年美国康涅狄格州的奥尔科特草坪公园。研究内容是选育优良草坪草种。他们从数千个体中选出500个品系,发现和肯定剪股颖属、羊茅属中最优品种。美国有6个州,其中加利福尼亚、佛罗里达、堪萨斯、得克萨斯州等的大学及有关实验站进行草坪的研究。

我国园林中应用草坪的情况:

华南植物园:假俭草草坪+大王椰子和杜鹃;北京植物园:野牛草草坪+白皮松和月季;上海植物园:狗牙根草坪+紫叶李和黄杨球;杭州花港观鱼:结缕草+雪松和广玉兰。柳浪闻莺草坪主要树木:木本绣球的树丛,背景用香樟、紫楠、银杏等。花港观鱼在御碑亭附近还有柳树草坪。

①园林草坪类型。草坪按用途分类:游憩草坪、体育场草坪、牧场草坪、观赏草坪、机场草坪、铁路沿线的坡地、护岸草坪等;按园林景观分类:山地草坪、林中草坪、庭院草坪、水景草坪等种类。

面积上柳浪闻莺大草坪约3.5hm^2,花港观鱼约1.54hm^2。

②我国常用的草坪植物和地被植物。我国领土广阔,气候带不同而有着不同的草坪和地被植物种类:羊胡子草、异穗苔草、扁穗莎草、结缕草、细叶结缕草、野牛草、狗牙根、草地早熟禾、匍匐剪股颖、天鹅绒草、假俭草等草坪植物;欧美常用:红狐茅、欧洲剪股颖、羊孤茅、黑麦草、牧场早熟禾等。

地被植物:匍地柏、金银藤、扶芳藤、匍地蜈蚣、箬竹、薜荔、络石、小长春花、三角花等。

北京地区地被植物:景天、费菜、佛甲草、半边莲、薰衣草、玉带草、地锦、紫藤、爬山虎、长春藤等。南方地区地被植物:针叶福禄考、麦门冬、蕨类植物等。

③草地、草坪的坡度和排水问题。按《公园设计规范》,坡度不得小于1%,不宜大于15%;一般土丘不能大于30%。草坪和草地注意在雨天能尽快排水,避免因积水而造成烂根。

草坪的季相景观(以杭州为例):

春天,"西泠印社"西向,草坪×杏花林;
夏天,"花港观鱼",草坪×柳林绿荫;
秋天,"孤山"后,草坪衬麻栎林;
冬天,"花港观鱼",草坪×雪松林。

图 2—92　园林中草坪实例

总之，草坪可以选孤立树、花丛、树丛、花坛、山石、建筑、雕塑作构景因素。

（2）线状　主要指园界树、园路树、湖岸树等植物，主要是乔木作线状种植，包括规则

图2—93　孤立树、树丛实例

的直线、折线、曲线和自然、断续错落的线状景观。规则式园林多数乔木成排成行栽植；而自然式布置往往考虑与道路、湖岸的有机结合，不等距、不列队，疏密有致，往往与造景和组织透视线相结合。线状，同时还要考虑起伏、错落的天际线与平面曲折变化的效果。

（3）散点　从全园总体设计考虑，包括孤立树、树丛、树群。

孤立树、孤植，指在草坪、草地上，单棵种植树态优美、色彩鲜明、体形高大，寿命长，有一定观赏价值的树种。有的树木具有巨大的树冠，或具有浓烈的芳香气味的特点，亦可以作为孤植的树种。不同的气候条件，可以选择不同的树种作为孤立木。

孤立树以观赏树形、姿态的树种，如圆柱形的杜松、塔松；尖塔形的雪松；盘伞形的老龄油松等。还有白皮松、黄山松、白桦等树种。

以观赏其巨大树冠，并具庇荫效果好的孤立木有：榕树、香樟、悬铃木、槲树、枫香、七叶树、银杏、木棉、凤凰木等。

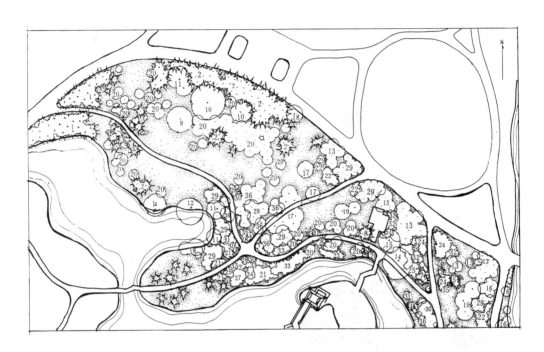

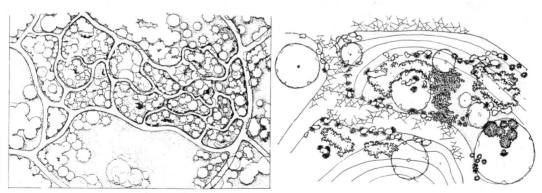

图 2—94 树丛、树群种植设计平面

A．合肥市逍遥津公园梅花山景区种植设计：

1．竹 2．黑松 3．五针松 4．桧柏球 5．侧柏 6．雪松 7．龙柏 8．水杉 9．榉树 10．朴树 11．臭椿 12．榔榆 13．三角枫 14．枫杨 15．构树 16．榆树 17．毛白杨 18．乌桕 19．广玉兰 20．梅花 21．紫荆 22．紫薇 23．丁香 24．木本绣球 25．红叶李 26．麻叶绣 27．西府海棠 28．金丝桃 29．女贞 30．卵叶小蜡 31．海桐 32．珊瑚树 33．石楠 34．蚊母 35．黄杨 36．樱花

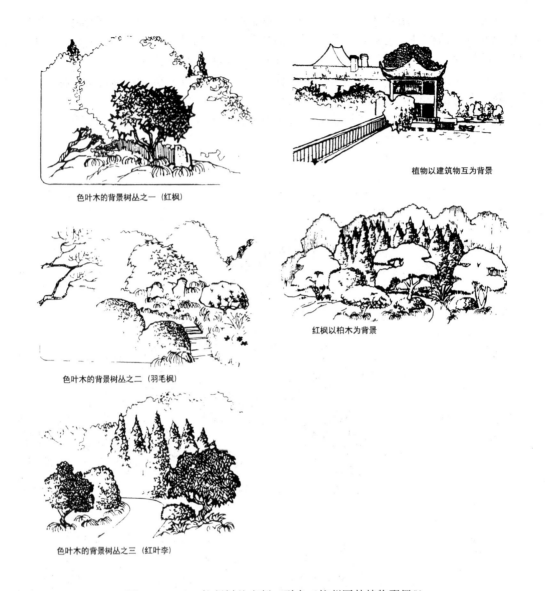

图 2—95—A 杭州树丛实例（引自《杭州园林植物配置》）

以观赏花、叶色彩的孤立树，如以花色迷人的树种：凤凰木、木棉、玉兰、大花紫薇、樱花、合欢、海棠、碧桃、梅花等；叶色吸引人的树种：银杏、鹅掌楸、水杉、金钱松、落叶松等。不以庇荫为主，观赏树形、干色的树种还有南洋杉、柠檬桉、云杉等。

另外，具有甜香特质的桂花、淡香的玉兰、浓香的白玉兰、柚子树等都是很好的孤立树。

中国幅员辽阔，地跨多种气候带，可选作孤植树的树种，根据不同地区择选如下：

华北地区：

油松、白皮松、桧柏、白桦、银杏、蒙椴、蒙椴、樱花、平基槭、洋白蜡、君迁子、槐、花曲柳、柿子、西府海棠、紫叶李、朴树、皂荚、槲树、桑树、青杨、小叶杨、毛白杨、白榆等。

华中地区：雪松、金钱松、马尾松、柏木、七叶树、鹅掌楸、银杏、悬铃木、枫杨、枫

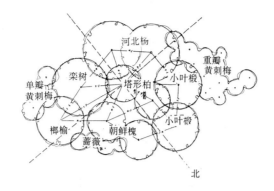

图 2—95—B 北京陶然亭标本园树群实例

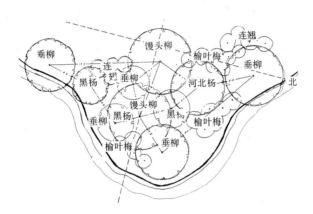

图 2—95—B 北京陶然亭标本园树群实例

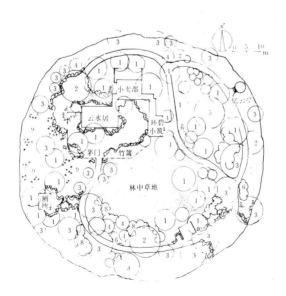

图 2—95—C 杭州西湖阮公墩种植设计
1. 香樟 2. 枫杨 3. 柳 4. 红枫 5. 无患子 6. 金丝桃 7. 石楠 8. 黄馨 9. 竹

121

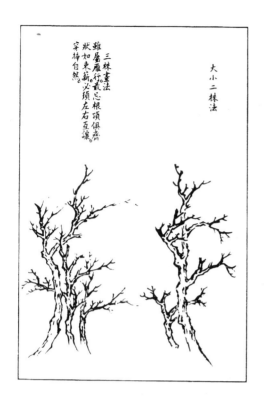
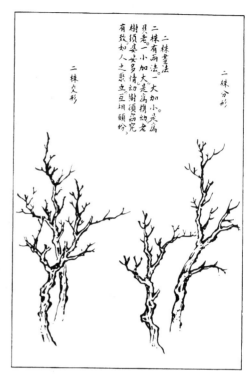
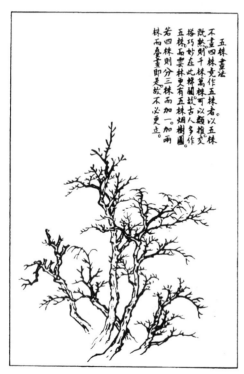
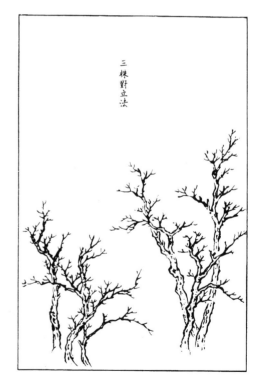

图 2—95—D 《芥子园画谱》中 2 株树、3 株树、5 株树画法

香、喜树、珊瑚朴、广玉兰、香樟、紫楠、合欢、乌桕等。

华南地区：大叶榕、小叶榕、凤凰木、木棉、广玉兰、杧果、白兰、黄兰、观光木、印度橡皮树、菩提树、南洋楹、大花紫薇、橄榄树、荔枝、酸豆、海红豆、铁冬青、柠檬桉等。

树丛、树群。在园林种植设计中，除了孤立树（孤植）以外，还可以成丛、成群、成片地栽植，一般称之为丛植、群植、树林，也可以称之为树丛、树群、树林（图2—93至图2—95）。

《芥子园画谱》中对2株树的画法，以及3株、5株以及更多数量的树的画法作如下描述："二株有两法，一大加小，如负老，一小加一大，如携幼"；"老树须婆娑多情，幼树须窈窕有致，如人之聚立，互相顾盼"；三株树，"…，最忌根顶俱齐，状如束薪，必须左右互让，穿插自然"。以上画谱对二株、三株树画法的论述，作为丛植，可以理解为："大小相配，互相顾盼"，不宜选用等量、等高、姿态相近的两株树一起栽植，而要求有大有小，像人一样，"一老一少"，在高度、体量上要有对比；姿态上要求体现"多情"，"顾盼"。三株树不宜等高，树植不宜列队、成排成行，或成等距离的"品"字形栽植，成"一束柴火"，而要求三株树"自然"错落，左右、前后"互让"，穿插自如。《画谱》又说："不画四株竟作五株者。以五株既熟，则千株可以类推"。

我们还可以从画论中得到种植设计的启示。明代画家龚贤对二株树的画法有以下形象的论述："…，二株一丛，必一俯一仰，一倚一直，一向左一向右，一有根一无根，一平头一锐头，二根一高一下"，还说："二株一丛，分枝不宜相似，既十树五树一丛，亦不得相似"，"二株一丛，则两面俱宜向外，然中间小枝联络，亦不得相背无情也。"

两株树如果作为配景，尤其在规则式、中轴对称的构图中，两株树可以"对植"。由于对植的目的在于强化中轴对称感，所以一般选用同树种、近等高、体量相近的两株树对植。

一般3株树的栽植点可以组成一个不等边三角形，可称之为"三角形"构图法。3株树的搭配可以被认为是自然式栽植的基本方式。中国画家画3株树，多拟人化。古云："三株一丛，第一株为主树，第二第三株为客树"，或称之为"主、次、配"的构图关系。"三株一丛，则二株宜近，一株宜远，以示别之。近者曲而俯，远者宜直而仰。三株一丛，二株枝相似，另一株枝宜变，二株直上，则一株宜横出，或下垂似柔非柔……"。其它数量的树木搭配，正如《芥子园画谱》所讲"以五株既熟，则千株可以类推。"

关于树林，《芥子园画谱》写到："杂树总法"，"诸家……各立标准，以见体裁矣。然体裁既知，用即宜构"。"…，多多益善，有配合，有趋避，有逆插取势，有顺顾生姿。"《画谱》关于"杂树"画法的论述，无疑提供给我们一个多树种或单一树种的树林的种植方法，核心的意思，不宜"成排成行"，而要求有"配合"，即大小"配合"，和树种的搭配；种植过程要讲求"趋避"，要有"逆插取势"，即形式要有变化，虚实穿插，高低"生姿"、大小"顺顾。"这样，园林中树林的种植，就可以达到总体立面景观上天际线丰富，前后错落，大小穿插，或树种上配合；平面上疏密相间，疏中有密，密中求疏。

（4）绿篱和花坛　现代园林种植设计中绿篱和花坛的应用较为广泛，尤其用常绿针叶树修剪成各种造型，或用常绿针叶树成堆地栽植，主要用密植的方法，然后修剪成波状、块状的形体，使原先的"绿篱"——绿色的篱笆，具有绿色的雕塑作用，达到较好的艺术效果。北京园林部门近些年来的实践，提供了很好的范例（图2—96）。

图 2—96—A　绿篱在园林中的应用

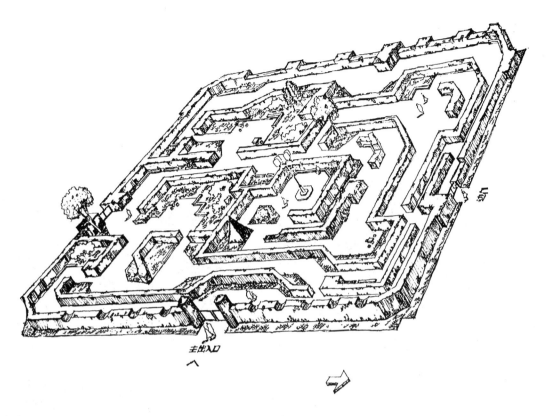

图 2—96—B　用绿篱做成的迷宫

另外，水生植物、攀缘植物在园林中也是十分重要的美化生活、绿化环境的素材。水生植物对于丰富园林中的水体景观将起到十分重要的作用。加上攀缘植物的爬蔓性，人们可以利用植物材料，从水中、陆上、空中进行全方位，立体的绿化、美化（图 2—97）。

花坛、花境的应用也是园林设计中的重要组成部分。一般花坛，指花卉栽植在一定形状的花池中，利用花卉的鲜艳色彩组成各式各样图案，起到装饰园林空间的作用。近年来，立体花坛的应用为花坛艺术增加新的活力。而花境，一般用多年生宿根花卉，而花坛多选用一年生草花；花境多是沿围墙、或绿篱前，多种花卉混合栽植。由于花期不同，种类不同，构成色彩的波浪。无论是花坛、花境，在园林中局部、角隅或单体空间，都是园林景观总构成的不可缺少的成分（图 2—98）。

还值得一提的是花地，一般形状随意，或成块状，或为带状，或紧贴路边，恰似为园路镶上天然美丽的花环（图 2—99）。

为表达设计思想，平面图是主要的表现手段，种植设计平面图表示方法是种植设计的工程语言，为方便使用，绘于图 2—100。

图 2—97—A 水生植物景观

图 2—97—B　攀缘植物在园林中应用

图 2—98—A 花坛、整形式种植类型、自然式种植类型

图 2—98—B 花坛、立体花坛、花境实例

图 2—99　花地

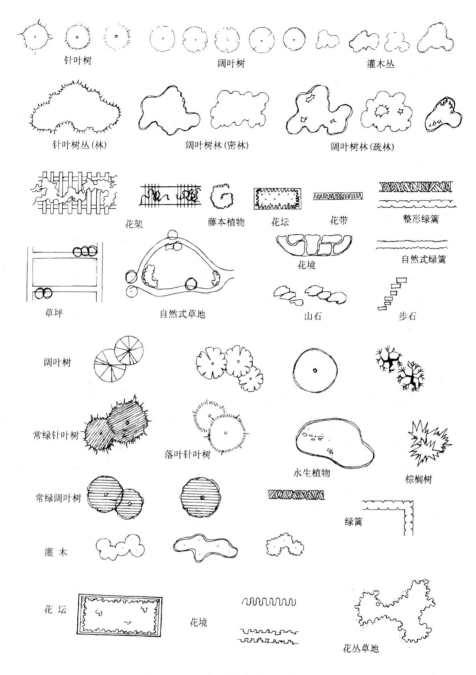

图 2—100 种植设计平面图表示方法

园林植物包括花卉、草和树木。常见的园林植物列于表 2—5，供配置时选用查对。

表 2-5 园林植物中常用的树木花卉

序号	中名	学名	科名	高度(m)	习性	观赏特性及园林用途	适用地区
					常绿针叶树		
1	油松	Pinus tabulaeformis	松科	25	强阳性,耐干旱瘠薄和碱土	树冠伞形;庭荫树、行道树、园景树、风景林	华北,西北
2	马尾松	P. massoniana	松科	30	强阳性,喜温湿气候,宜酸性土	造林绿化、行道树、园景树、风景林	长江流域及其以南地区
3	黑松	P. thunbergii	松科	20~30	强阳性,抗海潮风,宜生长海滨	庭荫树、行道树、防潮林、风景林	华东沿海地区
4	赤松	P. densiflora	松科	20~30	阳性,耐寒,要求海岸气候	庭荫树、行道树、园景树、风景林	华东及东北沿海地区
5	平头赤松	P. d. cv. Umbraculifera	松科	3~5	阳性,喜温暖气候,生长慢	树冠伞形、平头状;孤植、对植	华东地区
6	白皮松	P. bungeana	松科	15~25	阳性,适应干冷气候,抗污染力强	树皮白色雏形;庭荫树、行道树、园景树	华北,西北,长江流域至华南
7	湿地松	P. elliottii	松科	25	强阳性,喜温暖气候,较耐水湿	庭荫树、行道树、造林绿化	长江流域至华南
8	红松	P. koraiensis	松科	20~30	弱阳性,喜冷凉湿润气候	庭荫树、行道树、园景树、风景林	东北地区
9	华山松	P. armandi	松科	20~25	弱阳性,喜冷凉湿润气候	庭荫树、行道树、园景树、风景林	西南,华中,华北
10	日本五针松	P. parviflora	松科	5~15	中性,较耐湿阴,不耐寒,生长慢	针叶细短、蓝绿色;盆栽、假山园	长江中下游地区
11	冷杉	Abies firma	松科	30	阴性,喜冷凉湿润气候及酸性土	树冠圆锥形;园景树、风景林	华东,华中
12	日本冷杉	A. holophylla	松科	25	阴性,喜冷凉湿润气候,耐寒	树冠圆锥形;园景树、风景林	东北,华北
13	辽东冷杉	Picea meyeri	松科	15~25	耐阴,喜冷凉湿润气候,生长慢	树冠圆锥形;针叶粉蓝色;园景树、风景林	华北
14	白杆	Cedrus deodara	松科	15~25	弱阳性,耐寒性不强,抗污染不强	树冠圆锥形、姿态优美;园景树、行道树	北京,大连以南各地
15	雪松	Araucaria cunninghamii	南洋杉科	30	阳性,喜暖热气候及酸性土,速生	树冠塔圆锥形;园景树、造林绿化	华南
16	南洋杉	Cunninghamia lanceolata	杉科	25	中性,喜温湿气候及酸性土	树冠圆锥形;园景树、列植、风景林	长江流域及其以南地区
17	杉木	Cryptomeria fortunei	杉科	20~30	中性,喜温暖湿润气候及酸性土	树冠圆锥形;列植、丛植、绿篱	长江流域,西北至华南
18	柳杉	Platycladus orientalis	杉科	15~20	阳性,耐寒,耐干旱瘠薄及钙质土	庭荫树、行道树、风景林、绿篱	华北,华东至华南
19	千头柏	P. o. cv. Sieboldii	柏科	2~3	阳性,耐寒性不如侧柏	丛生状、干枝向四周斜展;庭园点缀	长江流域,华北
20	日本扁柏	Chamaecyparis obtusa	柏科	20	中性,喜凉爽湿润气候,不耐寒	树冠紧密、近球形;对植、列植	长江流域
21	云片柏	C. o. cv. Breviramea	柏科	5	中性,喜凉爽湿润气候,不耐寒	园景树、丛植	长江流域
22	日本花柏	C. pisifera	柏科	25	中性,耐寒性不强	树冠窄塔形;丛植、列植	长江流域
23	柏木	Cupressus funebris	柏科	25	中性,喜温暖多雨气候及钙质土	园景树、园景林;列植、造林绿化	长江以南地区
24	圆柏	Sabina chinensis	柏科	15~20	中性,耐寒,稍耐湿,耐修剪	幼年树冠圆柱形;对植、列植、丛植	东北南部,华北至江南
25	龙柏	S. c. cv. Kaizuka	柏科	5~8	阳性,耐寒,耐干旱瘠薄,抗有害气体	树冠圆柱形、似龙体;对植、列植、绿篱	华北南部至长江流域
26	鹿角柏	S. c. cv. Pfitzeriana	柏科	0.5~1	阳性,耐寒	丛生状、干枝向四周斜展;庭园点缀	长江流域,华北
27	铺地柏	S. procumbens	柏科	0.3~0.5	阳性,耐寒,耐干旱	匍匐状灌木;布置岩石园、地被	长江流域,华北
28	沙地柏	S. vulgalis	柏科	0.5~1	阳性,耐寒,耐干旱强	匍匐状灌木;枝斜上;地被,保土,绿篱	西北,内蒙古,华北

(续)

序号	中名	学名	科名	高度(m)	习性	观赏特性及园林用途	适用地区
29	刺柏	Juniperus formosana	柏科	12	中性；喜温暖多雨气候及钙质土	树冠窄圆锥形，小枝下垂；列植，丛植	长江流域，西南，西北
30	杜松	J. rigida	柏科	6~10	阳性；耐寒，耐干瘠，抗海潮风	树冠窄圆锥形；列植，丛植，绿篱	华北，东北
31	罗汉松	Podocarpus macrophyllus	罗汉松科	10~20	半阴性；喜温暖湿润气候，不耐寒	树形优美；观叶，观果，孤植，对植，丛植	长江以南各地
32	紫杉	Taxus cuspidata	红豆杉科	10~20	阴性；喜冷凉湿润气候，耐寒	树形端正；孤植，丛植，绿篱	东北
					落 叶 针 叶 树		
33	金钱松	Pseudolarix amabilis	松科	20~30	阳性；喜温暖多雨气候及酸性土	树冠圆锥形，秋叶金黄；庭荫树，园景树	长江流域
34	水松	Glyptostrobus pensilis	杉科	8~10	阳性；喜温暖热多雨气候，耐水湿	树冠窄圆锥形；庭荫树，防风，护堤树	华南
35	水杉	Metasequoia glyptostroboides	杉科	20~30	阳性；喜温暖，较耐寒，耐盐碱	树冠窄圆锥形；列植，丛植，风景树	长江流域，华北南部
36	落羽杉	Taxodium distichum	杉科	20~30	阳性；喜温暖，不耐寒，耐水湿	树冠窄圆锥形，秋色叶；护岸树，风景林	长江流域及其以南地区
37	池杉	T. ascendens	杉科	15~25	阳性；喜温暖，不耐寒，极耐湿	树冠窄圆锥形，秋色叶；水湿湿地绿化	长江流域及其以南地区
					常 绿 阔 叶 乔 木		
38	广玉兰	Magnolia grandiflora	木兰科	15~25	阳性；喜温暖湿润气候，抗污染	花大，白色，6~7月；庭荫树，行道树	长江流域及其以南地区
39	白兰花	Michelia alba	木兰科	8~15	阳性；喜温暖热，不耐寒，喜酸性土	花白色，浓香，5~9月；庭荫树，行道树	华南
40	樟树	Cinnamomum camphora	樟科	10~20	弱阳性；喜温暖气候，较耐水湿	树冠卵圆形；庭荫树，行道树，风景树	长江流域至珠江流域
41	台湾相思	Acacia richii	豆科	6~15	阳性；喜温暖热气候，耐干瘠，抗风	花黄色，4~6月；庭荫树，行道树，防护林	华南
42	羊蹄甲	Bauhinia purpurea	豆科	10	中性；喜温暖热气候，不耐寒	花玫瑰红色，10月；行道树，庭园风景树	华南
43	蚊母	Distylium racemosum	金缕梅科	5~15	阳性；喜温暖气候，抗有毒气体	花紫红色，4月；街道及工厂绿化，庭荫树	长江中下游至东南部
44	苦槠	Castanopsis sclerophylla	山毛榉科	15	中性；喜温暖气候，抗有毒气体	枝叶茂密；防护林，工厂绿化，风景林	长江以南地区
45	青冈栎	Cyclobalanopsis glauca	山毛榉科	15	中性；喜温暖湿润气候	枝叶茂密；庭荫树，背景树，风景林	长江以南地区
46	木麻黄	Casuarina equisetifolia	木麻黄科	20	阳性；喜温暖热，耐干瘠及盐碱土	行道树，防护林，海岸造林	华南

(续)

序号	中名	学名	科名	高度(m)	习性	观赏特性及园林用途	适用地区
47	榕树	Ficus microcarpa	桑科	20～25	阳性;喜暖热多雨气候及酸性土	树冠大而圆整;庭荫树、行道树、园景树	华南
48	银桦	Grevillea robusta	山龙眼科	20～25	阳性,喜温暖、不耐寒,生长快	干直冠大,花橙黄色,5月;庭荫树、行道树	西南、华南
49	大叶桉	Eucalyptus robusta	桃金娘科	25	阳性,喜暖热气候,生长快	行道树,庭荫树,防风林	华南、西南
50	柠檬桉	E. citriodora	桃金娘科	30	阳性,喜暖热气候,生长快	树干洁净,树姿优美;行道树、风景林	华南
51	蓝桉	E. globulus	桃金娘科	35	阳性,喜暖温,不耐寒,生长快	行道树,庭荫树,造林绿化	西南、华南
52	白千层	Melaleuca leucadendra	桃金娘科	20～30	阳性,喜暖热,耐干旱和水湿	行道树,防护林	华南
53	女贞	Ligustrum lucidum	木犀科	6～12	弱阳性,喜温湿,抗污染,耐修剪	花白色,6月;绿篱、行道树、工厂绿化	长江流域及其以南地区
54	桂花	Osmanthus fragrans	木犀科	10～12	阳性,喜温暖湿润气候	花黄、白色,浓香,9月;庭园观赏,盆栽	长江流域及其以南地区
55	棕榈	Trachycarpus fortunei	棕榈科	5～10	中性,喜暖湿气候,抗有毒气体	工厂绿化、行道树、对植、丛植、盆栽	华南
56	蒲葵	Livistona chinensis	棕榈科	8～15	阳性,喜暖热气候,抗有毒气体	庭荫树、行道树、对植、丛植、盆栽	华南
57	王棕	Roystonea regia	棕榈科	15～20	阳性,喜暖热气候	树形优美	华南
58	皇后葵	Arecastrum romanzoffianum	棕榈科	10～15	阳性,喜暖热气候,不耐寒	树形优美;庭荫树、园景树、丛植	华南
59	假槟榔	Archontophoenix alexandrae	棕榈科	15	阳性,喜暖热气候,不耐寒	树形优美;行道树、丛植	华南
落叶阔叶乔木								
60	银杏	Ginkgo biloba	银杏科	20～30	阳性,耐寒,抗多种有毒气体	秋叶黄色,庭荫树、孤植、对植	沈阳以南,华北至华南
61	鹅掌楸	Liriodendron chinensis	木兰科	20～25	阳性,喜温暖湿润气候	花黄绿色,4～5月;庭荫观赏树、行道树	长江流域及其以南地区
62	皂荚	Gleditsia sinensis	豆科	20	阳性,耐寒,耐干旱,抗污染力强	树冠广阔,叶密荫浓;庭荫树	华北至华南
63	山皂荚	G. japonica	豆科	15～25	阳性,耐寒,耐干旱,抗污染力强	树冠广阔,叶密荫浓;庭荫树、行道树	东北,华北至华东

（续）

序号	中名	学名	科名	高度(m)	习性	观赏特性及园林用途	适用地区
64	凤凰木	Delonix regia	豆科	15~20	阳性；喜暖热气候，不耐寒，速生	花红色美丽，5~8月；庭荫观赏树、行道树	两广南部及滇南
65	合欢	Albizia julibrissin	豆科	10~15	阳性；耐寒，耐干旱瘠薄	花粉红色，6~7月；庭荫观赏树、行道树	华北至华南
66	槐树	Sophora japonica	豆科	15~25	阳性；耐寒、抗污性强、耐修剪	枝叶茂密，树冠宽广；庭荫树、行道树	华北、西北、长江流域
67	龙爪槐	S. j. cv. Pendula	豆科	3~5	阴性；耐寒	枝下垂、树冠伞形；庭荫观赏、对植、列植	华北、西北、长江流域
68	刺槐	Robinia pseudoacacia	豆科	15~25	阳性；适应性强、浅根性、生长快	花白色，5月；庭荫树、防护林	南北各地
69	喜树	Camptotheca acuminata	蓝果树科	20~25	阳性；喜温暖、不耐寒、生长快	庭荫树、行道树	长江以南地区
70	刺楸	Kalopana xseptemlobus	五加科	10~15	弱阳性；适应性强、深根性、盐渍性	庭荫树、行道树	南北各地
71	枫香	Liquidambar formosana	金缕梅科	30	阳性；喜温暖湿润气候、耐干瘠	秋叶红艳；庭荫树、风景林	长江流域及其以南江流域
72	悬铃木	Platanus acerifolia	悬铃木科	15~25	阳性；喜温暖、抗污染、耐修剪	冠大荫浓；庭荫树、行道树	华北南部至长江流域
73	毛白杨	Populus tomentosa	杨柳科	20~30	阳性；喜温凉气候、抗污染、速生	行道树、庭荫树、防护林	华北、西北、长江下游
74	银白杨	P. alba	杨柳科	15~25	阳性；适应寒冷干燥气候	行道树、庭荫树、风景林、防护林	西北
75	新疆杨	P. alba cv. Pyramidalis	杨柳科	20~25	阳性；耐大气干旱又盐渍土	树冠圆柱形，优美；行道树、庭荫树、风景树、防护林	西北
76	加杨	P. x canadensis	杨柳科	25~30	阳性；喜温凉气候、耐水湿、盐碱	行道树、庭荫树	华北至长江流域
77	钻天杨	P. nigra cv. Italica	杨柳科	30	阳性；喜温凉气候、耐水湿	树冠圆柱形；行道树、庭荫树、防护林、风景树	华北、东北、西北
78	箭杆杨	P. nigra cv. Thevestina	杨柳科	30	阳性；适应干冷气候、稍耐盐碱土	树冠圆柱形；行道树、庭荫树、防护林	西北
79	青杨	P. cathayana	杨柳科	30	阳性；耐干冷气候、生长快	行道树、庭荫树、防护林	北部及西北部
80	旱柳	Salix matsudana	杨柳科	15~20	阳性；耐寒、耐湿、耐旱、速生	庭荫树、行道树、护岸树	东北、华北、西北
81	馒头柳	S. m. cv. Pendula	杨柳科	15	阳性；耐寒、耐湿、耐旱、速生	小枝下垂；庭荫树、行道树、护岸树	东北、华北、西北
82	龙爪柳	S. m. cv. Umbraculifera	杨柳科	10~15	阳性；耐寒、耐湿、耐旱、速生	树冠半球形；庭荫树、风景树	东北、华北、西北
83	馒头柳	S. m. cv. Tortuosa	杨柳科	10	阳性；耐寒、生长势较弱、寿命短	枝条扭曲如龙游；庭荫树、观赏树	东北、华北、西北
84	垂柳	S. babylonica	杨柳科	18	阳性；喜温暖多水湿、耐干旱、速生	枝细长下垂；庭荫树、观赏树、护岸树	长江流域至华南地区
85	白桦	Betula platyphylla	桦木科	15~20	阳性；耐严寒、喜酸性土、速生	树皮白色美丽；庭荫树、行道树、风景树	东北、华北（高山）
86	板栗	Castanea mollissima	山毛榉科	15	阳性；适应性强、深根性	庭荫树、干果树	辽、华北至华南、西南

(续)

序号	中名	学名	科名	高度(m)	习性	观赏特性及园林用途	适用地区
87	麻栎	Quercus acutissima	山毛榉科	25	阳性,适应性强,耐干旱瘠薄	庭荫树、防护林	辽、华北至华南
88	栓皮栎	Q. variabilis	山毛榉科	25	阳性,适应性强,耐干旱瘠薄	庭荫树、防护林	华北至华南,西南
89	胡桃	Juglans regia	胡桃科	15~25	阳性,耐干冷气候,不耐湿热	庭荫树、行道树、干果树	华北、西北至西南
90	核桃楸	J. mandshurica	胡桃科	20	阳性,耐寒性强	庭荫树、行道树、干果树	东北、华北
91	薄壳山核桃	Carya illinoensis	胡桃科	20~25	阳性,喜温湿气候,较耐水湿	庭荫树、行道树、干果树	华东
92	枫杨	Pterocarya stenoptera	胡桃科	20~30	阳性,适应性强,耐水湿,速生	庭荫树、行道树、护岸林	长江流域、华北
93	榆树	Ulmus pumila	榆科	20	阳性,适应性强,耐旱、耐盐碱土	庭荫树、行道树、防护林	东北、华北至长江以南地区
94	榔榆	U. parvifolia	榆科	15	弱阳性,喜温暖,抗烟尘及毒气	树形优美,庭荫树、行道树、盆景	长江流域及其以南地区
95	榉树	Zelkova schneideriana	榆科	15	阳性,喜温暖,耐烟尘,抗风	树形优美,庭荫树、行道树、盆景	长江中下游地区至华南
96	小叶朴	Celtis bungeana	榆科	10~15	中性,耐干旱,抗有毒气体	庭荫树、绿化造林	东北南部、华北
97	朴树	C. tetrandra ssp. sinensis	榆科	15~20	弱阳性,喜温暖,抗烟尘及毒气	庭荫树、盆景	江淮流域至华南
98	桑树	Morus alba	桑科	10~15	阳性,适应性强,抗污染,耐水湿	庭荫树、工厂绿化	南北各地
99	构树	Broussonetia papyrifera	桑科	15	阳性,适应性强,抗污染,耐水湿	庭荫树、行道树、工厂绿化	华北至华南
100	黄葛树	Ficus virens var. sublanceolata	桑科	15~25	阳性,喜温热气候,不耐寒	冠大荫浓,庭荫树、行道树	华南、西南
101	杜仲	Eucommia ulmoides	杜仲科	15~20	阳性,喜温暖湿润气候	庭荫树、行道树	长江流域、华北南部
102	糠椴	Tilia mandshurica	椴树科	15	弱阳性,喜冷冻湿润气候,耐寒	树姿优美、枝叶茂密;庭荫树、行道树	东北、华北
103	蒙椴	T. mongolica	椴树科	5~10	中性,喜冷冻湿润气候,耐寒	树姿优美、枝叶茂密;庭荫树、行道树	东北、华北
104	紫椴	T. amurensis	椴树科	15~20	中性,耐寒性强,抗污染	树姿优美、枝叶茂密;庭荫树、行道树	东北、华北
105	梧桐	Firmiana simplex	梧桐科	10~15	阳性,喜暖湿,耐干旱,怕涝	枝干青翠,叶大荫浓;庭荫树、行道树	长江流域、华北南部
106	木棉	Bombax malabaricum	木棉科	25~35	阳性,喜暖热气候,耐干旱,速生	花大、红艳,2~3月;行道树、庭荫观赏树	华南
107	乌桕	Sapium sebiferum	大戟科	10~15	阳性,喜温暖气候,耐水湿,抗风	秋叶红艳,庭荫树、堤岸树	长江流域至珠江流域
108	重阳木	Bischofia polycarpa	大戟科	10~15	阳性,喜温暖气候,耐水湿,抗风	行道树、庭荫树、堤岸树	长江中下游地区
109	丝绵木	Euonymus bungeanus	卫矛科	6	中性,耐寒,耐水湿,抗污染	枝叶秀丽,秋果红色;庭荫树、水边绿化	东北南部至长江流域

(续)

序号	中名	学名	科名	高度(m)	习性	观赏特性及园林用途	适用地区
110	沙枣	Elaeagnus angustifolia	胡颓子科	5~10	阳性,耐干旱,低湿及盐碱	叶银白色,花黄色,7月;庭荫树,风景树	西北,华北,东北
111	枳椇	Hovenia dulcis	鼠李科	10~20	阳性,喜温暖气候	叶大荫浓;庭荫树,行道树	长江流域及其以南地区
112	柿树	Diospyros kaki	柿树科	10~15	阳性,喜温暖,耐寒,耐干旱	秋叶红色,果橙黄色,秋季;庭荫树,果树	东北南部至华南,西南
113	臭椿	Ailanthus altissima	苦木科	20~25	阳性,耐干瘠,盐碱,抗污染	树形优美;庭荫树,行道树,工厂绿化	华北,西北至华南,西南
114	楝树	Melia azedarach	楝科	10~15	阳性,喜温暖,抗污染,生长快	花紫色,5月;庭荫树,行道树,四旁绿化	华北南部至华南,西南
115	川楝	M. toosendan	楝科	15	阳性,喜温暖,不耐寒,生长快	庭荫树,行道树,四旁绿化	中部至西南部
116	栾树	Koelreuteria paniculata	无患子科	10~12	阳性,喜温暖,较耐寒,抗烟尘	花金黄,6~7月;庭荫树,行道树,观赏树	辽,华北至长江流域
117	全缘栾树	K. bipinnata var. integrifolia	无患子科	15	阳性,喜温暖气候,不耐寒	花淡黄,8~9月,果淡红;庭荫树,行道树	长江以南地区
118	无患子	Sapindus mukorossi	无患子科	15~20	弱阳性;庭荫树,行道树	树冠广卵形;庭荫树,行道树	华北至华南,西南
119	黄连木	Pistacia chinensis	漆树科	15~20	弱阳性,喜温湿,不耐严寒,抗污染	秋叶橙黄或红色,庭荫树,行道树	华北至华南
120	南酸枣	Choerospondias axillaris	漆树科	20	阳性,喜温暖,耐干瘠,抗旱,耐盐碱	冠大荫浓;庭荫树,行道树	长江以南及西南,西南
121	火炬树	Rhus chinensis	漆树科	4~6	阳性,适应性强,抗污染	秋叶红艳,风景林,荒山造林	华北,西北,东北南部
122	元宝枫	Acer truncatum	槭树科	10	中性,喜温凉气候,抗风	秋叶黄或红色,庭荫树,行道树,风景林	华北,东北南部
123	三角枫	A. buergerianum	槭树科	10~15	弱阳性,喜温湿气候,较耐水湿	庭荫树,行道树,护岸树,绿篱	长江至长江流域
124	茶条槭	A. ginnala	槭树科	6	弱阳性,耐寒,抗烟尘	秋叶红色,翅果成熟前红色,庭园风景林	东北,华北至长江流域
125	羽叶槭	A. negundo	槭树科	15	阳性,喜冷凉气候,耐烟尘	庭荫树,行道树,防护林	东北,华北
126	七叶树	Aesculus chinensis	七叶树科	20	弱阳性,喜温暖湿润,不耐严寒	花白色美丽,5~6月;庭荫树,行道树,观赏树	黄河中下游至华东
127	流苏树	Chionanthus retusus	木犀科	6~15	阳性,耐寒,也喜温暖	花白色美丽,5月;庭园观赏树,丛植,孤植	黄河中下游及其以南
128	白蜡树	Fraxinus chinensis	木犀科	10~15	弱阳性,耐寒,耐低湿,抗烟尘	庭荫树,行道树,堤岸树	东北,华北至长江流域
129	洋白蜡	F. pennsylvanica	木犀科	10~15	阳性,耐寒,耐低湿	庭荫树,行道树,防护林	东北南部,华北
130	绒毛白蜡	F. velutina	木犀科	8~12	阳性,耐低洼,盐碱地,抗污染	庭荫树,行道树,工厂绿化	华北
131	水曲柳	F. mandshurica	木犀科	10~20	弱阳性,耐寒,喜肥沃湿润土壤	庭荫树,行道树	东北
132	梓树	Catalpa ovata	紫葳科	10~15	弱阳性,适生于温带地区,抗污染	花黄白色,5~6月;庭荫树,行道树	黄河中下游地区

(续)

序号	中名	学名	科名	高度(m)	习性	观赏特性及园林用途	适用地区
133	楸树	C. bungei	紫葳科	10~20	弱阳性,喜温和气候,抗污染	白花有紫斑,5月;庭荫观赏树、行道树	黄河流域至淮河流域
134	蓝花楹	Jacaranda acutifolia	紫葳科	10~15	阳性,喜暖热气候,不耐寒	花蓝色美丽,5月;庭荫观赏树、行道树	华南
135	大花紫薇	Largerstroemia speciosa	千屈菜科	8~12	阳性,喜暖热气候,不耐寒	花淡紫红色,夏秋;庭园观赏树、行道树	华南
136	泡桐	Paulownia fortunei	玄参科	15~20	阳性,喜温暖气候,不耐寒,速生	花白色,4月;庭荫树、行道树	长江流域及其以南地区
137	毛泡桐	P. tomentosa	玄参科	10~15	强阳性,喜温暖,较耐寒,速生	白花有紫斑,4~5月;庭荫树、行道树	黄河中下游至淮河流域
138	苏铁	Cycas revoluta	苏铁科	2	中性,喜温暖湿润气候及酸性土	姿态优美;庭园观赏、盆景	华南、西南
139	含笑	Michelia figo	木兰科	2~3	中性,喜温暖湿润气候及酸性土	花淡紫色,浓香,4~5月;庭园观赏、盆栽	长江以南地区
140	枇杷	Eriobotrya japonica	蔷薇科	4~6	弱阳性,喜温暖湿润,初夏黄果	叶大荫浓,初夏黄果;庭园观赏、果园	南方各地
141	石楠	Photinia serrulata	蔷薇科	3~5	弱阳性,喜温暖,耐干旱瘠薄	嫩叶红色,秋冬红果;丛植	华东、中南、西南
142	洒金珊瑚	Aucuba japonica cv. Variegata	山茱萸科	2~3	阴性,喜温暖湿润,不耐寒	叶有黄斑点,果红色;庭园观赏、盆栽	长江流域及其以南地区
143	珊瑚树	Viburnum awabuki	忍冬科	3~5	中性,喜温暖,抗烟尘,耐修剪	白花6月,红果9~10月;绿篱、庭园观赏	长江中下游及其以南地区
144	黄杨	Buxus sinica	黄杨科	2~3	中性,抗污染,耐修剪,生长慢	枝叶细密,耐修剪;绿篱、盆栽	华北至华南、西南
145	雀舌黄杨	B. bodinieri	黄杨科	0.5~1	中性,喜温暖,不耐寒,水湿	枝叶细密;丛植、绿篱、盆栽	华东、中南、西南
146	海桐	Pittosporum tobira	海桐科	2~4	中性,喜温湿气候,抗海潮风	白花芳香,5月;基础种植、绿篱、盆栽	长江流域、华南、西南
147	山茶花	Camellia japonica	山茶科	2~5	中性,喜温暖湿润气候及酸性土	花白、粉红,2~4月;庭园观赏、盆栽	长江流域及其以南地区
148	茶梅	C. sasanqua	山茶科	3~6	中性,喜温暖湿润气候及酸性土	花白、粉红,11~1月;基础种植、丛植、盆栽	长江以南地区
149	枸骨	Ilex cornuta	冬青科	1.5~3	弱阳性,抗有毒气体,生长慢	绿叶红果,甚美丽;基础种植、丛植	长江中下游及其以南地区
150	大叶黄杨	Euonymus japonicus	卫矛科	2~5	中性,喜温湿气候,抗有毒气体	观叶;绿篱、基础种植、盆栽	华北南部至华南、西南
151	胡颓子	Elaeagnus pungens	胡颓子科	2~3	弱阳性,喜温暖,耐干旱5月	秋花银白芳香,红果5月;基础种植、盆栽	长江中下游及其以南地区
152	云南黄馨	Jasminum mesnyi	木犀科	1.5~3	中性,喜温暖,不耐寒	枝拱垂,花黄色,4月;庭园观赏、盆栽	长江流域、华南、西南
153	夹竹桃	Nerium indicum	夹竹桃科	2~4	阳性,喜温暖湿润气候,抗污染	花粉红,5~10月;庭园观赏、花篱、盆栽	长江流域及其以南地区
154	栀子花	Gardenia jasminoides	茜草科	1~1.6	中性,喜温暖湿润气候及酸性土	花白色,浓香,6~8月;庭园观赏、花篱	长江流域及其以南地区
155	南天竹	Nandina domestica	小檗科	1~2	中性,耐阴,喜温暖湿润气候	枝叶秀丽,秋冬红果;庭园观赏、丛植、盆栽	长江流域及其以南地区

(续)

序号	中名	学名	科名	高度(m)	习性	观赏特性及园林用途	适用地区
156	十大功劳	Mahonia fortunei	小檗科	1~1.5	耐阴,喜温暖湿润气候,不耐寒	花黄色,果蓝黑色,夏、秋;庭园观赏、丛植、绿篱	长江流域及其以南地区
157	凤尾兰	Yucca gloriosa	百合科	1.5~3	阳性,喜亚热带气候,不耐严寒	花乳白色,夏、秋;庭园观赏、丛植	华北南部至华南
158	丝兰	Y. flaccida	百合科	0.5~2	阳性,喜亚热带气候,不耐严寒	花乳白色,6~7月;庭园观赏、丛植	华北南部至华南
159	棕竹	Rhapis humilis	棕榈科	1.5~3	阴性,喜湿润的酸性土,不耐寒	观叶;庭园观赏、丛植、基础种植、盆栽	华南、西南
160	筋头竹	R. excelsa	棕榈科	2~3	阴性,喜湿润的酸性土,不耐寒	观叶;庭园观赏、丛植、基础种植、盆栽	华南、西南

落 叶 阔 叶 小 乔 木 及 灌 木

161	玉兰	Magnolia denudata	木兰科	4~8	阳性,稍耐阴,颇耐寒,怕积水	花大洁白,3~4月;庭园观赏、对植、列植	华北至华南、西南
162	紫玉兰	M. liliflora	木兰科	2~4	阳性,喜温暖,不耐严寒	花大紫色,3~4月;庭园观赏、丛植	华北至华南、西南
163	二乔玉兰	M. x soulangeana	木兰科	3~6	阳性,喜温暖气候,3~4月	花白带淡紫色,3~4月;庭园观赏	华北至华南、西南
164	白鹃梅	Exochorda racemosa	蔷薇科	2~3	弱阳性,喜温暖湿润气候	花白色美丽,4月;庭园观赏、丛植	华北至长江流域
165	笑靥花	Spiraea prunifolia	蔷薇科	1.5~2	阳性,喜温暖湿润气候	花小,白色美丽,4月;庭园观赏、丛植	长江流域及其以南地区
166	珍珠花	S. thunbergii	蔷薇科	1.5~2	阳性,喜温暖气候,较耐寒	花小美丽,4月;庭园观赏、丛植	华南南部,华北至华南
167	麻叶绣线菊	S. cantoniensis	蔷薇科	1~1.5	中性,喜温暖气候	花小,白色美丽,4月;庭园观赏、丛植	长江流域及其以南地区
168	菱叶绣线菊	S. x vanhouttei	蔷薇科	1~2	阳性,喜温暖气候,较耐寒	花小粉红花,4~5月;庭园观赏、丛植	华北至华南、西南
169	粉花绣线菊	S. japonica	蔷薇科	1.5~2	阳性,耐寒,耐干旱	花粉红,6~7月;庭园观赏、丛植、花篱	华北南部至华南、西南
170	珍珠梅	Sorbaria kirilowii	蔷薇科	1~1.5	耐阴,喜温暖气候,不耐积水	花小,白色,6~8月;庭园观赏、丛植、花篱	华北、西北、东北南部、西南
171	月季	Rosa chinensis	蔷薇科	1~1.5	阳性,喜温暖气候,较耐寒	花红、紫,5~10月;庭园观赏、丛植、盆栽	东北南部至华南、西南
172	现代月季	R. hybrida	蔷薇科	1~2	阳性,喜温暖气候,较耐寒	花色丰富,5~10月;庭园观赏、丛植、盆栽	东北南部至华南、西南
173	玫瑰	R. rugosa	蔷薇科	1.5~2	阳性,对土壤要求不严	花紫红,5月;庭园观赏、丛植、花篱	东北、华北、西南
174	黄刺玫	R. xanthina	蔷薇科	1~2	阳性,耐寒,耐干旱	花黄色,4~5月;庭园观赏、丛植、花篱	华北、西北、东北南部
175	棣棠	Kerria japonica	蔷薇科	1~2	中性,喜温暖湿润气候,较耐寒	花金黄,4~5月;枝干绿色;庭园观赏、丛植、花篱	华北至华南、西南
176	鸡麻	Rhodotypos scandens	蔷薇科	1~2	中性,喜温暖气候,较耐寒	花白色,4~5月;庭园观赏、丛植	北部中部,东部
177	杏	Prunus armeniaca	蔷薇科	5~8	阳性,喜温暖气候,耐干旱,不耐涝	花粉红,3~4月;庭园观赏、片植、果树	东北、华北至长江流域

(续)

序号	中名	学名	科名	高度(m)	习性	观赏特性及园林用途	适用地区
178	梅	P. mume	蔷薇科	3~6	阳性,喜温暖气候,怕涝,寿命长	花红、粉、白,芳香,2~3月;庭园、片植	长江流域及其以南地区
179	桃	P. persica	蔷薇科	3~5	阳性,耐干旱,不耐水湿	花粉红,3~4月;庭园观赏、片植、果树	东北南部、华北至华南
180	碧桃	P. persica cv. Duplex	蔷薇科	3~5	阳性,耐干旱,不耐水湿	花粉红,重瓣,3~4月;庭植、片植、果树	东北南部、华北至华南
181	山桃	P. davidiana	蔷薇科	4~6	阳性,耐寒,耐干旱,耐碱土	花淡粉、白,3~4月;庭园观赏、片植	东北、华北、西北
182	紫叶李	P. cerasifera cv. Atropurpurea	蔷薇科	3~5	弱阳性,喜温暖湿润气候,较耐寒	叶紫色,花淡粉色,3~4月;庭园点缀	华北至长江流域
183	樱花	P. serrulata	蔷薇科	3~5	阳性,较耐寒,不耐烟尘和毒气	花粉白,4月;庭园观赏、丛植、行道树	东北、华北长江流域
184	东京樱花	P. x yedoensis	蔷薇科	5~8	阳性,较耐寒,不耐烟尘	花粉白,4月;庭园观赏、丛植、行道树	华北至长江流域
185	日本晚樱	P. lannesiana	蔷薇科	4~6	阳性,喜温暖气候,较耐寒	花粉红,4月;庭园观赏、丛植、行道树	华北至长江流域
186	榆叶梅	P. triloba	蔷薇科	1.5~3	弱阳性,耐寒,耐干旱	花粉、紫,4月;庭园观赏、丛植、列植	东北南部、华北、西北
187	郁李	P. japonica	蔷薇科	1~2	阳性,耐寒	花粉、白,4月,果红色;庭园观赏、丛植	东北、华北、华南
188	麦李	Prunus glandulosa	蔷薇科	1~1.5	阳性,较耐寒,适应性强	花粉、白,4月,果红色;庭园观赏、丛植	华北至长江流域
189	平枝栒子	Cotoneaster horizontalis	蔷薇科	0.5	阳性,耐寒,适应性强	匍匐状,秋冬果鲜红;基础种植、丛植、岩石园	华北、西北至长江流域
190	火棘	Pyracantha fortuneana	蔷薇科	2~3	阳性,喜温暖气候,不耐寒	春白花,秋冬红果,4~5月;基础种植、丛植、篱植	华东、华中、西南
191	山楂	Crataegus pinnatifida	蔷薇科	3~5	弱阳性,耐干旱瘠薄土壤	春白花,秋红果;庭园路树、园路树、果树	东北南部、华北
192	木瓜	Chaenomeles sinensis	蔷薇科	3~5	阳性,喜温暖,不耐低温和盐碱土	花粉红,4~5月;丛植、庭园观赏	长江流域至华南
193	贴梗海棠	C. speciosa	蔷薇科	1~2	阳性,喜温暖气候,较耐寒	花红,4月;庭园观赏、丛植	华北至华南
194	海棠果	Malus prunifolia	蔷薇科	4~6	阳性,耐寒性强,耐旱,耐碱土	花粉红,4~5月,秋果红色;庭园观赏、果树	东北、华北、西北
195	海棠花	M. spectabilis	蔷薇科	4~6	阳性,耐寒,喜温暖湿润,忌水湿	花粉红,单或重瓣,4~5月;庭园观赏	东北南部至华北、华东
196	垂丝海棠	M. halliana	蔷薇科	4~6	阳性,喜温暖湿润,耐寒不强	花鲜玫瑰红,4~5月;庭园观赏、丛植	东北南部、华北、西北
197	白梨	Pyrus bretschneideri	蔷薇科	4~6	阳性,喜干冷气候,耐旱	花白色,4月;庭园观赏、果树	东北南部、华北、西北
198	沙梨	P. pyrifolia	蔷薇科	5~8	阳性,喜温暖湿润,耐干旱,忌水湿	花白色,3~4月;庭园观赏、果树	长江流域至华南、西南
199	蜡梅	Chimonanthus praecox	蜡梅科	1.5~2	阳性,较耐寒,耐干旱,不耐涝	花黄色,浓香,1~2月叶前开放,庭园观赏、盆栽	华北至华南、西南
200	紫荆	Cercis chinensis	豆科	2~3	阳性,耐干旱瘠薄,不耐涝	花紫,3~4月叶前开放;庭园观赏、丛植	华北、西北至华南

(续)

序号	中名	学名	科名	高度(m)	习性	观赏特性及园林用途	适用地区
201	毛刺槐	Robinia hispida	豆科	2	阳性,耐寒,喜排水良好土壤	花紫粉,6~7月;庭园观赏,草坪丛植	东北,华北
202	紫穗槐	Amorpha fruticosa	豆科	1~2	阳性,耐水湿,干瘠和轻盐碱土	花暗紫,5~6月;护坡固堤,林带下木	南北各地
203	锦鸡儿	Caragana sinica	豆科	1~1.5	中性,耐寒,耐干旱瘠薄	花橙黄,4月;庭园观赏,岩石园,盆景	华北至长江流域
204	胡枝子	Lespedeza bicolor	豆科	1~2	中性,耐寒,耐干旱瘠薄	花紫红,8月;庭园观赏,护坡,林带下木	东北至黄河流域
205	太平花	Philadelphus pekinensis	虎耳草科	1~2	弱阳性,耐寒,怕涝	花白色,5~6月;庭园观赏,丛植,花篱	华北,东北,西北
206	山梅花	P. incanus	虎耳草科	2~3	弱阳性,较耐寒,耐旱,忌水湿	花白色,5~6月;庭园观赏,丛植,花篱	华北,华中,西北
207	溲疏	Deutzia scabra	虎耳草科	1~2	弱阳性,喜温暖,耐寒性不强	花白色,5~6月;庭园观赏,丛植,花篱	长江流域各地
208	红瑞木	Cornus alba	山茱萸科	1.5~3	中性,耐寒,耐湿,也耐干旱	茎枝红色美丽,果白色,秋果粉红,草坪丛植	东北,华北
209	四照花	C. kousa var. chinensis	山茱萸科	3~5	中性,喜温暖气候,耐寒性不强	花黄白,5~6月;庭园观赏	华北南部至长江流域
210	糯米条	Abelia chinensis	忍冬科	1~2	中性,喜温暖,耐修剪	花白带粉,芳香,8~9月;庭园观赏,花篱	长江流域至华南
211	猬实	Kolkwitzia amabilis	忍冬科	2~3	阳性,耐寒,耐干旱瘠薄	花粉红,5月,果似刺猬;庭园观赏	华北,西北,华中
212	锦带花	Weigela florida	忍冬科	1~2	阳性,耐寒,耐旱,怕涝	花玫瑰红,4~5月;庭园观赏,草坪丛植	东北,华北
213	海仙花	W. coraeensis	忍冬科	2~3	弱阳性,耐寒,不耐寒	花黄白变红,5~6月;庭园观赏,草坪丛植	华北,华东,华中
214	木本绣球	Viburnum macrocephalum	忍冬科	2~3	弱阳性,喜温暖,不耐寒	花白色,成绣球形,5~6月;庭植观花	华北南部至长江流域
215	蝴蝶树	V. plicatum f. tomentosa	忍冬科	1~2	中性,喜温暖,耐干旱	花白色,4~5月,秋果红色;庭园观赏	长江流域至华南,西南
216	天目琼花	V. sargentii	忍冬科	2~3	中性,耐寒,较耐寒	花白色,5~6月,秋果红色;庭植观赏花果	东北,华北至华南
217	香迷	V. farreri	忍冬科	2~3	中性,耐寒,耐干旱	花白色,芳香,4月;庭植观花	华北,西北
218	金银木	Lonicera maackii	忍冬科	3~4	阳性,耐寒,耐干旱,萌蘖性强	花白,黄,5~7月,秋果红色;庭园观赏	南北各地
219	接骨木	Sambucus williamsii	忍冬科	2~4	阳性,喜温暖,抗有毒气体	花小,白色,4~5月,秋果红色;庭园观赏	南北各地
220	无花果	Ficus carica	桑科	1~2	中性,喜温暖,不耐寒	庭园观赏,盆栽	长江流域及其以南地区
221	结香	Edgeworthia chrysantha	瑞香科	3~4	阳性,抗旱,涝,盐碱及沙荒	花黄色,芳香,3~4月叶前开放;庭园观赏	长江流域各地
222	桂柳	Tamarix chinensis	柽柳科	2~3	弱阳性,喜温暖气候,较耐寒	花粉红紫,5~8月;庭园观赏,绿篱	华北至华南,西南
223	木槿	Hibiscus syriacus	锦葵科	2~3	阳性,喜温暖气候,不耐寒	花淡紫,白,粉红,7~9月;丛植,花篱	华北至华南

141

(续)

序号	中名	学名	科名	高度 (m)	习性	观赏特性及园林用途	适用地区
224	木芙蓉	H. mutabilis	锦葵科	1～2	中性偏阴，喜温湿气候及酸性土	花粉红色，9～10月；庭园观赏，丛植，列植	长江流域及其以南地区
225	杜鹃	Rhododendron simsii	杜鹃花科	1～2	中性，喜温湿气候及酸性土	花深红色，4～5月；庭园观赏，盆栽	长江流域及其以南地区
226	白花杜鹃	R. mucronatum	杜鹃花科	0.5～1	中性，喜温暖气候，不耐寒	花白色，4～5月；庭园观赏，盆栽	长江流域
227	金丝桃	Hypericum chinense	藤黄科	2～5	阳性，喜温暖气候，较耐干旱	花金黄色，6～7月；庭园观赏，草坪丛植	长江流域及其以南地区
228	石榴	Punica granatum	石榴科	2～3	中性，喜温暖，耐寒，适应性强	花红色，5～6月；果红色；庭园观赏，果树	黄河流域及其以北地区
229	秋胡颓子	Elaeagnus umbellata	胡颓子科	3～5	阳性，喜温暖气候，不耐严寒	秋果橙红色；庭园观赏，林带下木	长江流域及其以南地区
230	花椒	Zanthoxylum bungeanum	芸香科	3～5	阳性，喜温暖，耐干旱及盐碱土	丛植，刺篱	华北、西北至华南
231	枸橘	Poncirus trifoliata	芸香科	3～5	阳性，耐寒，耐干旱	花白色，4月，果黄绿；丛植，刺篱	黄河流域至华南
232	文冠果	Xanthoceras sorbifolia	无患子科	3～5	中性，耐寒	花白色，4～5月；庭园观赏，丛植，列植	东北、华北、西北
233	黄栌	Cotinus coggygria	漆树科	3～5	中性，喜温暖气候，不耐寒	霜叶红艳美丽，秋叶红色；庭园观赏，盆栽	华北
234	鸡爪槭	Acer palmatum	槭树科	2～5	中性，喜温暖气候，不耐寒	叶形秀丽	华北南部至长江流域
235	红枫	A. p. cv. Atropurpureum	槭树科	1.5～2	中性，喜温暖气候，不耐寒	叶常年紫红色；庭园观赏，盆栽	华北南部至长江流域
236	羽毛枫	A. p. cv. Dissectum	槭树科	1.5～2	中性，喜温暖气候，不耐寒	树冠开展，叶片细裂；庭园观赏，盆栽	长江流域
237	红羽毛枫	A. p. cv. Dissectum Ornatum	槭树科	1.5～2	中性，喜温暖气候，不耐寒	树冠开展，叶片细裂，红色；庭园观赏，盆栽	长江流域
238	醉鱼草	Buddleia lindleyana	马钱科	2～3	阳性，喜温暖气候，耐修剪	花紫色，6～8月；庭园观赏，草坪丛植	长江流域及其以南地区
239	小蜡	Ligustrum sinensis	木犀科	2～3	中性，喜温暖，较耐寒，耐修剪	花小，白色，5～6月；庭园观赏，绿篱	长江流域及其以南地区
240	小叶女贞	L. quihoui	木犀科	1～2	阳性，喜温暖气候，较耐寒	花小，白色，5～6月；庭园观赏，绿篱	华北至长江流域
241	迎春	Jasminum nudiflorum	木犀科	2～3	弱阳性，耐寒，耐湿，耐干旱，忌低湿	花黄色，早春叶前开放；庭园观赏，草坪丛植	华北、华北、西北
242	丁香	Syringa oblata	木犀科	2～8	阳性，耐寒，喜湿润土壤	花紫色，香，4～5月；庭园观赏，庭荫树	东北、华北、西北
243	暴马丁香	S. reticulata var. mandshurica	木犀科	2～3	阳性，耐寒，耐干旱	花白色，6月，叶前开放；庭园观赏，园路树	东北、华北、西北
244	连翘	Forsythia suspensa	木犀科	1.5～3	阳性，耐寒，较耐寒	花金黄，3～4月叶前开放；庭园观赏，丛植	东北、华北、西北
245	金钟花	F. viridissima	木犀科	1.5～3	阳性，喜温暖气候，较耐寒	花金黄，3～4月叶前开放；庭园观赏，丛植	华北至长江流域
246	雪柳	Fontanesia fortuner	木犀科	3～5	中性，喜温暖气候，适应性强，耐修剪	花小白色，5～6月；绿篱，丛植，林带下木	东北南部至长江中下游

142

(续)

序号	中名	学名	科名	高度(m)	习性	观赏特性及园林用途	适用地区
247	紫珠	Callicarpa dichotoma	马鞭草科	1~2	中性,喜温暖气候,较耐寒	果紫色美丽,秋冬;庭园观赏,丛植	华北,华东,中南
248	海州常山	Clerodendron trichotoma	马鞭草科	2~4	中性,喜温暖气候,耐干旱,水湿	白花,7~8月;紫萼蓝果,9~10月;庭植	华北至长江流域
249	牡丹	Paeonia suffruticosa	毛茛科	1~2	中性,耐寒,要求排水良好土壤,耐修剪	花红、粉、紫,4~5月;庭园观赏	华北,西北,长江流域
250	小檗	Berberis thunbergii	小檗科	1~2	中性,耐寒	花淡黄,5月,秋果红;庭园观赏,绿篱	华北,西北,长江流域
251	紫叶小檗	B. t. cv. Atropurpurea	小檗科	1~2	中性,耐寒,要求阳光充足	叶常年紫红,秋果红色;庭园点缀、丛植	华北,西北,长江流域
252	紫薇	Lagerstroemia indica	千屈菜科	2~4	阳性,喜温暖气候,不耐严寒	花紫红,7~9月;庭园观赏,园路树	华北至华南,西南
藤　木							
253	铁线莲	Clematis florida	毛茛科	4	中性,喜温暖,不耐寒,半常绿	花白花,夏季;攀缘篱垣,棚架,山石	长江中下游至华南
254	木通	Akebia quinata	木通科	10	中性,喜温暖,不耐寒,落叶	花暗紫色,4月;攀缘篱垣,棚架,山石	长江流域至华南
255	三叶木通	A. trifoliata	木通科	8	中性,喜温暖,较耐寒,落叶	花暗紫色,5月;攀缘篱垣,棚架,山石	华北至长江流域及其以南地区
256	五味子	Schisandra chinensis	木兰科	8	中性,耐寒性强,落叶	果红色,8~9月;攀缘篱垣,棚架等	东北,华北,华中
257	蔷薇	Rosa multiflora	蔷薇科	3~4	阳性,喜温暖,较耐寒,落叶	花白、粉红,5~6月;攀缘篱垣,棚架等	华北至华南
258	十姊妹	R. m. cv. Platyphylla	蔷薇科	3~4	阳性,喜温暖,较耐寒,落叶	花深红,重瓣,5~6月;攀缘篱垣,棚架等	华北至华南
259	木香	R. banksiae	蔷薇科	6	阳性,喜温暖,适应性强,半常绿	花白或淡黄,芳香,4~5月;攀缘棚架,枯树等	华北至长江流域
260	紫藤	Westeria sinensis	豆科	15~20	阳性,喜温暖气候,耐寒	花堇紫色,4月;攀缘棚架,枯树等	南北各地
261	多花紫藤	W. floribunda	豆科	4~8	阳性,喜温暖,耐寒,不耐寒,落叶	花紫青,攀缘篱垣,山石,盆栽	长江流域及其以南地区
262	常春藤	Hedera helix	五加科		阴性,喜温暖,不耐寒,常绿	绿叶长青,攀缘墙面,山石等	长江流域及其以南地区
263	中华常春藤	H. nepalensis var. chinensis	五加科		阴性,喜温暖,不耐寒,常绿	绿叶长青,攀缘墙面,山石等	长江流域及其以南地区
264	猕猴桃	Actinidia chinensis	猕猴桃科		中性,喜温暖,耐寒性不强,落叶	花黄白色,6月;攀缘棚架,篱垣,果树	东北,华北,长江流域
265	梨猴桃	A. arguta	猕猴桃科	25~30	中性,耐寒,落叶	花乳白色,6~7月;攀缘棚架等	华北,西北,长江流域
266	葡萄	Vitis vinifera	葡萄科		阳性,耐干旱,怕涝,落叶	果紫红或黄白,8~9月;攀缘棚架,棚篱等	东北,华北,长江流域
267	爬山虎	Parthenocissus tricuspidata	葡萄科	15	耐阴,耐寒,适应性强,落叶	秋叶红、橙色,攀缘墙面,山石,树干等	东北南部至华南
268	五叶地锦	P. quinquefolia	葡萄科		耐阴,耐寒,适应性强,落叶	秋叶红、橙色,攀缘墙面,山石,棚篱等	东北南部,华北

(续)

序号	中名	学名	科名	高度(m)	习性	观赏特性及园林用途	适用地区
269	薜荔	Ficus pumila	桑科		耐阴,喜温暖气候,不耐寒,常绿	绿叶长青;攀缘山石、墙垣、树干等	长江流域及其以南地区
270	叶子花	Bougainvillea spectabilis	紫茉莉科		阳性,喜暖热气候,不耐寒,常绿	花红、紫,6～12月;掩覆山石、园墙、老树干等	华南、西南
271	扶芳藤	Euonymus fortunei	卫矛科		耐阴,喜温暖气候,不耐寒,常绿	绿叶长青;攀附花格、墙面、山石、老树干等	长江流域及其以南地区
272	胶东卫矛	E. kiautshovicus	卫矛科	3～5	耐阴,喜温暖,稍耐寒,半常绿	绿叶红果;攀缘棚架、墙面、山石、老树干等	华北至长江中下游地区
273	南蛇藤	Celastrus orbiculatus	卫矛科		中性,耐寒,性强健,落叶	秋叶红、黄色;攀缘棚架、墙垣等	东北、华北华南、西南
274	金银花	Lonicera japonica	忍冬科		喜光,也耐阴,耐寒,半常绿	花黄、白色,芳香,5～7月;攀缘小型棚架	华北至华南、西南
275	络石	Trachelospermum jasminoides	夹竹桃科		耐阴,喜温暖,不耐寒,常绿	花白色,5月;攀缘墙垣、山石	长江流域各地
276	凌霄	Campsis grandiflora	紫葳科	9	中性,喜温暖,稍耐寒,落叶	花桔红色,7～8月;攀缘墙垣、墙垣、山石、棚架	华北及其以南各地
277	美国凌霄	C. radicans	紫葳科	10	中性,喜温暖,耐寒,落叶	花桔红色,7～8月;攀缘棚架、墙垣、山石等	华北及其以南各地
278	炮仗花	Pyrostegia ignea	紫葳科		中性,喜暖热,不耐寒,常绿	花橙红色,夏季;攀缘棚架、墙垣、山石等	华南

竹类

序号	中名	学名	科名	高度(m)	习性	观赏特性及园林用途	适用地区
279	孝顺竹	Bambusa multiplex	禾本科	2～3	中性,喜温暖湿润气候,不耐寒	秆丛生,枝叶秀丽;庭园观赏	长江以南地区
280	凤尾竹	B. m. var. nana	禾本科	1	中性,喜温暖湿润气候,不耐寒	秆丛生,枝叶细密秀丽;庭园观赏、篱植	长江以南地区
281	慈竹	Dendrocalamus affinis	禾本科	5～8	阳性,喜温暖湿润气候及肥沃疏松土壤	秆丛生,枝叶茂盛;庭园观赏、防风、护堤林	华中、西南
282	菲白竹	Pleioblastus argenteo-striatus	禾本科	0.5～1	中性,喜温暖湿润气候,不耐寒	叶有白色纵条纹;绿篱、地被、盆栽	长江中下游地区
283	毛竹	Phyllostachys pubescens	禾本科	10～20	阳性,喜温暖湿润气候,不耐寒	秆散生,高大;庭园观赏、风景林	长江以南地区
284	桂竹	P. bambusoides	禾本科	10～15	阳性,喜温暖湿润气候,稍耐寒	秆散生;庭园观赏	淮河流域至长江流域
285	斑竹	P. b. f. tanakae	禾本科	10	阳性,喜温暖湿润气候,稍耐寒	竹秆有紫褐色斑;庭园观赏	华北南部至长江流域
286	刚竹	P. viridis	禾本科	8～12	阳性,喜温暖湿润气候,稍耐寒	枝叶青翠;庭园观赏	华北南部至长江流域
287	罗汉竹	P. aurea	禾本科	5～8	阳性,喜温暖湿润气候,稍耐寒	竹竿下部肿胀或节交互歪斜;庭园观赏	华北南部至长江流域
288	紫竹	P. nigra	禾本科	3～5	阳性,喜温暖湿润气候,稍耐寒	竹秆紫黑色;庭园观赏	华北南部至长江流域

(续)

序号	中名	学名	科名	高度(m)	习性	观赏特性及园林用途	适用地区
289	淡竹	P. nigra var. henonis	禾本科	7~15	阳性,喜温暖湿润气候,稍耐寒	秆灰绿色;庭园观赏	长江流域及其以南地区
290	早园竹	P. propinqua	禾本科	5~8	阳性,喜温暖湿润气候,较耐寒	枝叶青翠;庭园观赏	华北至长江流域
291	黄槽竹	P aureosulcata	乔本科	3~5	阳性,喜温暖湿润气候,较耐寒	竹秆节间纵槽内黄色;庭园观赏	华北
					一、二年生花卉		
292	扫帚草	Kochia scoparia	藜科	1~1.5	阳性,耐干热瘠薄,不耐寒	株丛圆整翠绿;宜自然丛植,花坛中心,绿篱	全国各地
293	五色苋	Alternanthera bettzichiana	苋科	0.4~0.5	阳性,喜暖畏寒,宜高燥,耐修剪	株丛紧密,叶小,叶色美丽;毛毡花坛材料	全国各地
294	三色苋	Amaranthus tricolor	苋科	1~1.4	阳性,喜高燥,忌湿热积水	秋天梢叶艳丽,宜丛植,花境背景,基础栽植	全国各地
295	鸡冠花	Celosia argentea var. cristata	苋科	0.2~0.6	阳性,喜干热,不耐寒,宜肥忌涝	花色多,8~10月;宜花坛,盆栽,干花	全国各地
296	凤尾鸡冠	C. argentea var. cristata. f. plumosa	苋科	0.6~1.5	阳性,喜干热,不耐寒,宜肥忌涝	花色多,8~10月;宜花坛,盆栽,干花	全国各地
297	千日红	Gomphrena globosa	苋科	0.4~0.6	阳性,喜干热,不耐寒	花色多,6~10月;宜花坛,盆栽,干花	全国各地
298	紫茉莉	Mirabilis jalapa	紫茉莉科	0.8~1.2	喜温暖向阳,不耐寒,直根性	花色丰富,芳香,夏至秋;林缘草坪边,庭院	全国各地
299	半支莲	Portulaca grandiflora	马齿苋科	0.15~0.2	喜暖畏寒,耐干旱瘠薄	花色丰富,6~8月;宜花坛壤边,盆栽	全国各地
300	须苞石竹	Dianthus barbatus	石竹科	0.6	阳性,耐寒喜肥,要求通风好	花色变化丰富,5~10月;花坛,花境,切花	全国各地
301	锦团石竹	D. chinensis var. heddewigii	石竹科	0.2~0.3	阳性,耐寒喜肥,要求通风好	花色变化丰富,5~10月;花坛,花境,切花	全国各地
302	飞燕草	Consolida ajacis	毛茛科	0.3~1.2	阳性,喜高燥凉爽,忌涝,直根性,阳性	花色多,5~6月,花序长;宜花坛,切花	全国各地
303	花菱草	Eschscholtzia californica	罂粟科	0.3~0.6	耐寒,喜冷凉,直根性,阳性	叶秀花繁,多黄色,5~6月,花带,丛植	全国各地
304	虞美人	Papaver rhoeas	罂粟科	0.3~0.6	阳性,喜干燥,忌湿热,直根性	艳丽多采,6月;宜花坛,花丛,花群	全国各地
305	银边翠	Euphorbia marginata	大戟科	0.5~0.8	阳性,喜温暖,耐干旱,直根	梢叶白色镶白边;林缘地被或切花	全国各地

(续)

序号	中名	学名	科名	高度(m)	习性	观赏特性及园林用途	适用地区
306	凤仙花	Impatiens balsamina	凤仙花科	0.3~0.8	阳性，喜暖畏寒，宜疏松肥沃土壤	花色多，6~7月，宜花坛，花篱，盆栽	全国各地
307	三色堇	Viola tricolor	堇菜科	0.15~0.3	阳性，稍耐半阴，耐寒，喜凉爽	花色丰富艳丽，4~6月，花径，花坛，镶边，盆栽	全国各地
308	月见草	Oenothera biennis	柳叶菜科	1~1.5	喜光照充足，地势高燥	花黄色，芳香，6~9月；丛植，花坛，地被	全国各地
309	待宵草	O. drummondii	柳叶菜科	0.5~0.8	喜光照充足，地势高燥	花黄色，芳香，6~9月；丛植，花坛，地被	全国各地
310	大花牵牛	Pharbitis nil	旋花科	3	阳性，不耐寒，较耐旱，直根蔓性	花色丰富，6~10月，棚架，篱垣，盆栽	全国各地
311	羽叶茑萝	Quamoclit pennata	旋花科	6~7	阳性，喜温暖，直根蔓性	花红，粉，白色，夏秋；宜矮篱，棚架，地被	全国各地
312	福禄考	Phlox drummondii	花葱科	0.15~0.4	阳性，喜凉爽，耐寒力弱，忌碱涝	花色繁多，5~7月，宜花坛，岩石园，镶边	全国各地
313	美女樱	Verbena hybrida	马鞭草科	0.3~0.5	阳性，喜湿润肥沃，稍耐寒	花色丰富，铺覆地面，6~9月；花坛，地被	全国各地
314	醉蝶花	Cleome spinosa	白花菜科	1	喜肥沃向阳，耐半阴，宜直播	花粉繁，白色，6~9月，切花	全国各地
315	羽衣甘蓝	Brassica oleracea var. acephala f. tricolor	十字花科	0.3~0.4	阳性，喜肥沃，宜凉爽	叶色美，宜凉爽季节花坛，盆栽	全国各地
316	香雪球	Lobularia maritima	十字花科	0.15~0.3	阳性，喜凉忌热，稍耐寒，忌劳	花白或紫色，6~10月；花坛，岩石园	全国各地
317	紫罗兰	Mathiola incana	十字花科	0.2~0.8	阳性，喜冷凉肥沃，忌燥热	花色丰富，芳香，5月，宜花坛，切花	全国各地
318	一串红高型	Salvia splendens	唇形科	0.7~1	阳性，稍耐半阴，不耐寒，喜肥沃	花红或白，紫色，7~10月；花坛，盆栽	全国各地
319	一串红矮型	S. splendens	唇形科	0.3以下	阳性，稍耐半阴，不耐寒，喜肥沃	花红色，7~10月，宜花坛，花带，盆栽	全国各地
320	矮牵牛	Petunia hybrida	茄科	0.2~0.6	阳性，喜温暖干燥，畏寒，忌涝	花大色繁，6~9月，自然布置，盆栽	全国各地
321	金鱼草	Antirrhinum majus	玄参科	0.12~1.2	阳性，较耐寒，宜凉爽，喜肥沃	花色丰富艳丽，花期长，花坛，切花，镶边	全国各地
322	心叶藿香蓟	Agerathum houstonianum	菊科	0.15~0.25	阳性，适应性强	花蓝色，夏秋；宜花坛，丛植，地被	全国各地
323	雏菊	Bellis perennis	菊科	0.07~0.15	阳性，较耐寒，宜冷凉气候	花白，粉，紫色，4~6月，花坛镶边，盆栽	全国各地

146

(续)

序号	中名	学名	科名	高度(m)	习性	观赏特性及园林用途	适用地区
324	金盏菊	Calendula officinalis	菊科	0.3~0.6	阳性,较耐寒,宜凉爽	花黄至橙色,4~6月;春花坛,盆栽	全国各地
325	翠菊	Callistephus chinensis	菊科	0.2~0.8	阳性,喜肥沃湿润,忌连作积水涝	花色丰富,6~10月;宜各种花卉布置和切花	全国各地
326	矢车菊	Centaurea cyanus	菊科	0.2~0.8	阳性,好冷凉,忌炎热,直根性	花色多,5~6月;宜花坛、切花、盆栽	全国各地
327	蛇目菊	Coreopsis tinctoria	菊科	0.6~0.8	阳性,耐寒,喜冷凉	花黄、红褐或复色,7~10月;宜花坛、地被	全国各地
328	波斯菊	Cosmos bipennatus	菊科	1~2	阳性,耐干燥瘠薄,肥多易倒伏	花色多,6~10月;宜花群、花篱、地被	全国各地
329	万寿菊	Tagetes erecta	菊科	0.2~0.9	阳性,喜温暖,抗早霜,抗逆性强	花黄,色,7~9月;宜花坛、篱边、花丛	全国各地
330	孔雀草	T. patula	菊科	0.15~0.4	阳性,喜温暖,抗早霜,耐移植	花黄带褐斑,7~9月;花坛、镶边、切花	全国各地
331	百日草	Zinnia elegans	菊科	0.2~0.9	阳性,喜肥沃,排水好	花大色艳,6~7月;花坛、丛植、切花	全国各地

宿 根 花 卉

序号	中名	学名	科名	高度(m)	习性	观赏特性及园林用途	适用地区
332	瞿麦	Dianthus superbus	石竹科	0.3~0.4	阳性,耐寒,喜肥沃,排水好	花浅粉紫色,5~6月,花坛,丛植	华北、华中
333	皱叶剪夏罗	Lychnis chalcedonica	石竹科	0.6~0.8	阳性,耐寒,喜凉爽湿润	花序半球状,砖红色,6~7月;花境、花坛	华北、华东
334	石碱花	Saponaria officinalis	石竹科	0.2~1	阳性,不择干湿,地下茎发达	花白、淡红,鲜红色,6~8月;地被	华北
335	耧斗菜	Aquilegia vulgaria	毛茛科	0.6~0.9	炎夏宜半荫,耐寒,宜湿润排水好	花色丰富,初夏,自然式栽植、花境、花坛	全国各地
336	翠雀	Delphinium grandiflorum	毛茛科	0.6~0.9	阳性,喜凉爽通风,排水好	花蓝色,6~9月;自然式栽植、花境、花坛	东北、华北、西北
337	芍药	Paeomia lactiflora	芍药科	1~1.4	阳性,耐寒,喜深厚肥沃砂质土	花色丰富,5月,专类园、花境、群植、切花	全国各地
328	荷包牡丹	Dicentra spectabilis	罂粟科	0.3~0.6	喜侧阴,湿润,耐寒,忌水湿	花粉红或白色,春夏;丛植、花境、疏林地被	全国各地
339	费菜	Sedum kamtschaticum	景天科	0.2~0.4	阳性,多浆类,耐寒,耐旱	花橙黄色,6~7月;花境、岩石园、地被	华北、西北
340	八宝	S. spectabile	景天科	0.3~0.5	阳性,多浆类,耐寒,忌水湿	花淡红色,7~9月;花境、岩石园、地被	华北、华东

(续)

序号	中名	学名	科名	高度(m)	习性	观赏特性及园林用途	适用地区
341	蜀葵	Althaea rosea	锦葵科	2~3	阳性,耐寒,宜肥沃排水良好	花色多,6~8月;宜花坛,花境,花带背景	全国各地
342	芙蓉葵	Hibiscus palustris	锦葵科	1~2	阳性,喜温暖湿润,耐寒,排水好	花色多,6~8月;宜丛植,花境背景	华北,华东
343	宿根福禄考	Phlox paniculata	花葱科	0.6~1.2	阳性,宜温和气候,喜排水良好	花色多,7~8月;花坛,切花,盆栽	华北,华东,西北
344	随意草	Physostegia virginiana	唇形科	0.6~1.2	阳性,耐寒,喜疏松肥沃,排水良好	花白,粉紫色,7~9月;花境	华北
345	桔梗	Platycodon grandiflorum	桔梗科	0.3~1	阳性,喜凉爽湿润,排水良好	花蓝,白色,6~9月;花坛,花境,岩石园	全国各地
346	千叶蓍	Achillea millefolium	菊科	0.3~0.6	阳性,耐半阴,耐寒,宜排水好	花白色,6~8月;宜花境,夏秋	东北,西北,华北
347	蓍草	A. sibirica	菊科	0.5~1.5	阳性,耐半阴,耐寒,宜排水好	花白色;宜花境,群植	东北,华北,华东
348	木茼蒿	Argyranthemum frutescens	菊科	0.8~1	阳性,常绿,喜凉棋热,畏寒	花白色,周年开花;花坛,花篱,切花,盆栽	全国各地
349	荷兰菊	Aster novi-belgii	菊科	0.5~1.5	阳性,喜湿润肥沃,通风排水良好	花蓝紫,白色,8~9月;花境,切花,盆栽	全国各地
350	大金鸡菊	Coreopsis lanceolata	菊科	0.3~0.6	阳性,耐寒,不择土壤,逸为野生	花黄色,6~8月;花坛,花境,切花	华北,华东
351	菊花	Dendranthema morifolium	菊科	0.6~1.5	阳性,多短日性,喜肥沃湿润	花色繁多,10~11月;花坛,花境,盆栽	全国各地
352	大天人菊	Gaillardia aristata	菊科	0.7~0.9	阳性,要求排水良好	花黄或瓣基褐色,6~10月;花坛,花境	华北,华东,东北
353	牛眼菊	Leucanthemum vulgare	菊科	0.3~0.6	阳性,耐寒,喜肥沃,排水好	花白色,5~9月;宜花坛,丛植	华北,西北,东北
354	黑心菊	Rudbeckia hybrida	菊科	0.8~1	阳性,耐干旱,喜肥沃,通风良好,适应性强	花金黄或瓣基暗红色,5~9月;宜切花	东北,华北,华东
355	萱草	Hemerocallis fulva	百合科	0.3~0.8	阳性,耐寒,耐寒,适应性强	花艳叶秀,6~8月;丛植,花境,疏林地被	我国大部地区
356	玉簪	Hosta plantaginea	百合科	0.75	喜阴耐寒,宜湿润,排水好	花白色,芳香,6~8月;宜地被,花坛	全国各地
357	火炬花	Kniphofia uvaria	百合科	0.6~1.2	耐半阴,耐寒,宜排水好	花黄,翠红色,夏花;宜花坛,切花	华北,华东
358	阔叶麦冬	Liriope platyphylla	百合科	0.3	喜阴湿温暖,常绿性	株丛低矮,宜地被,花坛,花境边缘,盆栽	我国中部及南部

（续）

序号	中名	学名	科名	高度(m)	习性	观赏特性及园林用途	适用地区
359	沿阶草	Ophiopogon japonicus	百合科	0.3	喜阴湿温暖，常绿性	株丛低矮，宜地被，花坛，花境边缘，盆栽	我国中部及南部
360	德国鸢尾	Iris germanica	鸢尾科	0.6~0.9	阳性，耐寒，喜湿润而排水好	花色丰富，5~6月；花坛，花境，切花	全国各地
361	鸢尾	I. tectorum	鸢尾科	0.3~0.6	阳性，耐寒，喜湿润而排水好	花蓝紫色，3~5月；花坛，花境，丛植	全国各地
					球 根 花 卉		
362	花毛茛	Ranunculus asiaticus	毛茛科	0.2~0.4	阳性，喜凉忌热，宜肥沃，宜高燥凉爽	花色丰富，5~6月；宜丛植，切花	华东，华中，西南
363	大丽花	Dahlia pinnata	菊科	0.3~1.2	阳性，畏寒惧热，宜高燥凉爽	花型，花色丰富，花坛，花境，切花，夏秋	全国各地
364	卷丹	Lilium tigrinum	百合科	0.5~1.5	阳性，稍耐荫，宜湿润肥沃，忌连作	花橙色，7~8月；丛植，花坛，切花	全国各地
365	葡萄风信子	Muscari botryoides	百合科	0.1~0.3	耐半阴，喜肥沃湿润，凉爽，排水	株矮，花蓝色，春花；疏林地被，丛植，切花	华北，华东
366	郁金香	Tulipa gesneriana	百合科	0.2~0.4	阳性，宜凉爽湿润，疏松，肥沃	花大，艳丽多采，春花；宜花坛，花坛，切花	全国各地
367	鹿葱	Lycoris squamigera	石蒜科	0.6以上	阳性，喜凉爽湿润，疏松，排水好	花粉红色，8月；林下地被，丛植，切花	华东，华北，华中
368	喇叭水仙	Narcissus pseudo-narcissus	石蒜科	0.25~0.4	阳性，喜温暖湿润，肥沃而排水好，忌积水	花大，白，黄色，4月；花坛，花境，群植	华东，华中，华北
369	晚香玉	Polianthes tuberosa	石蒜科	1~1.2	阳性，喜温暖湿润，肥沃而排水好	花白色，芳香，7~9月；切花，夜花园	全国各地
370	葱兰	Zephyranthes candida	石蒜科	0.15~0.2	阳性，耐半阴，宜通风好，宜肥沃湿润	花色丰富，夏秋；春花，花坛，宜镶边，盆栽	全国各地
371	唐菖蒲	Gladiolus hybridus	鸢尾科	1~1.4	阳性，稍耐阴，喜凉爽，忌闷热湿冷	花色丰富，夏秋；宜切花，丛植，盆栽	全国各地
372	西班牙鸢尾	Iris xiphium	鸢尾科	0.45~0.6	阳性，喜温暖湿润，肥沃而排水好	花色丰富，春花；花坛，花境，切花	华东，华北（稍保护）
373	美人蕉	Canna generalis	美人蕉科	0.8~2	阳性，喜温暖湿润，肥沃而排水好	花色变化丰富，夏秋；花坛，列植，丛植，花坛中心	全国各地
					水 生 花 卉		

149

(续)

序号	中名	学名	科名	高度(m)	习性	观赏特性及园林用途	适用地区
374	荷花	Nelumbo nucifera	睡莲科	1.8~2.5	阳性,耐寒,喜湿暖而多有机质处	花色多,6~9月;宜美化水面,盆栽或切花	全国各地
375	萍蓬草	Nuphar pumilum	睡莲科	约0.15	阳生,喜生浅水中	花黄色,春夏;宜美化水面和盆栽	东北,华东,华南
376	白睡莲	Nymphaea alba	睡莲科	浮水面	阳生,喜温暖通风之静水,宜肥土	花白或黄,6~8月;盆栽或切花	全国各地
377	睡莲	N. tetragona	睡莲科	浮水面	阳生,宜温暖通风之静水,宜肥土	花白色,6~8月;水面点缀,盆栽或切花	全国各地
378	千屈菜	Lythrum salicaria	千屈菜科	0.8~1.2	阳生,耐寒,通风好,浅水或地植	花玫红色,7~9月;花境,浅滩,沼泽地被	全国各地
379	水葱	Scirpus validus	莎草科	1~2	阳生,夏宜半阴,喜湿润凉爽通风	株丛挺立;美化水面,岸边,亦可盆栽	全国各地
380	凤眼莲	Eichhirnia crassipes	雨久花科	0.2~0.3	阳生,宜温暖而富有机质的静水	花叶均美,7~9月;美化水面,盆栽,切花	全国各地
草坪地被植物							
381	二月兰	Orychophragmus violaceus	十字花科	0.1~0.5	宜半阴,耐寒,喜湿润	花淡蓝紫色,春夏;疏林地被,林缘绿化	东北南部至华东
382	白车轴草	Trifolium repens	豆科	0.3~0.6	耐半阴,耐寒,旱,喜温湿	花白色,6月;宜地被5固拣水土	东北,华北至西南
383	连钱草	Glechoma longituba	唇形科	0.1~0.3	喜阴湿,阳处亦可,耐寒忌涝	花淡蓝至紫色,3~4月;宜林或湿泥叶地被	全国各地
384	匍匐剪股颖	Agrostis stolomiferum	禾本科	0.3~0.6	稍耐阴,耐寒,湿润肥沃,忌旱碱	绿色期长,宜为潮湿地区或疏林下草坪	华北,华东,华中
385	地毯草	Axonopus compressus	禾本科	0.15~0.5	阳生,要求温暖湿润,侵占力强	宽叶低矮;宜庭园,运动场,固土护坡草坪	华南
386	野牛草	Buckloe dactyloides	禾本科	0.05~0.25	阳生,耐寒,耐瘠薄干旱,不耐湿	叶细,色灰绿;为我国北方应用最多的草坪	我国北方广大地区
387	狗牙根	Cymodon dactylon	禾本科	0.1~0.4	阳生,喜湿耐热,不耐寒,蔓延快	叶缘低矮;宜游憩,运动场草坪	华东以南温暖地区
388	草地早熟禾	Poa pratensis	禾本科	0.5~0.8	喜光亦耐阴,宜湿润,忌干热,耐寒	绿色期长;宜为潮湿地区草坪	华北,华东,华中
389	结缕草	Zoysia japonica	禾本科	0.15	阳生,耐热,寒,旱,践踏	叶宽厚,宜游憩,宜观赏,高尔夫球场草坪	东北,华北,华南
390	细叶结缕草	Z. tenuifolia	禾本科	0.05~0.15	阳生,耐寒,不耐寒,耐践踏	叶极细,低矮;宜观赏,固土护坡草坪	长江流域及其以南地区
391	羊胡子草	Carex rigescens	莎草科	0.05~0.4	稍阴,耐寒,旱,瘠薄,耐践踏差	叶鲜绿;宜观赏,或深入流及其少的庭园草坪	我国北方广大地区

表2—5中缺我国台湾的观赏树木,现选较常见的台湾观赏树木简介如下:

1. 重阳木（*Bischofia Javanica*） 常绿乔木,树冠球形。原产亚洲热带地区,为台北市重要行道树之一。重阳木根基巩固,干部坚牢,遇暴风雨不易被损害。

2. 大叶桉（*Eucalyptus robusta*） 常绿大乔木,树皮粗糙。是台湾很普遍栽植的行道树与庭园树。

3. 榕树类（*Ficus* spp.） 台湾常见行道树和庭园树,主要有:小叶榕（*Ficus benjamina*）,变叶缅榕（*Ficus elastica* var. *Variegata*）,正榕（*Ficus retuse*）;南洋榕（*Ficus phillippiensis*）,赤榕（*Ficus wightiana*）及白榕（*Ficus vasculosa*）等种。榕树原产热带,喜高温湿润环境。印度菩提树（*Ficus religiosa*）也是榕属树木,落叶乔木,为台湾中南部主要行道树。又印度橡皮树（*Ficus elastica*）也是榕属树木。

4. 樟树（*Cinnamomum camphora*） 常绿乔木,全株具樟脑气味,台湾主要行道树之一。

5. 枫香（*Liquidambar formosana*） 枫香为台北市常用行道树。

6. 凤凰木（*Delonix regia*） 落叶乔木,树姿美观,夏天花期极为美观。台南市曾有凤凰木城之美誉。

7. 黄槿（*Hibiscus tiliaceus*） 该树种耐瘠薄土壤,是常见行道树和庭园树,又是防潮、抗风、耐干燥之树种。黄槿为常绿乔木。

8. 榄仁（*Terminalia catappa*） 榄仁为海滨植物,也是常见的行道树和庭园树。

9. 刺桐（*Erythrina indica*） 落叶小乔木,花深红色,当盛花时几乎全株被绯红色所覆盖,娇艳动人。该树种具抗风能力。

10. 木麻黄（*Casuarina equisetifolia*） 该树又叫木贼叶大麻黄,原产大洋洲,为台湾重要海滨防风树种,兼备抗风,风景树功效。

11. 垂柳（*Salix balylonica*） 垂柳生长容易,喜低湿地,宜池边河畔栽植。

12. 可可椰子（*Cocos nucifera*） 台湾常见行道树。

13. 大王椰子（*Roystonca regia*） 大王椰子高大挺直,美丽壮观的优良行道树之一。

14. 龙柏（*Juniperus Chinensis* var. *Kaijuka*） 龙柏在台湾树干高可达15～20m。它是一种优良的庭园树木,一般由于其树型呈宝塔状而不选作为行道树。

15. 南洋杉（*Araucaria* spp.） 南洋杉计有小叶南洋杉（*Araucaria excclsa*）,肯氏南洋杉（*Araucaria cunninghamii*）及广叶南洋杉（*Araucaria bidwillii*）等3种,为优美的庭园树。

第三章 园林设计的程序

园林设计的工作范围可包括庭院、宅园、小游园、花园、公园以及城市街区、机关、厂矿、校园、宾馆饭店等。公园设计内容比较全面,具有园林设计的典型性。公园的设计程序主要包括以下几个步骤:

一、园林设计的前提工作

1. 掌握自然条件、环境状况及历史沿革

(1) 甲方对设计任务的要求及历史状况。

(2) 城市绿地总体规划与公园的关系,以及对公园设计上的要求,城市绿地总体规划图,比例尺为 1:5000~1:10000。

(3) 公园周围的环境关系,环境的特点,未来发展情况。如周围有无名胜古迹、人文资源等。

(4) 公园周围城市景观。建筑形式、体量、色彩等与周围市政的交通联系,人流集散方向,周围居民的类型与社会结构,如,属于厂矿区,文教区或商业区等的情况。

(5) 该地段的能源情况。电源、水源以及排污,排水,周围是否有污染源,如有毒有害的厂矿企业,传染病医院等情况。

(6) 规划用地的水文、地质、地形、气象等方面的资料。了解地下水位,年与月降雨量。年最高最低温度的分布时间,年最高最低湿度及其分布时间。年季风风向、最大风力、风速以及冰冻线深度等。重要或大型园林建筑规划位置尤其需要地质勘察资料。

(7) 植物状况。了解和掌握地区内原有的植物种类、生态、群落组成,还有树木的年龄,观赏特点等。

(8) 建园所需主要材料的来源与施工情况,如苗木、山石、建材等情况。

(9) 甲方要求的园林设计标准及投资额度。

2. 图纸资料

除了上述要求具备城市总体规划图以外,还要求甲方提供以下图纸资料:

(1) 地形图。根据面积大小,提供 1:2000,1:1000,1:500 园址范围内总平面地形图。图纸应明确显示以下内容:设计范围(红线范围、坐标数字)。园址范围内的地形、标高及现状物(现有建筑物、构筑物、山体、水系、植物、道路、水井,还有水系的进、出口位置、电源等)的位置。现状物中,要求保留利用、改造和拆迁等情况要分别注明。四周环境情况:与市政交通联系的主要道路名称、宽度、标高点数字以及走向和道路、排水方向;周围机关、单位、居住区的名称、范围,以及今后发展状况。

(2) 局部放大图。1∶200图纸主要提供为局部详细设计用。该图纸要满足建筑单位设计及其周围山体、水系、植被、园林小品及园路的详细布局。

(3) 要保留使用的主要建筑物的平、立面图。平面位置注明室内、外标高；立面图要标明建筑物的尺寸、颜色等内容。

(4) 现状树木分布位置图（1∶200，1∶500）。主要标明要保留树木的位置，并注明品种、胸径、生长状况和观赏价值等。有较高观赏价值的树木最好附以彩色照片。

(5) 地下管线图（1∶500，1∶200）。一般要求与施工图比例相同。图内应包括要保留的上水、雨水、污水、化粪池、电信、电力、暖气沟、煤气、热力等管线位置及井位等。除平面图外，还要有剖面图，并需要注明管径的大小，管底或管顶标高，压力、坡度等。

3. 现场踏查

无论面积大小，设计项目的难易，设计者都必须认真到现场进行踏查。一方面，核对、补充所收集的图纸资料。如：现状的建筑、树木等情况，水文、地质、地形等自然条件。另一方面，设计者到现场，可以根据周围环境条件，进入艺术构思阶段。"佳者收之，俗者屏之"。发现可利用、可借景的景物和不利或影响景观的物体，在规划过程中分别加以适当处理。根据情况，如面积较大，情况较复杂，有必要的时候，踏查工作要进行多次。

现场踏查的同时，拍摄一定的环境现状照片，以供进行总体设计时参考。

4. 编制总体设计任务文件

设计者将所收集到的资料，经过分析、研究，定出总体设计原则和目标，编制出进行公园设计的要求和说明。主要包括以下内容：

(1) 公园在城市绿地系统中的关系。

(2) 公园所处地段的特征及四周环境。

(3) 公园的面积和游人容量。

(4) 公园总体设计的艺术特色和风格要求。

(5) 公园地形设计，包括山体水系等要求。

(6) 公园的分期建设实施的程序。

(7) 公园建设的投资框算。

二、总体设计方案阶段

在明确公园在城市绿地系统中的关系，确定了公园总体设计的原则与目标以后，着手进行以下设计工作。

1. 主要设计图纸内容

(1) 位置图　属于示意性图纸，表示该公园在城市区域内的位置，要求简洁明了。

(2) 现状图　根据已掌握的全部资料，经分析、整理、归纳后，分成若干空间，对现状作综合评述。可用圆形圈或抽象图形将其概括地表示出来。例如：经过对四周道路的分析，根据主、次城市干道的情况，确定出入口的大体位置和范围。同时，在现状图上，可分析公园设计中有利和不利因素，以便为功能分区提供参考依据。

(3) 分区图　根据总体设计的原则、现状图分析，根据不同年龄段游人活动规划，不同兴趣爱好游人的需要，确定不同的分区，划出不同的空间，使不同空间和区域满足不同的功能要求，并使功能与形式尽可能统一。另外，分区图可以反映不同空间、分区之间的关系。该图属于示意说明性质,可以用抽象图形或圆圈等图案予以表示。

(4) 总体设计方案图 根据总体设计原则、目标,总体设计方案图应包括以下诸方面内容:第一,公园与周围环境的关系:公园主要、次要、专用出入口与市政关系,即面临街道的名称、宽度;周围主要单位名称,或居民区等;公园与周围园界是围墙或透空栏杆要明确表示。第二,公园主要、次要、专用出入口的位置、面积,规划形式,主要出入口的内、外广场,停车场、大门等布局。第三,公园的地形总体规划,道路系统规划。第四,全园建筑物、构筑物等布局情况,建筑平面要能反映总体设计意图。第五,全园植物设计图。图上反映密林、疏林、树丛、草坪、花坛、专类花园、盆景园等植物景观。此外,总体设计图应准确标明指北针、比例尺、图例等内容。

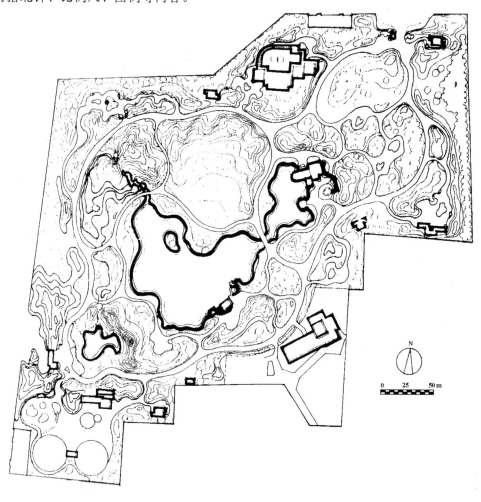

图 3—1—A 北京丰台花园总体设计平面

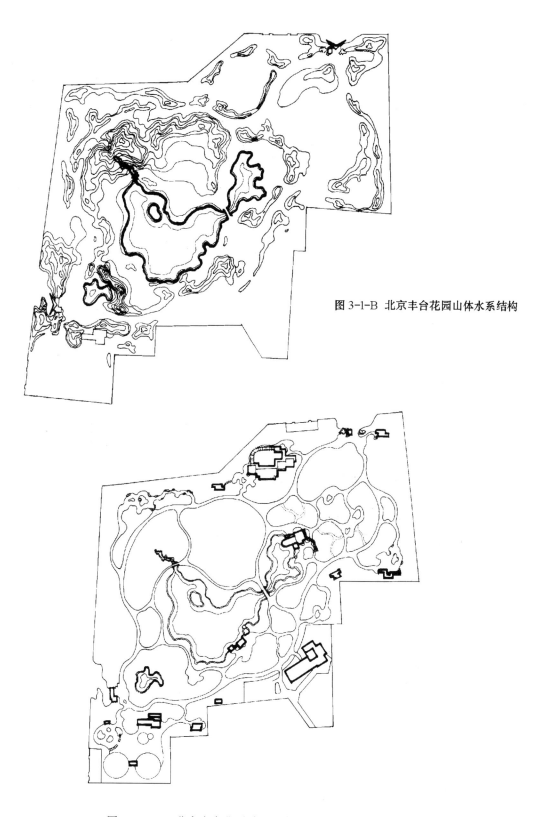

图 3-1-B 北京丰台花园山体水系结构

图 3—1—C 北京丰台花园道路、广场、建筑布局

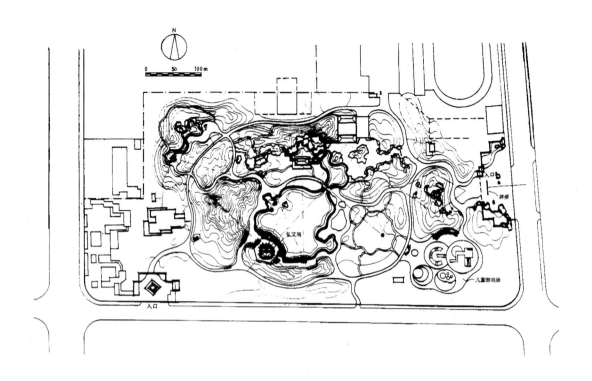

图 3—2　北京昌平公园地形设计

总体设计图，面积 100hm² 以上，比例尺多采用 1∶2000～1∶5000；面积在 10～50hm² 左右，比例尺用 1∶1000；面积 8hm² 以下，比例尺可用 1∶500。

(5) 地形设计图　地形是全园的骨架，要求能反映出公园的地形结构。以自然山水园而论，要求表达山体、水系的内在有机联系。根据分区需要进行空间组织；根据造景需要，确定山地的形体、制高点、山峰、山脉、山脊走向、丘陵起伏、缓坡、微地形以及坞、岗、岘、岬、岫等陆地造形。同时，地形还要表示出湖、池、潭、港、湾、涧、溪、滩、沟、渚以及堤、岛等水体造形，并要标明湖面的最高水位，常水位，最低水位线。此外，图上标明入水口、排水口的位置（总排水方向、水源及雨水聚散地）等。也要确定主要园林建筑所在地的地坪标高，桥面标高，广场高程。以及道路变坡点标高。还必须标明公园周围市政设施、马路、人行道以及与公园邻近单位的地坪标高，以便确定公园与四周环境之间的排水关系。

(6) 道路总体设计图　首先，在图上确定公园的主要出入口，次要入口与专用入口。还有主要广场的位置及主要环路的位置，以及作为消防的通道。同时确定主干道、次干道等的位置以及各种路面的宽度、排水纵坡。并初步确定主要道路的路面材料，铺装形式等。图纸上用虚线画出等高线，再用不同的粗线、细线表示不同级别的道路及广场，并将主要道路的控制标高注明。

北京丰台花园系中型综合性公园，位于丰台区丰台镇北，面积 10hm²，原地形较平坦，建于 1986 年，共堆土 60 000m³，全园挖湖面约 1hm²，创造了约 1.5～5.5m 高的大小山丘 17 座（图 3—1—B）。

公园主要景区和游乐区有芍药园、牡丹园、蔷薇园、芳香园、花卉植物区、竹林山区、湖区、缓坡草坪、声控喷泉、儿童乐园等。公园湖区位于中心，山体靠北，湖边有敞厅、码头、凉亭，西北部有餐饮服务建筑。

从总平面图不难看出，公园的规划较模式化。由于原址较平坦，不存在"高方欲就亭台，低凹可开池沼"的"相地合宜"的条件。该公园的总体规划，遵循"水池中心"、"北山南水"、"道路循环"的较理想、模式化的总体布局，对于初学者，无疑是十分理想的样板（图3—1—A、图3—1—C）。

（7）种植设计图　根据总体设计图的布局，设计的原则，以及苗木的情况，确定全园的总构思。种植总体设计内容主要包括不同种植类型的安排，如密林、草坪、疏林、树群、树丛、孤立树、花坛、花境、园界树、园路树、湖岸树、园林种植小品等内容。还有以植物造景为主的专类园，如月季园、牡丹园、香花园、观叶观花园中园、盆景园、观赏或生产温室、爬蔓植物观赏园、水景园；公园内的花圃、小型苗圃等。同时，确定全园的基调树种、骨干造景树种，包括常绿、落叶的乔木、灌木、草花等。

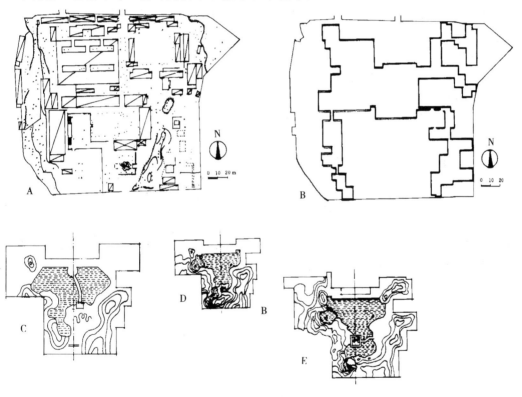

图3—3　北京香山饭店庭院方案
A. 原址状况示意图　B. 建筑平面图　C. 贝聿铭设计事务所方案　D. 北京园林局设计方案　E. 综合方案

种植设计图上，乔木树冠以中、壮年树冠的冠幅，一般以5～6m树冠为制图标准，灌木、花草以相应尺度来表示。

北京香山饭店（图3—3）庭园是一座较成功的设计作品。香山饭店的设计者是著名建筑师贝聿铭先生。贝先生在建筑设计时，考虑到保留大树问题，因而在原建筑位置上建房。房与房相连形成了许多院落。中心部分是他着意留出的重点庭园。

香山饭店原状地形、地貌的主要特点：地势西高东低，高差约10～12m，其南高差不大，整个院内北部，中部较为平坦。

香山饭店庭园南部正中的主庭园，占地0.7hm²。《园冶》指出："入奥疏源，就低凿水，搜土开其穴麓，培山接以房廊。杂树参天，楼阁碍云霞而出没；繁花覆地，亭台突池沼而参差。"使之"千峦环翠，万壑流青"，人们即可"闲闲即景，寂寂探春。"因此，我们确定在庭园里杂树参天，地形不作大的更动，顺其自然，因高就低，叠山理水。经过多方案综合，得出图3—3—E的最终方案。

香山饭店大小庭园共12个，除屋顶花园，其余的11个庭园其景色各异。主要包括：

①主庭园。面积约7000m²，东西均为客房。庭园具有自然山水园林之风格。此园以水为主，水面宽40m，长50m，水池面积1400m²，平静开阔，清澈见底。春夏素湍绿潭，盛秋绿松红枫，池名为"流华池"。

②烟霞浩渺。从溢香厅前平台向南眺望，一泓清水，视野开阔。入秋，自平台遥望南山万树如烟，红叶似霞。

③清音泉。园西南角，在较高地势堆山叠石，使水池源于峭壁悬崖之上，山石堆高为9m，瀑布自7m处直落于潭中，三叠水流，顺山谷溪涧而下，汀步飞梁，注入流华池。秋月挂空，古松翠柏，清泉潺潺，确有"明月松间照，清泉石上流"的诗情画意。

④金鳞戏波。西侧小水池，池壁陡峻，池中有数块"影石"，与岸边山石相呼应。这一水面设计了循环水系统，使之在隆冬时仍然有潺潺流水。池中红鲤鱼数十条，鲤鱼嬉水，逆流而上，金鳞戏波。

⑤流水音。流华池内一平台，台中部为"流水音"。此处原为流杯亭底座，现按原来花纹及尺寸复原后保留在池中，成为重要景点。流杯佳趣源于晋代大书法家王羲之《兰亭集序》的"曲水流觞"。主要为古人春天郊游的活动内容，又叫"踏青"，"修禊"。原"流水音"较大，宽7m，长8m，由青石凿成。采用天然的花岗岩石料，平直的线条，使人联想到绍兴的兰亭的景色。

⑥海棠春坞。西餐厅向南为一排落地玻璃窗。窗外绿草如茵，缓坡上海棠数株，与山石青松组景，取名"海棠春坞"。

⑦观景台。东山坡有观景台，此处可伏视流华池，眺望香山的香炉峰，秋满红叶，冬覆晴雪。

⑧飞来石。溢香厅对面为姿态奇特，造形优美的云南省路南石林的天然山石。此组山石异于园内其它山石，又远自云南而来，故称为"飞来石"。其中最大一块山石高4.7m，称"将军石"。

⑨冠云落影、柯荫庭、古木清风。主庭园东南侧有3个小庭园，即冠云落影、柯荫庭、古木清风，其中以"冠云落影"具代表性。这里的石头堆成的山石颇有冠云峰的姿态，如同苏州留园的冠云峰影子落于水中，借喻江南园林落于香山饭店。

⑩松竹杏暖、晴云映日。溢香厅东侧一组面积较大的庭园，古松、成片的玉兰树。玉兰花洁白如玉，在阳光照射下，宛如白云朵朵，故名"晴云映日"。取"数里花光浮映日"的诗意。"晴云映日"以东有竹林、古松、杏花，相传燕山八景的"西山晴雪"，即指杏花盛开时的粉雪。此外多种杏花，意指"空梅香断无消息，一树春风属杏花"。故名为"松竹杏暖"。

⑪云岭芙蓉。"松竹杏暖"的北部为"云岭芙蓉"。这里的山石由云南石林运来，组景取"石林胜境"之意。碧绿的草坡上散植伏地柏，成山野之趣，坡下合欢数株，每逢盛夏，红色的芙蓉花和云南山石相映成趣，故名"云岭芙蓉"。

植物配植选用北方传统树种，适当集中表现，突出主题。如"海棠春坞"，主要种植西府海棠，"古木清风"在大楸树下栽植太平花；"晴云映日"种植玉兰，"松竹杏暖"种植竹子与杏树等（图3—4）。

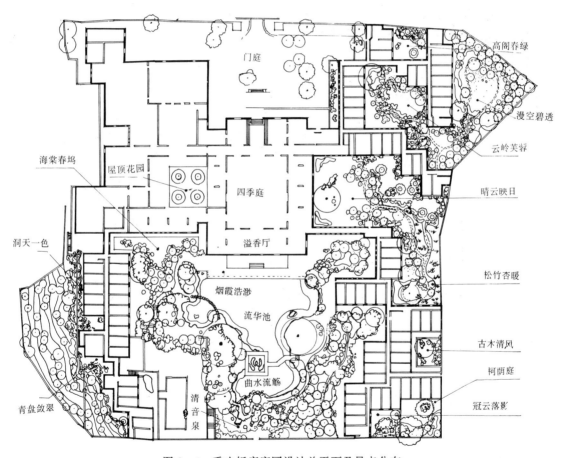

图3—4 香山饭店庭园设计总平面及景点分布

香山饭店的种植设计比较精细，树种主要选用北京的乡土树种，可供宾馆饭店庭园种植设计之参考（图3—5至图3—7）。

园林设计方案阶段的多方案比较，是一种很好的设计选择手段。不同的设计者，由于个人的园林设计经验、经历以及文化素质、修养等不同，而在同一命题下，产生风格、形式迥然不同的方案。北京国际贸易中心的3个方案的不同风格，可资借鉴（图3—8）。

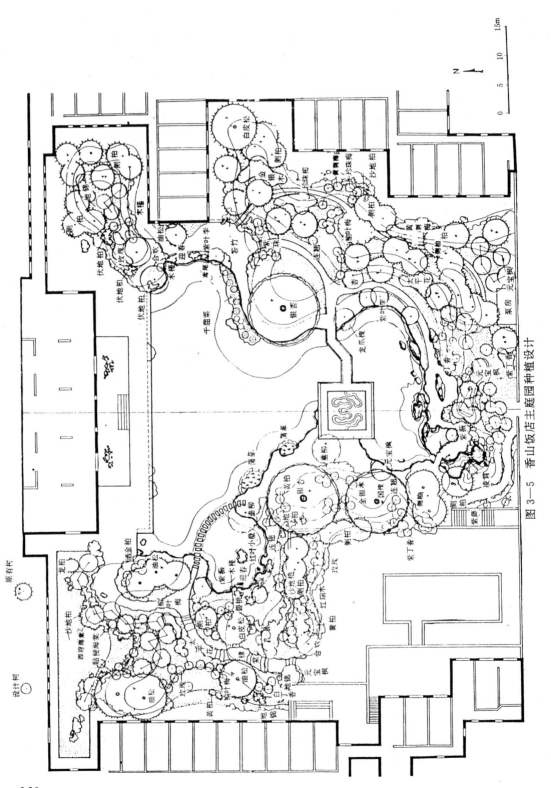

图3-5 香山饭店主庭园种植设计

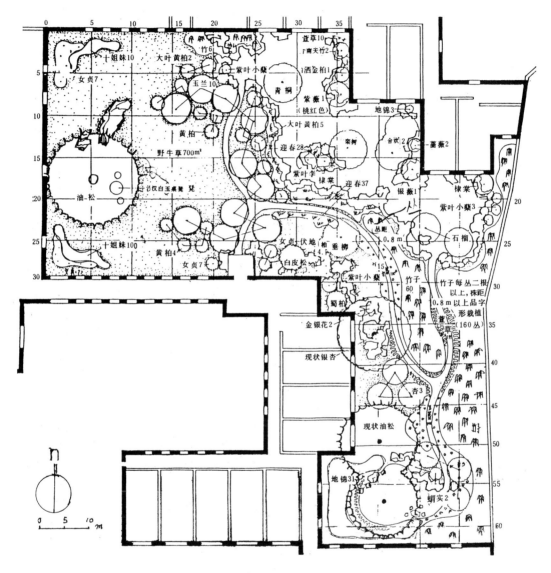

图3—6 香山饭店"晴云映日"种植设计

(8) 管线总体设计图 根据总体规划要求，解决全园的上水水源的引进方式，水的总用量（消防、生活、造景、喷灌、浇灌、卫生等）及管网的大致分布、管径大小、水压高低等。以及雨水、污水的水量，排放方式，管网大体分布，管径大小及水的去处等。大规模的工程，建筑量大。北方冬天需要供暖，则要考虑供暖方式、负荷多少、锅炉房的位置等。

(9) 电气规划图 为解决总用电量、用电利用系数、分区供电设施、配电方式、电缆的敷设以及各区各点的照明方式及广播、通讯等的位置。

(10) 园林建筑布局图 要求在平面上，反映全园总体设计中建筑在全园的布局，主要、次要、专用出入口的售票房、管理处、造景等各类园林建筑的平面造型。大型主体建筑，如

图 3-7 香山饭店庭园鸟瞰图

162

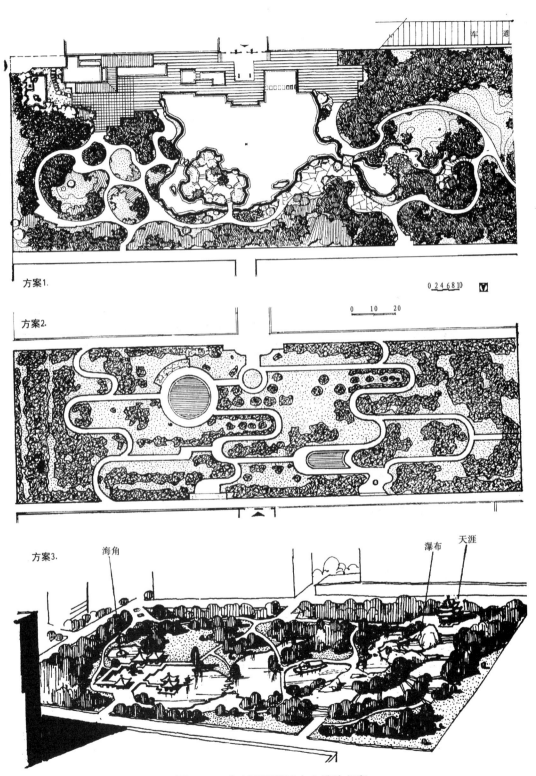

图 3—8 北京国际贸易中心设计方案

展览性、娱乐性、服务性等建筑平面位置及周围关系；还有游览性园林建筑，如：亭、台、楼、阁、榭、桥、塔等类型建筑的平面安排。除平面布局外，还应画出主要建筑物的平面、立面图。

总体设计方案阶段，还要争取做到多方案的比较。如北京国际贸易中心庭院，曾有3个方案的设计图。不同的方案反映设计者的不同的构思。

2. 鸟瞰图（图 3—9 至图 3—12）

设计者为更直观地表达公园设计的意图，更直观地表现公园设计中各景点、景物以及景区的景观形象，通过钢笔画、铅笔画、钢笔淡彩、水彩画、水粉画、中国画或其它绘画形式表现，都有较好效果。鸟瞰图制作要点：

（1）无论采用一点透视、二点透视或多点透视、轴测画都要求鸟瞰图在尺度、比例上尽可能准确反映景物的形象。

（2）鸟瞰图除表现公园本身，又要画出周围环境，如公园周围的道路交通等市政关系；公园周围城市景观；公园周围的山体、水系等。

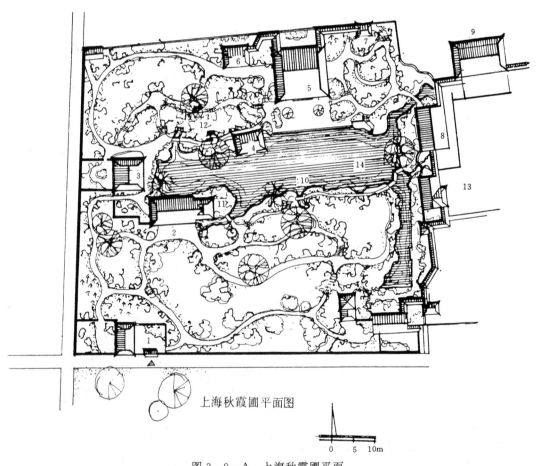

上海秋霞圃平面图

图 3—9—A 上海秋霞圃平面

1. 入口 2. 池上草堂 3. 丛柱轩 4. 碧光亭 5. 山光潭影 6. 延禄轩 7. 枕流漱石轩 8. 屏山堂 9. 凝霞阁 10. 涉趣桥 11. 舟而不游轩 12. 归云洞 13. 即山亭 14. 桃花潭

图 3—9—B 上海秋霞圃鸟瞰

(3) 鸟瞰图应注意"近大远小、近清楚远模糊、近写实远写意"的透视法原则,以达到鸟瞰图的空间感,层次感,真实感。

(4) 一般情况,除了大型公共建筑,城市公园内的园林建筑和树木比较,树木不宜太小,而以约 15～20 年树龄的高度为画图的依据。

3. 总体设计说明书

总体设计方案除了图纸外,还要求一份文字说明,全面地介绍设计者的构思、设计要点等内容,具体包括以下几个方面:

(1) 位置、现状、面积。

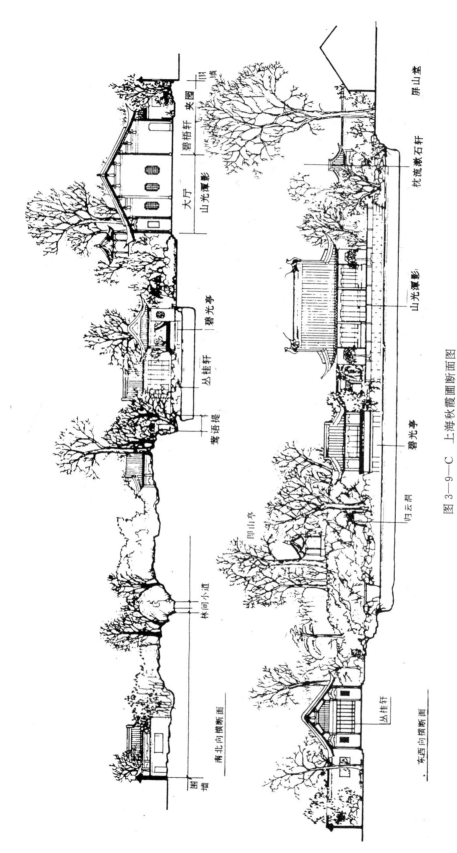

图 3-9-C 上海秋霞圃断面图

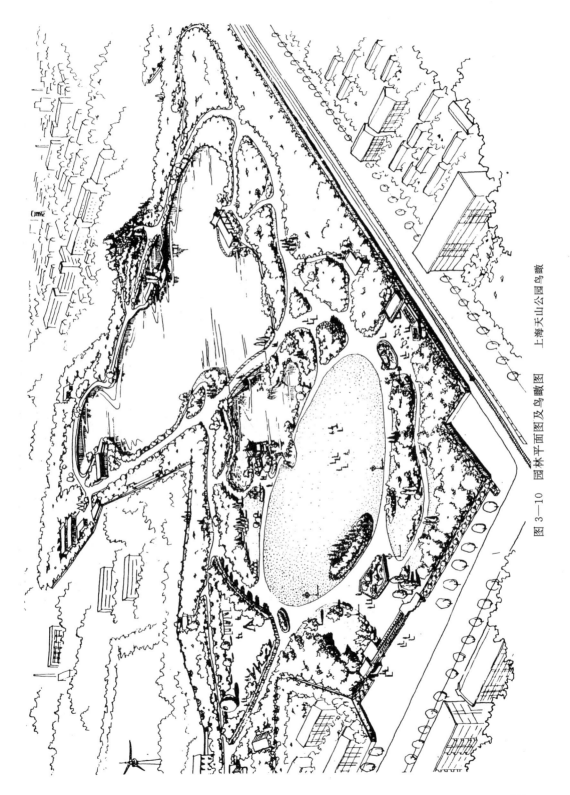

图 3—10 园林平面图及鸟瞰图 上海天山公园鸟瞰

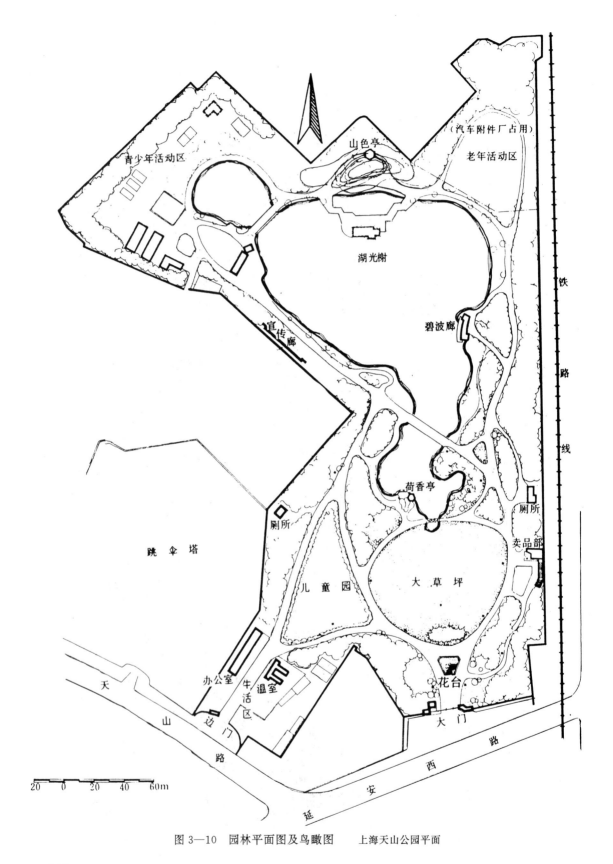

图 3—10 园林平面图及鸟瞰图 上海天山公园平面

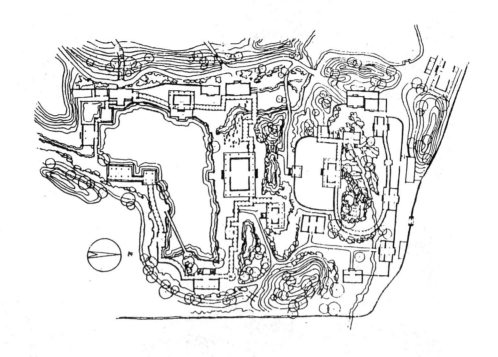

北京颐和园谐趣园（含霁清轩平面图）

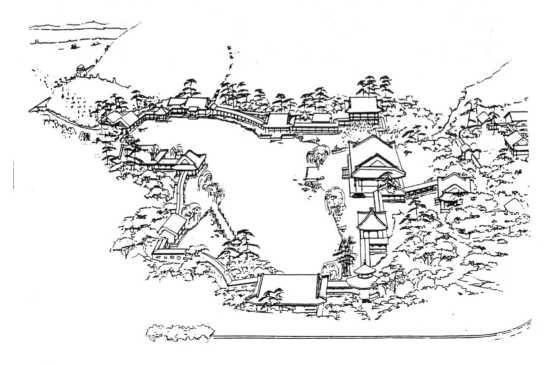

图3—10　园林平面图及鸟瞰图　　北京颐和园谐趣园鸟瞰图

图 3—11 广州芳华园鸟瞰与平面图

图3—12—A 无锡蠡园鸟瞰

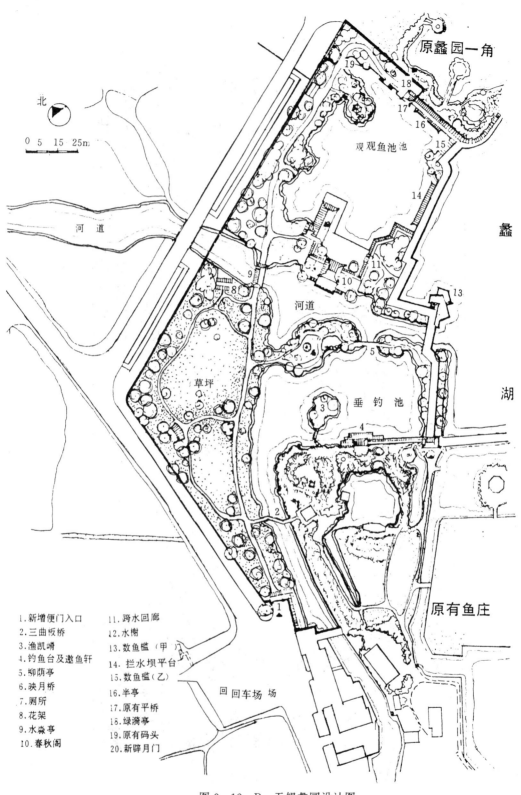

1. 新增便门入口
2. 三曲板桥
3. 渔凯啨
4. 钓鱼台及邀鱼轩
5. 柳荫亭
6. 映月桥
7. 厕所
8. 花架
9. 水淼亭
10. 春秋阁
11. 跨水回廊
12. 水榭
13. 数鱼槛（甲）
14. 拦水坝平台
15. 数鱼槛（乙）
16. 半亭
17. 原有平桥
18. 绿漪亭
19. 原有码头
20. 新辟月门

图 3—12—B 无锡蠡园设计图

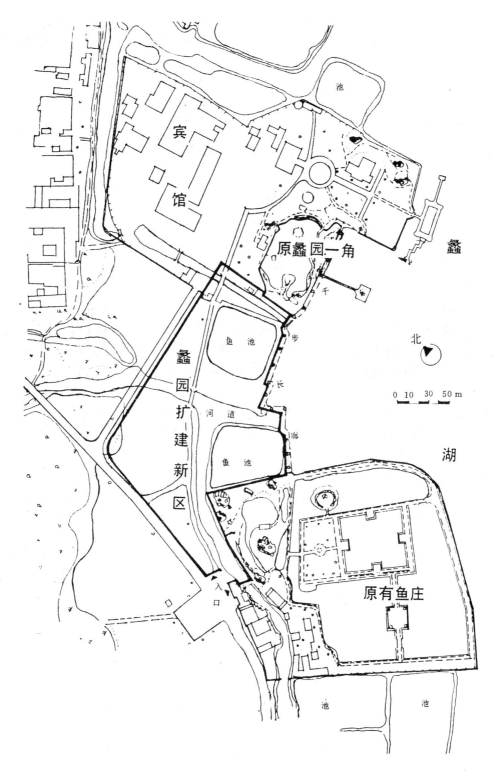

图 3—12—C 无锡蠡园现状图

(2) 工程性质、设计原则。
(3) 功能分区。
(4) 设计主要内容（山体地形、空间围合，湖池，堤岛水系网络，出入口、道路系统、建筑布局、种植规划、园林小品等）。
(5) 管线、电讯规划说明。
(6) 管理机构。

4. 工程总框算

在规划方案阶段，可按面积（hm^2、m^2），根据设计内容，工程复杂程度，结合常规经验框算。或按工程项目、工程量，分项估算再汇总。

三、局部详细设计阶段

在上述总体设计阶段，有时甲方要求进行多方案的比较或征集方案投标。经甲方、有关部门审定，认可并对方案提出新的意见和要求，有时总体设计方案还要做进一步的修改和补充。在总体设计方案最后确定以后，接着就要进行局部详细设计工作。

局部详细设计工作主要内容：

1. 平面图

首先，根据公园或工程的不同分区，划分若干局部，每个局部根据总体设计的要求，进行局部详细设计。一般比例尺为1∶500，等高线距离为0.5m，用不同等级粗细的线条，画出等高线、园路、广场、建筑、水池、湖面、驳岸、树林、草地、灌木丛、花坛、花卉、山石、雕塑等。

详细设计平面图要求标明建筑平面、标高及与周围环境的关系。道路的宽度、形式、标高；主要广场、地坪的形式、标高；花坛、水池面积大小和标高；驳岸的形式、宽度、标高。同时平面上表明雕塑、园林小品的造型。

2. 横纵剖面图

为更好地表达设计意图，在局部艺术布局最重要部分，或局部地形变化部分，做出断面图，一般比例尺为1∶200～1∶500。

3. 局部种植设计图

在总体设计方案确定后，着手进行局部景区、景点的详细设计的同时，要进行1∶500的种植设计工作。一般1∶500比例尺的图纸上，能较准确地反映乔木的种植点、栽植数量、树种。树种主要包括密林、疏林、树群、树丛、园路树、湖岸树的位置。其它种植类型，如花坛、花境、水生植物、灌木丛、草坪等的种植设计图可选用1∶300比例尺，或1∶200比例尺。

4. 施工设计阶段

在完成局部详细设计的基础上，才能着手进行施工设计。

(1) 施工设计图纸要求

①图纸规范。图纸要尽量符合国家建委的《建筑制图标准》的规定。图纸尺寸如下：0号图841mm×1189mm，1号图594mm×841mm，2号图420mm×592mm，3号图297mm×420mm，4号图297mm×210mm。4号图不得加长，如果要加长图纸，只允许加长图纸的长边，特殊情况下，允许加长1～3号图纸的长度、宽度，零号图纸只能加长长边，加长部分的尺寸应为边长的1/8及其倍数。

②施工设计平面的坐标网及基点、基线。一般图纸均应明确画出设计项目范围，画出坐标网及基点、基线的位置，以便作为施工放线之依据。基点、基线的确定应以地形图上的坐标线或现状图上工地的坐标据点、或现状建筑屋角、墙面，或构筑物、道路等为依据，必须纵横垂直，一般坐标网依图面大小每10m或20m、50m的距离，从基点、基线向上、下、左右延伸，形成坐标网，并标明纵横标的字母，一般用A、B、C、D、……和对应的A′、B′、C′、……英文字母和阿拉伯数字1、2、3、4、……和对应的1′、2′、3′、4′、……，从基点0、0′坐标点开始，以确定每个方格网交点的纵横数字所确定的坐标，作为施工放线的依据。

③施工图纸要求内容。图纸要注明图头、图例、指北针、比例尺、标题栏及简要的图纸设计内容的说明。图纸要求字迹清楚、整齐，不得潦草；图面清晰、整洁，图线要求分清粗实线、中实线、细实线、点划线、折断线等线型，并准确表达对象。图纸上文字、阿拉伯数字最好用打印字剪贴复印。

④施工放线总图。主要表明各设计因素之间具体的平面关系和准确位置。图纸内容：

保留利用的建筑物、构筑物、树木、地下管线等。

设计的地形等高线、标高点、水体、驳岸、山石、建筑物、构筑物的位置、道路、广场、桥梁、涵洞、树种设计的种植点、园灯、园椅、雕塑等全园设计内容。

⑤地形设计总图。地形设计主要内容：平面图上应确定制高点、山峰、台地、丘陵、缓坡、平地、微地形、丘阜、坞、岛及湖、池、溪流等岸边、池底等的具体高程，以及入水口、出水口的标高。此外，各区的排水方向，雨水汇集点及各景区园林建筑、广场的具体高程。一般草地最小坡度为1％，最大不得超过33％，最适坡度在1.5％～10％，人工剪草机修剪的草坪坡度不应大于25％。一般绿地缓坡坡度在8％～12％。

地形设计平面图还应包括地形改造过程中的填方、挖方内容。在图纸上应写出全园的挖方、填方数量，说明应进园土方或运出土方的数量及挖、填土之间土方调配的运送方向和数量。一般力求全园挖、填土方取得平衡。

除了平面图，还要求画出剖面图。主要部位山形、丘陵、坡地的轮廓线及高度、平面距离等。要注明剖面的起迄点、编号，以便与平面图配套。

⑥水系设计。除了陆地上的地形设计，水系设计也是十分重要的组成部分。平面图应表明水体的平面位置、形状、大小、类型、深浅以及工程设计要求。

首先，应完成进水口、溢水口或泄水口的大样图。然后，从全园的总体设计对水系的要求考虑，画出主、次湖面，堤、岛、驳岸造型，溪流、泉水等及水体附属物的平面位置，以及水池循环管道的平面图。

纵剖面图要表示出水体驳岸、池底、山石、汀步、堤、岛等工程做法图。

⑦道路、广场设计。平面图要根据道路系统的总体设计，在施工总图的基础上，画出各种道路、广场、地坪、台阶、盘山道、山路、汀步、道桥等的位置，并注明每段的高程、纵坡、横坡的数字。一般园路分主路、支路和小路3级。园路最低宽度为0.9m，主路一般为5m，支路在2～3.5m。国际康复协会规定残疾人使用的坡道最大纵坡为8.33％，所以，主路纵度上限为8％。山地公园主路纵坡应小于12％。支路和小路，日本资料园路最大纵坡15％，郊游路33.3％。综合各种坡度，《公园设计规范》规定，支路和小路纵坡宜小于18％，超过18％的纵坡，宜设台阶、梯道。并且规定，通行机动车的园路宽度应大于4m，转弯半径不得小于12m。一般室外台阶比较舒适高度为12cm，宽度为30cm，纵坡为40％。长期园林实践数字：

一般混凝土路面纵坡在0.3%～5%之间、横坡在1.5%～2.5%之间,园石或拳石路面纵坡在0.5%～9%之间、横坡在3%～4%之间,天然土路纵坡在0.5%～8%之间、横坡在3%～4%之间。

除了平面图,还要求用1:20的比例绘出剖面图,主要表示各种路面、山路、台阶的宽度及其材料、道路的结构层(面层、垫层、基层等)厚度做法。注意每个剖面都要编号,并与平面配套。

⑧园林建筑设计。要求包括建筑的平面设计(反映建筑的平面位置、朝向、周围环境的关系)、建筑底层平面、建筑各方向的剖面、屋顶平面、必要的大样图、建筑结构图等。

⑨植物配置。种植设计图上应表现树木花草的种植位置、品种、种植类型、种植距离,以及水生植物等内容。应画出常绿乔木、落叶乔木、常绿灌木、开花灌木、绿篱、花篱、草地、花卉等具体的位置、品种、数量、种植方式等。

植物配置图的比例尺,一般采用1:500、1:300、1:200,根据具体情况而定。大样图可用1:100的比例尺,以便准确地表示出重点景点的设计内容。种植设计平面图表示法由图2—100给出。

⑩假山及园林小品。假山及园林小品,如园林雕塑等也是园林造景中的重要因素。一般最好做成山石施工模型或雕塑小样,便于施工过程中,能较理想地体现设计意图。在园林设计中,主要提出设计意图、高度、体量、造型构思、色彩等内容,以便与其它行业相配合。

⑪管线及电讯设计。在管线规划图的基础上,表现出上水(造景、绿化、生活、卫生、消防)、下水(雨水、污水)、暖气、煤气等,应按市政设计部门的具体规定和要求正规出图。主要注明每段管线的长度、管径、高程及如何接头,同时注明管线及各种井的具体的位置、坐标。

同样,在电气规划图上将各种电气设备、(绿化)灯具位置、变电室及电缆走向位置等具体标明。

⑫设计概算。土建部分:可按项目估价,算出汇总价;或按市政工程预算定额中,园林附属工程定额计算。绿化部分:可按基本建设材料预算价格中苗木单价表及建筑安装工程预算定额的园林绿化工程定额计算。

各 论

第四章 综合性公园

第一节 概 述

公园的起源，应是人类有了集团定居生活之后。据诗经记载，周文王（公元前1171～前1122年）之囿，方七十里，"刍荛者往焉，雉兔者往焉，与民同乐。"（孟曰）帝王之囿，开放给庶民共同使用，与民同乐，这是世界造园史上开公园之先河。

古希腊都市中，有相当于广场，称之谓 Agora，供市民共同生活或祭典之用。古罗马亦有供给市民生活之中心设施，亦相当于广场的雏形，名 Forum。而 Colosseum 大圆形露天剧场是最早的公共用剧场。中世纪的城市，市内缺乏空地，因此在城外开放田园地带；同时有称作 Guild 之苑地，以供市民作野外休养之用。

进入近世，文艺复兴时期，庄苑（Villa）庭园的发展，以及路易十四为民众开放大面积的凡尔赛娱御园，虽然具备了公园的精神，但与近代的公园迥然不同（图4—1）。

直至19世纪前期，英国及法国始创近代的公园为民众享用，如伦敦的海德公园（图4—2）、摄政公园、肯辛顿公园（图4—3）、圣詹姆斯公园、巴黎的 Jardin des Tuileries，Jardindu Luxembrurg；罗马的 Giardino Borghese 相继建立。

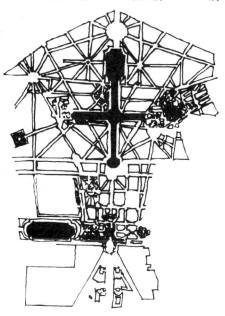

图4—1 法国凡尔赛宫

真正按近代公园构想及建设的首例则是由著名的沃姆斯特德（1822～1903）主持设计的美国纽约中央公园，公园面积340公顷，以田园风景、自然布置为特色，成为纽约市民游憩、娱乐的场所。公园设有儿童游戏场、骑马道，在世界公园史上另立新篇章。由于公园的建成，使周边的地价上升，使纽约市税收剧增，同时推动了公园的发展（图4—4）。

纽约中央公园的成功，使其它城市竞相建造大规模公园，导致公园与公园之间相连接；而林荫大道的建立，使公园绿地系统思想萌芽；这就是不仅连接市内大小公园，而且附近的风

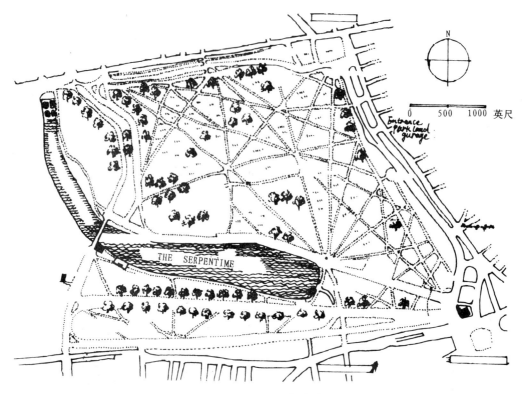

图4—2 英国海德公园

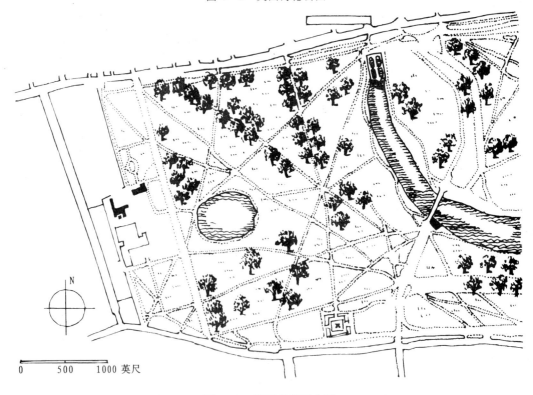

图4—3 英国肯辛顿公园

景地区,历史名胜古迹,均包含在广义公园系统内。

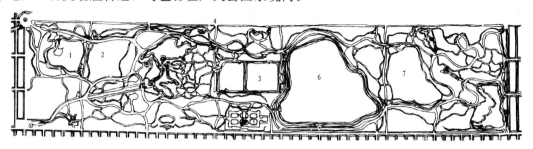

图 4—4 美国纽约中央公园
1. 球场 2. 草地 3. 贮水池 4、5. 博物馆 6. 新贮水池 7. 北部草地

图 4—5 日本日比谷公园
1. 广场 2. 音乐堂 3. 图书馆 4. 公众聚会厅
5. 网球场 6. 花坛 7. 游戏场

随着公园的发展,公园由作静态赏景为主发展到户外娱乐活动为主。1900～1925年,美国公园定义为(Public Park),其目的是为市民提供安静、平和、自然风景优美的场所,以赏景休息为主。而20世纪20年代,则成为"公众的户外娱乐"(outdoor recreation)为目的之保留用地,

179

不论是赏景为主或娱乐为主的保留用地，公园需要优美的环境是共同的。

英国城市公园建立，为法律所肯定是在19世纪中叶，1849年《公众保健法》(The Public health Act.)中，作出了对居住区绿地(Village and town greans)应作为附近市民的娱乐场所(Recreation grounds)的规定。在1925年，对《公众保健法》大加修改，规定对公共绿地(Public open spaces)应扩大利用。公园是城市的肺，供市民外出散步、呼吸新鲜空气，散步道除有花木外，草地允许人人通过。公园具备赏景和娱乐两方面的设施。

在1848年，英国埃本生豪德对理想化的城市形态"花园城市"(Garden City)加以提倡，对城市周围土地，成为永久性农业用地，称之为田园地带。此乃在城市规划上，才出现有重要意义的"绿地带"(Greenbelt)，使各国规划专家，根据这一构想加以采用。

以第一次世界大战(1914~1918)为转折点，德国的公园在战前一般以英美为典范，大战后在质和量上都名列前茅，分区园在战争期间，对生产粮食做出了很大贡献。战后，对生产的要求淡薄，市民便占用建设绿地，以就近享用土地、日光和空气。并制定法律使其永久化，在园中设儿童游戏场、俱乐部、运动场、露天剧场、日光浴场、鸟类保护区、示范庭院等，具有完整的公园特性。

日本公园则自1875年开始，首先开放浅草公园、芝公园、上野公园、深川公园、飞鸟公园等5所，这些公园均是以旧的寺庙为中心的公园。而真正参考西方公园规划建设公园是始于1903年所建的日比谷公园（图4—5）。

在明治前期，公园绿地中广为使用西洋喷水、博物馆、纪念碑、跑马场、动物园及公共建筑设施。大正昭和年间(1912~1926)的明治神宫，可以说已深受西洋的影响，在第二次世界大战后旧皇室官苑开放，城市规划严格控制绿地。如二战后城市受毁最严重的广岛、名古屋，均保留有数千米长、百米宽的公园道路。政府重视公园面积扩大，加大投资推进绿地的建设，1972年，人均绿地达 $2.8m^2$，1973年度起，国库补助 10^{12} 日元，将人均绿地提高到 $4.2m^2$。政府不遗余力地建设公园，使日本近年已成为亚洲地区公园发达的先进国家之一。

我国近代公园的建设开始较晚，于1914年将北京紫禁城西南的社稷坛开放为公园，早名为中央公园，后改名为中山公园。并继续开放北海公园、颐和园。中华人民共和国成立后，我国的公园建设较快，到目前为止，全国有公园1009个，公园面积 $8.2×10^4 hm^2$，人均公共绿地 $4.6m^2$。

第二节 公园的意义与功能

公园(Park)是为城市居民提供室外休息、观赏、游戏、运动、娱乐，由政府或公共团体经管的市政设施。换句话说，公园是公共团体，或政府为保持城市居民的身心健康，提高国民教育，并自由享受园内的设施，兼有防火、避难及防灾的绿化用地。

虽然因职业、年龄及社会生活方式的不同，对公园的概念和要求多少有些不同，然而，对公园要求有新鲜空气、有山有水、有花草树木、环境优美这一点是相同的。公园补充了城市生活中所缺少的自然山林，风景奇丽的树木，宽阔的草坪，五彩的花卉，新鲜湿润的空气，随心所欲的散步和运动。这对在城市生活的人有着恢复身心疲劳的作用，被称之为城市的肺。

公园设立的目的，是补充现代社会人类偏重于物质文明生活的缺陷，使每个人都有机会享受自然的生活，陶冶精神。因公园有无形的教育功能，这对提高人们的素质起到一定的作用。

随着城市集中发展，工业化进程速度加快，引发了城市的大气污染、水质污浊、噪声严重等城市公害,城市生活环境恶化。而公园绿地能起到净化空气,减少公害的重要作用。因此,现代公园的功能是多方面的。

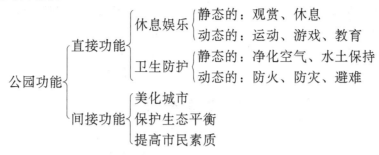

一、直 接 功 能

人类生活中必需的自然环境,在公园中暂时可以获得满足。公园可提供人们湿润新鲜的空气,提供人们运动、娱乐的场所和设施。公园中的音乐台、舞池、剧场直接为市民提供集会和娱乐活动场所。

公园环境优美,改善附近的卫生环境,同时也能对预料不到的灾害,如火灾、地震等起预防或避难场所的作用。另外,还有防噪声、防有害气体、防尘作用。

二、间 接 功 能

在城市人工环境中,有了树木花草,使城市充满生机,城市面貌更加美丽;抑制了尘土飞扬,使城市清洁卫生。同时,公园中的名胜古迹、纪念碑、不同景点、景物,对市民起到爱国主义和热爱家乡、城市的教育作用。公园中的植物园、专类园、温室、动物园、水族馆、图书室、展览室等,均有科普、科教的作用,人们在游览休息中无形地获得教益,这对提高市民素质,加强精神文明建设起到积极的促进作用。

第三节 公 园 分 类

无论何种公园,其目的是为广大市民谋福利,使市民在其中获得休息、娱乐。然而,现代公园的功能、性质、大小各有不同,种类繁多,分类较为困难,要建立分类系统国内还在讨论中。现将各国分类情况介绍如下。

一、美 国 分 类

1. 儿童公园;
2. 近邻娱乐公园;
3. 运动公园;运动场、田径场、高尔夫球场、海滨、游泳场、露营地等;
4. 教育公园;动物、植物标本等;
5. 广场;
6. 近邻公园;
7. 市区小公园;
8. 风景眺望公园;
9. 水滨公园;
10. 综合公园;
11. 保留地;
12. 林荫大道与公园道路。

二、德 国 分 类

1. 郊外森林及森林公园；
2. 国民公园；
3. 运动场及游戏场；
4. 各种广场；
5. 有行道树的装饰道路；
6. 郊外的绿地；
7. 运动设施；
8. 蔬菜园。

三、日 本 分 类

1. 公园
(1) 居住区公园
   ① 儿童公园；
   ② 邻里公园；
   ③ 地区公园。
(2) 城市公园
   ① 综合公园；
   ② 运动公园。
2. 特殊公园
(1) 风景公园
(2) 动植物园
(3) 历史公园、史迹、名胜、天然纪念物等为主的公园
3. 大规模公园
(1) 区域公园 以地方生活相同
(2) 游乐观光城市 有娱乐观光价值的城市，其城市规划公园 1000hm²，城市公园能达 500hm² 为标准

四、中 国 分 类

1. 综合性公园
2. 纪念性公园
3. 儿童公园
4. 动物园
5. 植物园
6. 古典园林
7. 风景名胜公园
8. 居住区小公园

第四节 公园主要设施

为发挥公园的使用功能，公园内应安排各种设施，以满足游人的需求。公园内的各种设施应是公园景色的组成部分，要与园内景色相协调，起到添景、组景作用，而不要破坏景观，同时要使公众使用方便。公园设施包括以下项目：

造景设施 树木、草坪、花坛、花台、花境、喷泉、假山、溪流、湖池、瀑布、雕塑、广场等。

休息设施 亭、廊、花架、榭、舫、台、椅凳等。

游戏设施 沙坑、秋千、转椅、滑梯、迷宫、爬杆、浪木、攀登架、戏水池等。

社教设施 植物专类园、温室、阅览室、棋艺室、陈列室、纪念碑、眺望台、文物名胜古迹等。

服务设施 停车场、厕所、服务中心（包括：餐饮部、播音室、小卖部）、饮水台、洗手台、电话亭、摄影部、垃圾箱、指示牌、说明牌等。

管理设施 公园管理处、仓库、材料场、苗圃、派出所、售票处、配电室等。

一、造景设施

1. 水池

水池分为规则式、自然式和混合式(图4—6)。规则式分为方形、长方形、圆形、抽象形及组合形等多种形式。水池的大小根据环境来定,一般占用地的1/10～1/5为宜,如有喷泉时,应为喷水高度的2倍,水深约在30～60cm。水池的设计应注意以下事项:

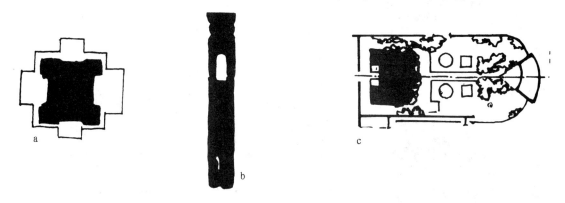

图4—6 规则式与混合式水池
a.方形(北海画舫斋) b.长形(南京煦园) c.混合式(颐和园扬仁风)

(1)池岸与常水位的高度应稳定,一般常水位保持距岸顶20～40cm为宜。水位太高,遇风浪水会漫上岸,太低给人造成不安全感。水池低于地面时,有安全感和宽阔感;水池高于地面,则有压迫感和闭塞感。这几者的关系应视环境而选择,使其与环境和谐为宜。

图4—7 各类自然式水体

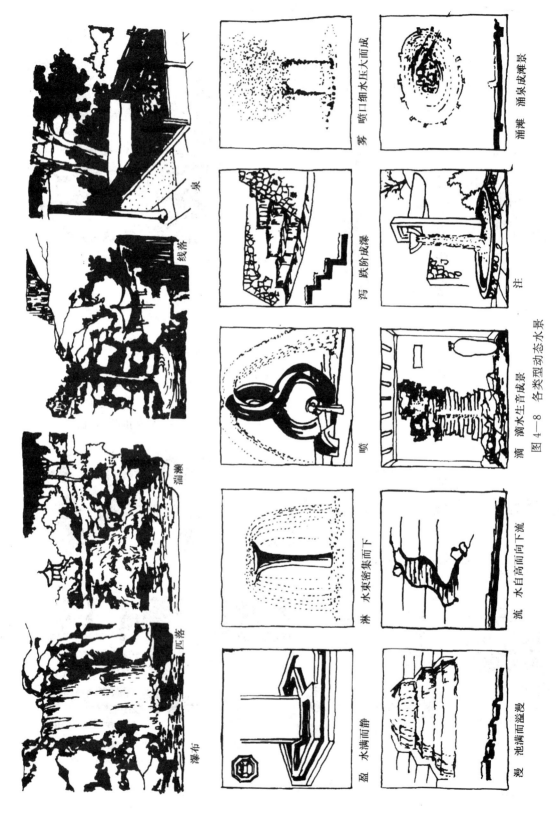

图 4-8　各类型动态水景

184

(2) 水面面积不大时，池岸和池底可以不配钢筋。北方地区应注意冻涨。池岸压顶石的装饰选材应与周围硬质铺装协调或对比。

(3) 水池上设喷泉、岛、桥、山石、雕塑时，应注意其位置和尺度是否恰当。

(4) 池边栽植树木时对其色彩、体量、枝叶质地应注意，因其对水景有直接影响。

(5) 水池的上下水和余水的处理，应有详细的设计，保持水的清洁。

2. 自然式水体

自然式水体无一定形体，是模仿自然界溪、潭、河、湖的局部片断，结合原地形加以人工再创造。在设计时应注意以下几点：

(1) 水源来去明确、动态清楚。为保持水体的动态感，在作水面时，水的流向应明确，同时，水位的线型保持流动感，不形成死水。

(2) 聚者辽阔，散者潆回。自然的水体应有主有次，主水面应辽阔、宽广，次水面应潆回、曲折、深邃。

(3) 用岛、堤、桥、植物分割水面的层次，使水面景色丰富多彩。

(4) 将水的三远有机结合，达到景观的多样性和统一性。水体三远即旷远、幽远、迷远。旷远：水面开阔、壮观，但缺乏变化、单调；幽远：水面曲折潆回、层次丰富，但缺乏壮美；迷远：神秘莫测、时隐时现，各有特色。在设计水体时应将其有机结合，使景色丰富多彩（图4—7）。

3. 动态水景

(1) 喷泉　喷泉起源于古希腊罗马时代，一般皆附属有雕塑，如世界闻名的罗马喷泉、凡尔赛宫喷泉。今天世界喷泉已非常发达，有彩色照明自动喷泉，有音乐控制喷泉等，在公园设计中应用较为广泛。喷泉形式有直喷、斜喷、塔喷、柱喷、单喷、群喷等，形状千姿百态，在景观上无需加以雕塑，也自成一景，甚为壮观（图4—8）。

(2) 壁泉　水从墙一侧挂下，多用于小面积装饰较浓之处。可分壁面、水口及水池等部分。壁泉只能一个方向观赏，如要从多方向观赏，则将壁面凸出。壁泉与水池相连外，还可以作为溪流的源头，墙体也可做成阶梯状，层层跌落。水口形式可分为丝状、网状、带状或雾状，出水口还可用雕塑造型。

(3) 瀑布　利用自然水或人工水，聚集一处从高崖落下，有的落水瀑布形成一条白带，气魄雄伟。除水的动态可观外，落水声也悦耳动听，瀑布落水形式多样。

(4) 雕塑　雕塑成为公园中重要组景之一，用得最多为欧洲庭院，如意大利、法国。雕塑题材广泛，可以是人物、神仙、植物，还有抽象雕塑和动物雕塑（图4—9）。其材料可用金属、石、木材、陶器、石膏、玻璃、钢、水泥等材料。

观赏雕塑的视域通常仰角为18°～45°，平视角27°最为适宜。雕塑可分有基座和无基座，纪念性的雕塑加基座，一般园林雕塑可以不要基座，直接放在土坡上或草地上。基座与雕塑的比例列表4—1。

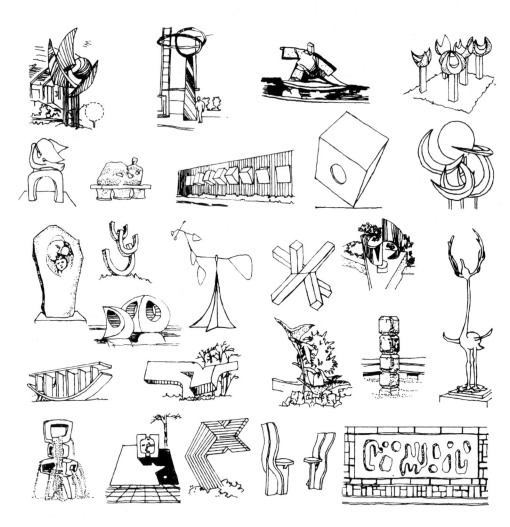

图4—9 各类雕塑小景

表4—1 雕塑与基座比例

雕塑体	雕塑高：基座高度	雕塑宽：基座宽度	雕塑体	雕塑高：基座高度	雕塑宽：基座宽度
立 像	3：2	1：1/3～1/2	坐 像	1：1～2	1：1～1.5
群立像	5：1	1：1.5	胸 像	1：2	1：1～1.2

(5) 花钵 花钵以石材、水泥、陶器或塑料制成，在公园、广场、道路两侧均可放置。公共建筑使用花钵材料一般用水泥和石雕钵为主。形状有半圆、椭圆、杯形、锥形、圆柱形、多边形等。钵之大小，以直径50～80cm、厚度为6～10cm为宜，钵底应有排水孔，钵高为0.8m～1.3m时，观赏效果较为理想(图4—10)。

图4—10 各类型花钵

二、休息设施

1. 亭

亭在公园中广为应用,主要供游人蔽荫、乘凉、休息、眺望和点景之用。亭的形式有正多边形、不等边形、曲边形、半亭、双亭、组亭和组合亭等(图4—11)。

图4—11 各类型亭

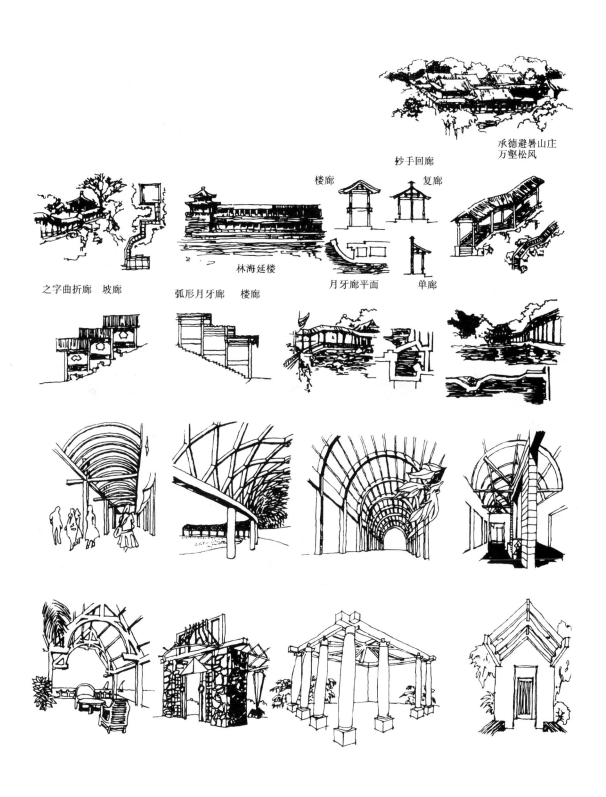

图4—12 廊、花架

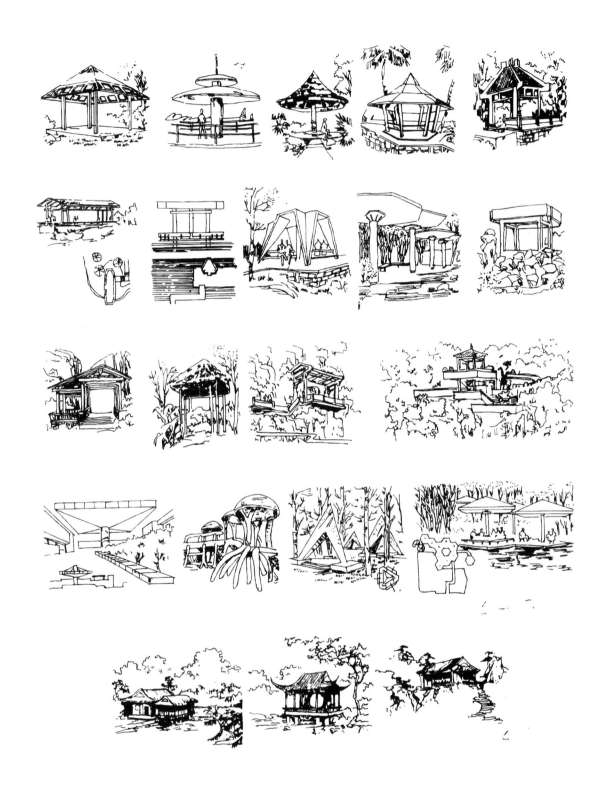

图 4—13 各种榭

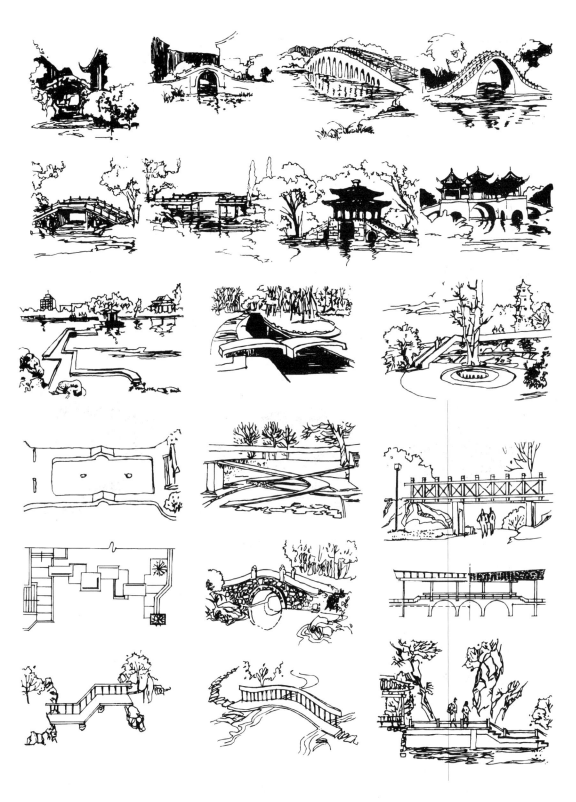

图 4—14 各类型桥

2. 廊、花架

廊是有顶的游览道路，防雨遮阳，联系不同景点和园林建筑，并自成游息空间。

廊可分隔或围合不同形状和情趣的园林空间，并能强调山麓的轮廓，协调山水的关系。

廊的类型有直廊、曲廊、弧形廊、爬山廊、双面廊、楼廊、水廊、桥廊等（图4—12）。

花架与廊功能相同，但建筑只是一构架而以植物为主，强调攀援植物的特色，花架有平顶和拱形之分，宽度2～5m。材料可用木、铁、水泥、石、砖等（图4—12）。

3. 榭

榭主要功能为游人休息和观赏景物而设。游人在榭中可休息、品茶等。建筑本身可点缀景物或构成景点。榭的类型有水榭、花榭、山榭等（图4—13）。

4. 桥

公园中的桥，功能上起到连接水两边的游览道路、组织水景、增加水景层次，同时，本身的形象也构成景观。

桥的类型有平桥、拱桥、平梁桥、亭桥等形式（图4—14）。

5. 舫

公园中的舫，是为游人提供纳凉、消暑、迎风赏月、小型餐饮的场所，同时，舫在水边构成一景。舫分为平舫、楼舫（图4—15）。

图4—15 各类型舫

6. 坐椅

公园中坐椅是公园一切设施中使用率最高，种类繁多的设施之一，坐椅的组合也构成景观。设计时应以其坚固耐用为原则。坐椅可分为椅子和凳子两大类。按长度分单人、双人、四人；按形状可分为圆形、直线形、曲线形、环形等。

有背坐椅较与无背坐椅适于长时间休息。环状坐椅大都设在庭荫树下，人们可以庇荫，同时对树木起到保护作用（图4—16）。

坐椅在设计时应注意，其离地面高度为35cm左右，坐板及背板宽为40cm，斜角为80°，长度180cm为宜。

7. 野餐桌

野餐桌可配合坐椅使用,但在公园中不宜太多,一般设在多数人休息的场所,形式有方、长方、圆等,桌子高为65～70cm,坐椅高35～40cm,桌子宽80～100cm,坐椅宽30～35cm,桌子与椅子间隔5～10cm为宜。

概说

园凳一般设置于环境空间的边缘，有点景、组景的作用，要求结合环境合理设置。

安装既可活动也可固定，形式多样，要求使用舒适、美观，园凳还可结合其他功能设置，组合灵活。

用料可为木、石、玻璃钢、不锈钢、铸铁、混凝土等。

图 4—16　各类型坐椅

三、游戏设施

1. 秋千

秋千是在游戏设施中最普遍采用的设施之一,但对空间回荡知觉较迟钝的儿童,却是事故最多的危险游戏器具,故在设计时宜注意防范危险的发生。设计时在活动范围内应设置安全栅,其高度为60cm,设置范围应考虑上下回荡的弧度及游戏者可能失手滑落之范围。

踏板式坐椅易伤游戏以外的儿童,为减少伤害,可在踏板上漆上明显色彩,或用软性材料。

2. 翘翘板

翘翘板游戏较单纯,但富于刺激性,故儿童较喜欢,板的尺寸可随意改变。一般为木质,支架用金属,高度一般为45cm为宜,设置时应注意:

(1)防止着地板与地面之撞击声,两端应设木墩或沙坑。
(2)防止板左右晃动脱落,应加吊锁或固定轴。

3. 滑梯

滑梯一般为单直式或双直式,有拱顶形、波浪性、螺旋形等。长度通常以300~400cm,宽度40~45cm,滑倾角度以30°~35°为宜。也有上部较急下部转缓。对螺旋式而言,滑面外侧宜比内侧为高。滑道面为木质、水泥、塑料等材料。为防止危险,设计时应注意:

(1)滑梯附近,应铺草皮或保持泥土地面,不可铺硬质材料。
(2)滑面两侧安全防护,至少高10cm。
(3)滑面下端约60~65cm近水平坡度,距地面约15~25cm。滑下点为软性铺装,避免用沙坑,因滑落力大,飞沙反而造成伤害或危险。

4. 攀登架

攀登架以木制、钢筋水泥或金属连贯若干层,供儿童攀登。有固定的立体形架、网状攀登架、旋转式圆球回转架。还有云梯形、昆虫形、塔树形等。设计时应注意:

(1)高度不可过高,以3m以下为原则。
(2)如为旋转式,其转速宜低。
(3)架楔无棱角,表面光滑。
(4)地面铺沙或植草坪。

5. 爬梯

将梯子变形,使儿童以上爬越或以手握悬空而过的一种游戏设施。其形状有拱形爬梯、幕盖形爬梯、山形爬梯、波形爬梯等。爬梯下最好保持原地面或铺草坪,不可铺沙,以免儿童玩沙而被玩爬梯者踢伤等危险。

6. 游戏墙

高高低低、躲躲藏藏,是儿童喜欢的一种游戏设施。儿童可以在墙内自由走动,跳上跳下,或利用墙孔钻来钻去,游戏墙高度以60~120cm,宽15~20cm为宜。

7. 游戏山丘

一般内以堆土,外以石块砌成小山丘,做各种不同的变化,可利于攀登或滑下。坡度在35°左右,利于快速之滑走,25°之斜面则利于攀登不利于滑走。

8. 嬉水池或涉水池

水是儿童夏季最喜爱的游戏,嬉水池或涉水池,通常水在30cm。如有喷水设施,水面需在100m² 以上。

组合式儿童活动设施

图 4—17 各种儿童游戏设施

四、服务设施

1. 餐饮设施

公园中餐饮设施是为游人服务的重要设施之一。公园中为方便游客,可设冷饮店、饭店、快餐店、食品店。公园中餐饮店应设在临近主要园路的僻静处,所占面积不宜过大,出售的物品不宜过杂,陈设应求清洁大方。还可以利用树荫下设置桌椅,供游客露天之用。餐饮建筑场所应与景观相协调。

2. 厕所

公园厕所是公园设施中必不可少的重要设施。在安排厕所时应注意:①在游人较集中的地方附近利用方便的位置安排厕所,其占公园公共服务设施建筑面积1.5%~2%为宜。②公园厕所在园中应安排在较为隐蔽处,但还要易找,不要放在景点突出的位置,建筑外观应朴素简练。③保持厕所清洁卫生设施、给排水和换气设备齐全,无臭味,同时考虑残疾人使用方便。

五、公园管理处

公园管理处为较大的收费公园必有的设施。管理处主要管理该公园的建设、维护、管理等方面的工作。管理处的建筑应包括办公室、值班室、派出所、库房、工具室、厨房、厕所、车库等内容。为了工作方便,其位置应在苗圃附近,若是收费公园应设在主要入口,其建筑造型应与园中园林建筑相协调。

六、饮水泉和洗手台

在公园中应设饮水泉(可兼洗手台),这在我国考虑较少,而在西方公园较为普遍。饮水台和洗手台多设于广场、儿童游戏场、园路旁和休息场所附近。最好放在阳光下(因阳光可消毒)。所用材料以耐用为佳,并符合国家卫生标准。水栓安装注意牢固,不被随意取下为宜。设计时,各部分规格,应以儿童能利用的高度为宜。在北方地区应注意冬天防冻,如图4—18。

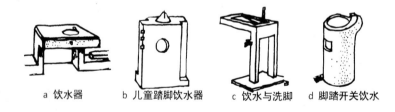

a 饮水器　　b 儿童踏脚饮水器　　c 饮水与洗脚　　d 脚踏开关饮水

图4—18　饮水器

七、标　志

1. 标志(图4—19)

在公园中用得最广泛,其种类有:

(1)标名牌　园名、设施名、导游图。

(2)指示牌　距离、方向。

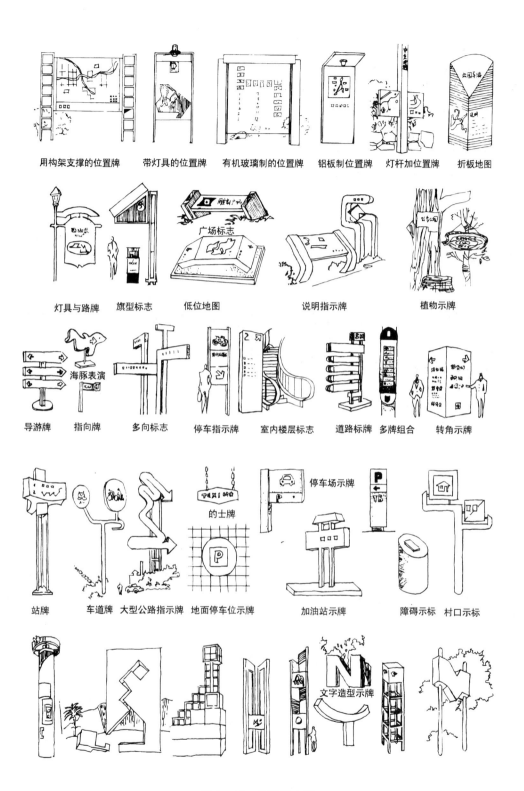

图 4—19 各种标志牌

(3) **解说牌** 自然景观、人文景观、天然现象、文学典故、动植物介绍。
(4) **警告牌** 灾害防止、自然保护、公共道德维护。
(5) **名牌** 动物、植物、矿物、景名等。
2. 在设计标志牌时,应注意如下事项:
(1) **形状** 应与园内环境相协调。
(2) **内容** 简洁、单纯、明了。
(3) **材料** 经久耐用,可抗日晒雨淋、老化。

八、垃圾箱

在园内休息场所附近或园路边,应设有垃圾箱,保持公园清洁。垃圾箱的多少,应以游人量来决定。其造型要简单,不易遭受破坏,清理较方便(图4—20)。

图4—20 垃圾箱

第五节 综合性公园

一、概 述

综合性公园是城市园林绿地系统、公园系统中的重要组成部分,是城市居民文化生活不可缺少的重要因素。它不仅为城镇提供大片绿地,而且是市民开展文化、娱乐、体育、游憩活动的公共场所。综合性公园对于城镇的精神文明、环境保护、社会生活起着重要作用。

综合性公园一般面积较大,内容丰富,服务项目多,属于市一级管理。美国已建成的综合性公园,如纽约中央公园、旧金山的金门公园等,莫斯科的高尔基中央文化休息公园、索科尔尼克文化休息公园、高尔基城文化休息公园等,德国柏林的特列普托夫公园、英国伦敦的利奇蒙德公园等,还有中国北京的陶然亭公园、上海的长风公园、广州的越秀公园等都属于综合性公园(图4—21)。

美国近代第一个园林学家唐宁(Andrew Jaekson Dowing 1815～1852)从美国国土的自然条件出发,并从画家的造型和色彩学中研究出园林的构图法则,并于1841年著有《风景园的理论与实践概要》一书。1851年,唐宁在《园艺家》杂志上发表文章,对建设美国城市大型综合性公园——纽约中央公园提出自己的见解。他认为:"公园属于人民,公园应当是市民锻炼身体和保持健康的场所,公园的面积至少不得少于202hm^2,公园应当是无噪音而又美丽的场所,………。"后来,他的朋友与继承人,奥姆斯特德(1822～1895)着手规划纽约中央公

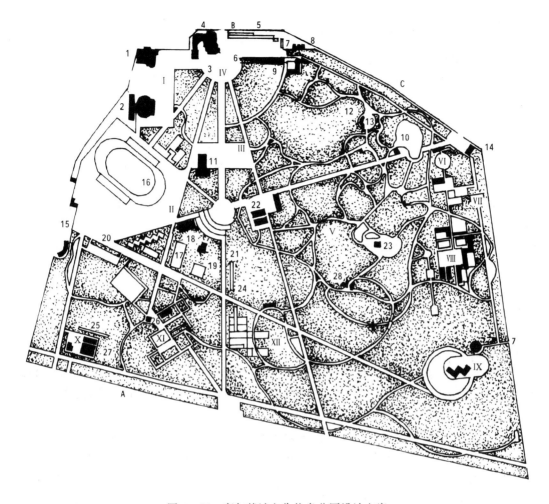

图 4—21 高尔基城文化休息公园设计方案

A. 规划中的城市花园林荫道 B. 城市游行检阅广场 C. 城市主干道 Ⅰ. 演出广场 Ⅱ. 体育运动区 Ⅲ. 展览广场 Ⅳ. 群众活动广场 Ⅴ. 安静休息区 Ⅵ. 托儿园儿童活动区 Ⅶ. 幼儿园儿童活动区 Ⅷ. 学龄儿童活动区 Ⅸ. 国防教育区 Ⅹ. 管理区 Ⅺ. 示范种植区 Ⅻ. 动物角 1. 音响影院 2. 萨皮托马戏院 3. 乐队演奏台 4. 文化宫 5. 城市游行检阅广场看台 6. 喷泉 7. 入口 8. 售票处 9. 展览馆 10. 咖啡馆 11. 露天剧场 12～13. 咖啡馆和演奏台 14. 售货亭 15. 汽车站 16. 体育场 17. 体育活动场地 18. 游泳池 19. 体育之家 20. 靶场和地滚球场 21. 旋转木马游戏场 22. 公共饮食业中心 23. 餐厅 24. 美洲高地 25. 冬季滑雪高台和滑场所 26. 旅游基地 27. 温室 28. 保健工作基地

园时,反映了唐宁的某些见解。

我们可以从美国近代著名的风景园林学家奥姆斯特德设计的美国第一个城市大型综合性公园——纽约中央公园的过程中得到启迪。

1840～1860 年之间,美国主要由于移民不断而使人口倍增,奥姆斯特德意识到美国将越来越城市化;他感到不恰当地使用土地和劳动力正在造成危害。他认为,城市公园可以成为社会改革的一股力量,它将使受压抑的城市居民共享城市中的自然空间。

1853 年 4 月 28 日,纽约中央公园设计竞赛的 35 个方案中,经过评审委员会仔细评审,最后,第 33 个方案,以"绿草地"(Greensward)为题的奥姆斯特德方案获得头奖。"绿草地"方案的主要构思原则：

(1)规划要满足人们的需要，公园要为人们提供在周末、节假日所需要的优美环境，满足全社会各阶层人们的娱乐要求。

(2)规划要考虑自然美和环境效益。公园的规划应尽可能反映自然特性，各种活动和服务设施项目融化在自然环境中。

(3)规划必须反映管理的要求和交通的方便。

中央公园内有各自独立的交通路线：车辆交通路，骑马跑道，步行道，穿越公园的城市公共交通道路。当时，纽约中央公园规划面积为 311.6hm^2，公园的分区考虑到满足儿童和成人的各种活动的需要，尤其要满足儿童的兴趣和爱好。上述为奥姆斯特德和他的助手沃克斯(Calvert Vaux)在规划纽约中央公园中所提出的构思要点，后来被美国园林界归纳和总结，成为"奥姆斯特德原则"。其内容为：

(1)保护自然景观，有些情况下，自然景观需要加以恢复或进一步强调；

(2)除了在非常有限的范围内，尽可能避免使用规则形式；

(3)保持公园中心区的草坪和草地；

(4)选用当地的乔木和灌木，特别是用于公园边缘的稠密的栽植地带；

(5)大路和小路的规划应成流畅的弯曲线，所有的道路成循环系统；

(6)全园靠主要道路划分不同的区域。

以上规划原则的内容，可以明显地得出以下几个要点：美国大型综合性公园强调了公园的规划必须满足人的需要，满足环境的需要，同时强调保护自然景观，强调自然式，公园有足够大的面积满足不同人的活动要求。

中央公园提供众多的体育活动场所，供市民随意地或有组织地进行练习和比赛。主要项目：长跑、竞走、骑车、骑马、划船、溜旱冰、滑板、散步等。几处大草坪是日光浴、遛狗、扔飞盘、户外野餐和自由嬉戏的理想场所。

公园内的文化娱乐活动更是丰富多彩。除了个人、集体、家庭节假日进行的随意表演和娱乐外，公园重视有组织地开展活动，目的是为提高人们的文化素质和修养。其中 3 种主要形式值得提及：第一种，举行各种文艺表演。每年夏季是黄金季节，在露天音乐台，每天排满了国内外艺术团体的演出，莎士比亚露天剧场也演出莎翁的名剧。一些世界名歌唱家也到公园为公众演出。人们曾在皎洁的月光下，清爽的环境中，柔软的草地上欣赏世界著名歌唱家帕瓦罗蒂和多明戈的演唱。第二种，是"边游边聊"(Walks and talks)。它出于奥姆斯特德漫游英国时汲取了激情与灵感而写下的一本书，这是一种内容丰富、随意、小型、自由的游园方式，由导游员带领，边游边谈公园历史，保护、观察昆虫、鸟类，认树、赏花、摄影，讲安徒生童话故事等。第三种，就是学手艺(Workshop)。这是富于民间风俗、趣味性很强的劳作，如教做蝴蝶、做植物标本、做风筝、书笺等。总之，中央公园的文化娱乐活动充满了科学和艺术性。

旧金山的金门公园，原先是一块沙荒地，总面积为 411hm^2，共有乔木、灌木 5000 余种。公园内包括有非洲文化中心、加利福尼亚科学院、姆·核 de 杨纪念博物馆、观赏温室、莫里森天文馆、水族馆、露天音乐厅、足球场、体育馆、老年市民活动中心、日本园、印第安小屋、旅游小房、儿童游戏场、植物园、树木园、花卉馆、彩虹瀑布、荷兰风车、金门公园高尔夫球场、跑马场、游憩场所等。金门公园融化于森林之中(图 4—22)。

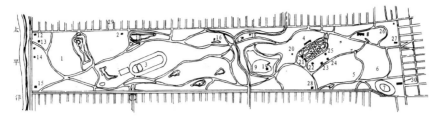

图4—22 美国旧金山金门公园
1. 金门公园高尔夫球场 2. 老年市民活动中心 3. 足球场、金门公园体育馆 4. "扬"博物馆 5. 游憩场所 6. 儿童游戏场 7. "克扎"体育馆 8. 展览温室 9. "斯托"湖 10. 斯普雷克斯湖 11. 链湖 12. 美国救生站 13. 荷兰风车 14. 海滨瑞士旅游小屋 15. 马铃薯风车 16. 旧出入口处 17. 彩虹瀑布 18. 祈祷十字架 19. "亨廷顿"瀑布 20. 日本园 21. 音乐厅（露天） 22. 科学院斯坦哈特树木园及植物园 23. 斯坦哈特水族馆 24. 莫里森天文馆 25. 非洲文化中心 26. 马蹄形展览馆 27. "马克·拉伦"印第安小屋 28. 花卉馆 29. 富尔顿街 30. 斯坦尼安街

图4—23—A 广州越秀公园平面

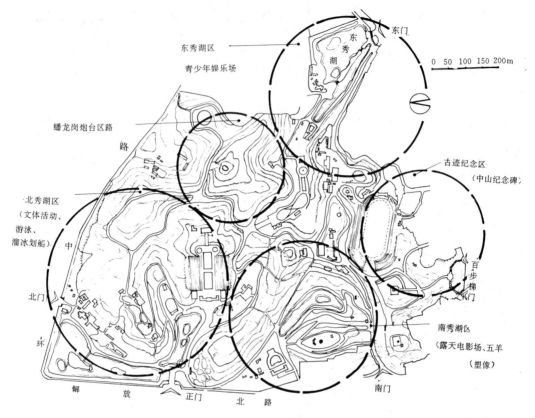

图 4—23—B 广州越秀公园分区

上述实例,目的是使我们对于美国城市综合性公园有所了解。

中华人民共和国成立后,我国各大城市先后建成许多综合性的公园,如上海的长风公园,北京的陶然亭公园,广州的越秀公园等。

广州市最大的综合性公园——越秀公园（图 4—23）,辛亥革命后孙中山先生提议将越秀山辟为公园。1951 年,扩大公园面积,开挖人工湖,现已建成面积为 80.4hm² 的大型城市公园。公园由古迹纪念区、东秀湖区、北秀湖区、南秀湖区、蟠龙岗炮台区等 5 个部分组成。公园内主要设施和景点：中山先生读书治事处（越秀楼故址）、美术馆、博物馆、四方炮台、中山纪念碑,还有体育场、游泳池、溜冰场、花卉馆、儿童乐园、茶室、餐厅、五羊雕像、镇海楼等。

上海长风公园（图 4—24）建于 1956 年,总面积为 36.6hm²,在上海市区各公园中,拥有最高的人造山和最大的湖面。公园原址为吴淞江淤塞的河湾农田,采用中国传统的"挖湖堆山"手法,建成一座大水面、主景山的现代综合性公园。公园的分区和组景有 7 个部分：

(1) 水上活动区　银锄湖,10hm²,可容纳 300 多条游船,开展水上体育活动。

(2) 文娱活动区　公园南部,有面积约 8400m² 的大草坪,供群众开展集体活动。有露天舞台、工人雕像等内容。

(3) 青少年活动区　公园北端,在地形起伏的山坡松林中,有供青少年活动的约 600m 长的"勇敢者之路"景点。

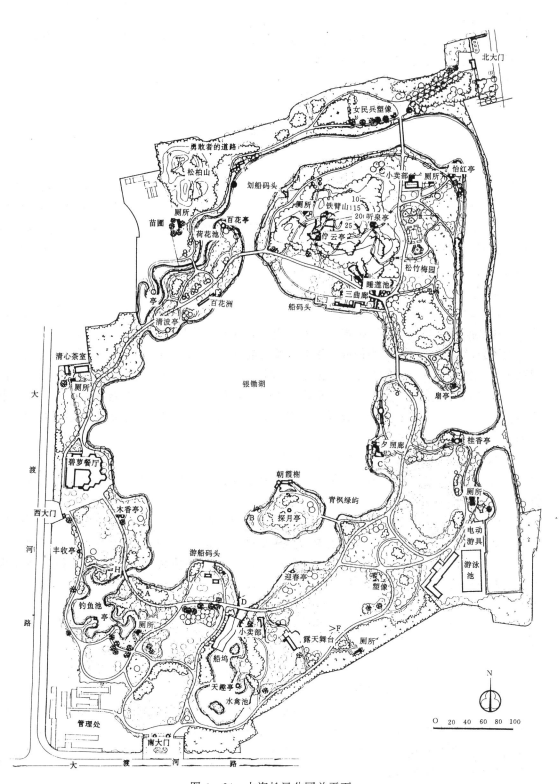

图 4—24 上海长风公园总平面

203

(4) 大型电动游具区　80年代新辟的游艺活动区，建成有"宇宙飞船""游龙戏水"等大型电动游戏器具。

(5) 安静休息区　由8个景点组成，包括铁臂山、松竹梅园、桂林夕照、青枫绿屿、水禽天趣、钓鱼池、百花洲、餐厅茶室等。

(6) 花卉苗圃区

(7) 行政管理区

二、综合性公园的总体规划

1. 总体规划的意义

综合性公园的内容多，牵涉面广，问题复杂。总体规划的意义在于通过全面考虑，总体协调，使公园的各个组成部分之间得到合理的安排，综合平衡；使各部分之间构成有机的联系，妥善处理好公园与全市绿地系统之间、局部与整体的关系；满足环境保护、文化娱乐、休息游览、园林艺术等各方面的功能要求，合理安排近期与远期的关系，以便保证公园的建设工作按计划顺利进行。

2. 总体规划的任务

综合性公园总体规划的主要任务：出入口位置的确定；分区规划；地形的利用等改造；建筑、广场及园路布局；植物种植规划；制定建园程序及造价估算等。

上述公园总体规划的主要任务，并不是孤立进行的，而是相互之间总体协调，全面考虑，相互影响，多样统一。总体规划实践证明，有时由于公园出入口位置的改变，引起全园建筑、广场及园路布局的重新调整；或因地形设计的改变，导致植物栽植、道路系统的更换。整个总体规划的过程，就是公园功能分区、地形设计、植物种植规划、道路系统诸方面矛盾因素协调统一的总过程。

3. 公园出入口的确定

公园总体规划的第一项工作，是合理确定其主要、次要出入口的位置。公园的出入口一般分主要入口、次要入口和专门入口3种。

主要入口位置的确定，取决于公园与城市规划的关系，园内分区的要求，以及地形的特点等，全面衡量综合确定。一般，主要入口应与城市主要干道、游人主要来源方位以及公园用地的自然条件等诸因素协调后确定。合理的公园出入口，将使城市居民便捷地抵达公园。为了满足大量游人在短时间内集散的功能要求，公园内的文娱设施如剧院、展览馆、体育运动场等多分布在主入口附近；或在上述设施附设专用入口，以达到方便使用的目的。

为了完善服务，方便管理和生产，多选择公园较偏僻处，或公园管理处附近设置专用入口。

为方便游人，一般在公园四周不同方位选定不同出入口。如公园附近的小巷或胡同，可设立小门，以免周围居民绕大圈才得入园之不便。

《公园设计规范》条文说明第2.1.4条指出："市、区级公园各个方向出入口的游人流量与附近公交车设站点位置、附近人口密度及城市道路的客流量密切相关，所以公园出入口位置的确定需要考虑这些条件。主要出入口前设置集散广场，是为了避免大股游人出入时影响城市道路交通，并确保游人安全。"

公园主要出入口的设计，首先应考虑它在城市景观中所起到的装饰市容的作用。也就是说，主要出口的设计，一方面要满足功能上游人进、出公园在此交汇、等候的需求；同时要求公园主要出入口美丽的外观，成为城市园林绿化的橱窗。

公园主要出入口设计内容：公园内、外集散广场，园门，还有停车场、存车处、售票处、围墙等。在内、外广场有时也设置一些纯装饰性的花坛、水池、喷泉、雕像、宣传性广告牌、公园导游图等。有的大型公园入口旁设有小卖部、邮电所、治安保卫部门、存放处、婴儿车出租处。国外公园大门附近还有残疾人游园车出租。

公园主要入口前广场应退后于马路街道以内，形式多种多样。广场大小取决于游人量，或因园林艺术构图的需要而定。综合性公园主要大门，前、后广场的设计是总体规划设计中重要组成部分之一。上海长风公园北大门前广场为 70m×25m，南大门前广场为 50m×40m（公园总面积为 36.6hm^2）；北京紫竹院公园南大门前、后广场为 48m×38m；哈尔滨儿童公园前广场为 70m×40m。

4. 综合性公园的分区规划

公园规划工作中，分区规划的目的是为了满足不同年龄、不同爱好游人的游憩和娱乐要求，合理、有机地组织游人在公园内开展各项游乐活动。同时，根据公园所在地的自然条件，如地形、土壤状况、水体、原有植物、已存在并要保留的建筑物或历史古迹、文物情况，尽可能地"因地、因时、因物"而"制宜"，结合各功能分区本身的特殊要求，以及各区之间的相互关系、公园与周围环境之间的关系来进行分区规划。

公园内分区规划的依据，除了上述公园所在地的自然条件、物质条件外，还要依据公园规划中所要开展的活动项目的服务对象，即游人的不同年龄特征，儿童、老人、年轻人等各自游园的目的和要求；不同游人的兴趣、爱好、习惯等游园活动规律进行规划。

必须指出，分区规划决不是机械的区划，尤其大型综合性公园中，如美国旧金山金门公园面积达 411hm^2，地形多样复杂。所以，分区规划不能绝对化，应当因地制宜，有分有合，全面考虑。

在本节概述中，已概要地介绍了美国、中国的综合性公园的一般情况。结合功能分区，进一步介绍俄罗斯在十月革命以后，创建的新型的公园，即原苏联时期的文化休息公园。这类公园将文化教育、娱乐、体育、儿童游戏活动和安静休息有机地组织在优美的园林中。1929年，在莫斯科创建了高尔基文化休息公园。在公园内提供了各种活动场地，开展各种文化娱乐、文艺体育、科普教育、游园观光等活动。文化休息公园属于综合性公园类型。其功能分区所占比例列于表 4—2。

表 4—2 原苏联规定的文化休息公园功能分区及占地比例（％）

分 区 名 称	占总用地比例	分 区 名 称	占总用地比例
娱 乐 区	5～7	安静休息区	60～65
文化教育区	4～6	管 理 区	2～4
体育活动区	16～18	儿童活动区	7～9

综合前述，根据中国、美国、俄罗斯在各自国家公园建设的历史经验和现状，从开展公园活动、公园服务、公园管理各个方面考虑，公园功能分区的规划是十分必要的。

(1) 综合性公园主要设置内容

①观赏游览。游人在城市公园中,观赏山水风景,奇花异草,浏览名胜古迹、欣赏建筑雕刻、鱼虫鸟兽以及盆景假山等内容。

②文化娱乐。露天剧场、展览厅、游艺室、音乐厅、画廊、棋艺、阅览室、演说、讲座厅等。

③儿童活动。我国公园的游人中儿童占很大比例,从一些公园的统计数字表明,儿童约占1/3左右。一般考虑开辟学龄前儿童和学龄儿童的游戏娱乐,少年宫、迷宫、障碍游戏、小型趣味动物角、植物观赏角、少年体育运动场、少年阅览室、科普园地等。

④老年人活动。随着社会发展,中国老人的比例不断增加,大多数退休老人身体健康、精力仍然充沛,在公园中规划老年人活动区是十分必要的。

⑤安静休息。垂钓、品茗、博弈、书法绘画、划船、散步、气功等内容在环境优美、僻静处开展活动,深受老人、中年人及知识阶层人士的喜爱。

⑥体育活动。不同季节,开展游泳、溜冰、旱冰活动,条件好的体育活动区设有体育馆、游泳馆、足球场、篮排球场、乒乓球室、羽毛球、网球、武术、太极拳场地等。

⑦公园管理。办公、花圃、苗圃、温室、荫棚、仓库、车库、变电站、水泵以及食堂、宿舍、浴室等。

配合以上活动内容,综合性公园应配备以下服务设施:餐厅、茶室、小卖部、公用电话、摄影、园椅、园灯、厕所、卫生箱等。

以上公园内的设置内容之间互有交叉、穿插。结合公园的出入口确定、地形设计、建筑、道路布局、植物种植等内容,合理进行分区。

(2) 公园分区规划　综合性公园的活动内容、分区规划与公园规模有一定联系。综合性公园内容多,各种设施会占去较大的园地面积。为确保公园有良好的自然环境,公园规模不宜小于10hm²。原苏联的文化休息公园类似于我国的综合性公园,他们提出这类公园的文化娱乐设施用地不宜超过公园面积的5%,所以市级公园面积不应少于30hm²。日本综合性公园标准规模为10～50hm²,最低为10hm²。

根据我国国情,《公园设计规范》规定,综合性公园的规模下限定为10hm²,按近期公共绿地指标为每人3～5m²,一个10×10⁴人的小城市就有30～50hm²的公共绿地面积,建一个10hm²以上的综合性公园是完全可能的。

公园规划可以主要内容进行分区:文化娱乐区;观赏游览区;安静休息区;儿童活动区;老人活动区;体育活动区;公园管理区。

广州越秀公园于1951年扩建,面积为80.4hm²,为全市最大的综合性公园。全园划分为以下5个区:

古迹纪念区:以镇海楼为中心,东有美术馆,海员亭,南有中山先生读书治事处,中山纪念碑,博物馆,鸦片战争烈士纪念碑奠基处等。

北秀湖区:以北秀湖为中心,湖心岛上由水榭、竹亭、茶廊等组成静憩景点。湖以北为活动区,设有溜冰场、各类运动室、游泳场以及花卉馆、听雨轩服务部等。

南秀湖区:以南秀湖为中心,为垂钓区。木壳岗顶矗立五羊塑像。

东秀湖区:以东秀湖为中心,湖心有小岛和休息亭,西部有南音茶座、转车、滑车道。还拟建剧场、演出台等。

蟠龙岗炮台区:以蟠龙岗山顶为中心,为全园制高点,可眺望全城。岗顶有鸦片战争抗英遗迹——四方炮台（图4—23—B）。

①文化娱乐区。文化娱乐区是公园的闹区。主要设施有：俱乐部、电影院、音乐厅、展览室等，都相对集中在该区。园内主要园林建筑要构成全园布局的重点，因此常位于公园的中部。为避免该区内各项目之间的相互干扰，各建筑物、活动设施之间要保持一定距离，通过树木、建筑、土山等加以隔离。大容量的群众娱乐项目，如露天剧场、电影院、溜冰场等，由于集散时间集中，所以要妥善组织交通，尽可能在规划条件允许的情况下接近公园的出入口，或单独设专用出入口，以便快速集散游人。文化娱乐区的规划，尽可能地巧妙利用地形特点，创造出景观优美，环境舒适，投资少，效果好的景点和活动区域。利用较大水面设置水上活动；利用坡地设置露天剧场，或利用下沉谷地开辟露天演出、表演场地。

由于该区建筑物、构筑物相对集中，这为集中供水、供电、供暖以及地下管网布置提供了方便，同时也避免不必要投资的浪费。

②观赏游览区。公园中观赏游览区，往往选择山水景观优美地域，结合历史文物、名胜古迹，建造盆景园、展览温室，或布置观赏树木、花卉的专类园，或略成小筑，配置假山、石品，点以摩岩石刻、匾额、对联，创造出情趣浓郁、典雅清幽的景区。该区在北方的公园里，即使是严寒的冬季，室外漫天大雪、寒风呼叫，但室内仍温暖如春，鲜花盛开。

配合盆景园、假山园，同时展出花、鸟、鱼、虫等中国传统观赏园艺品类。

③安静休息区。安静休息区一般选择具有一定起伏地形（山地、谷地）或溪旁、河边、湖泊、河流、深潭、瀑布等环境最为理想，并且要求原有树木茂盛，绿草如茵的地方。

公园内安静休息区并不一定集中于一处，只要条件合适，可选择多处，一方面保证公园有足够比例的绿地，另外也可满足游人回归大自然的愿望。

安静休息区主要开展垂钓、散步、气功、太极拳、博弈、品茶、阅读、划船等活动。

该区的建筑设置宜散落不宜聚集，宜素雅不宜华丽。结合自然风景，设立亭、榭、花架、曲廊，或茶室、阅览室等园林建筑。

安静休息区可选择距主要入口较远处，并与文娱活动区、体育区、儿童区有一定隔离，但与老人活动区可以靠近，必要时老人活动区可以建在安静休息区内。

④儿童活动区。据测算，公园中儿童占游人量的15%～30%。上述百分比数与公园所处的位置、周围环境、居民区的状况有直接关系；也跟公园内儿童活动内容、设施、服务条件等有关。

公园中儿童活动区所占面积情况不一，现将近年来我国若干公园中儿童区占全园面积的比例统计于表4—3。

表4—3　儿童区在公园中所占面积比例　　　　　　　　　　　（面积：hm^2）

公 园 名 称	公园总面积	儿童区面积
上海杨浦公园	19.49	0.90
南京玄武湖公园	454	
汕头中山公园	20.00	1.14
广州晓港公园	16.7	0.62

总之，儿童活动区在公园中所占的面积都比较小。

在儿童活动区规划过程中，不同年龄的少年儿童要分开考虑。活动内容主要有：游戏场、戏水池、运动场、障碍游戏区、少年宫、少年阅览室等。近年来，儿童活动内容增加了许多电动设备，如森林小火车、单轨高空电车、电瓶车等内容。

儿童活动区的规划要点：

一般靠近公园主入口，便于儿童进园后，能尽快到达园地，开展自己喜爱的活动。也避免入园后，儿童穿越园路线过程，影响其它区游人活动的开展。

儿童区的建筑、设施宜选择造型新颖、色彩鲜艳的作品，以引起儿童对活动内容的兴趣，同时也符合儿童天真浪漫、好动活泼的特征。

植物种植，应选择无毒、无刺、无异味的树木、花草；儿童区不宜用铁丝网或其它具伤害性物品，以保证活动区内儿童的安全。

应考虑成人休息场所，有条件的公园，在儿童区内需设小卖、盥洗、厕所等服务设施。

儿童区活动场地周围应考虑遮荫树林、草坪、密林。并能提供缓坡林地、小溪流、宽阔的草坪，以便开展集体活动及夏季的遮荫。

⑤儿童活动区还要为家长、成年人提供休息、等候的休息性建筑，供儿童开展活动，尤其是幼小儿童在园内开展趣味活动时家长休息、看护需要。老人活动区。目前，大量的退休老干部、老职工已形成社会上一个不可忽视的阶层。人们在市区的大街、胡同的角隅，可以看到成群的老人聚会、下棋、游戏，不但影响市容，也影响城区的交通。目前，已有大量老人，早、晚两次到公园做晨操、练太极拳、打门球、跳老人迪斯科等。

老人活动区在公园规划中应当考虑在安静休息区内，或安静休息区附近。同时要求环境优雅、风景宜人。供老人活动的主要内容有：老人活动中心，开办书画班、盆景班、花鸟鱼虫班；组织老人交际舞、老人门球队、舞蹈队。

⑥体育活动区。体育活动区、儿童活动区等应根据公园等其周围环境的状况而定。如果公园周围已有大型的体育场、体育馆，就不必在公园内开辟体育活动区。杭州花港观鱼附近不远就有儿童公园，所以该公园规划时，就不另辟儿童活动区。

体育活动区除了有条件公园举行专业体育竞赛外，应做好广大群众在公园开展体育活动的规划安排。夏日游泳，北方冬天滑冰，或提供旱冰场等条件。

⑦公园管理区。公园管理工作主要包括：管理办公、生活服务、生产组织等方面内容。一般该区设置在既便于公园管理，又便于与城市联系的地方。由于管理区属公园内部专用地区，规划考虑适当隐蔽，不宜过于突出，影响风景游览。

公园管理区内，可设置办公楼、车库、食堂、宿舍、仓库、浴室等办公、服务建筑；在该区视规模大小，安排花圃、苗圃、生产温室、冷窖、荫棚等生产性建筑与构筑物。

为维持公园内的社会治安，保证游人安全，公园管理还包括治安保卫、派出所等机构。

除了以上公园内部管理、生产管理，同时公园还要妥善安排对游人的生活、游览、通讯、急救等管理。尤其大型公园，必须解决饮食、短暂休息、电话问询、摄影、导游、购物、租借、寄存等服务项目。所以在总体规划过程中，要根据游人活动规律，选择好适当地点，安排餐厅、茶室、冷饮、小卖、公用电话亭、摄影部等对外服务性建筑。上述建筑物、构筑物力求与周围环境协调，造型美观，整洁卫生，管理方便。

公园管理区，或大型餐厅、服务中心等都要设专用出入口，以便园务生产与游览道路分开，既方便于公园的管理与生产，又不影响公园的游览服务。

5. 公园用地比例

公园用地比例应根据公园类型和陆地面积确定。制定公园用地比例，目的在于确定公园的绿地性质，以免公园内建筑及构筑物面积过大，破坏环境、破坏景观，从而造成城市绿地的减少或被损坏的结果。所谓公园的陆地面积，指供游览及与之相适应的管理用地去除水面后的全部陆地面积。不包括已改变性质的用地。

绿化用地，指公园用以栽植乔木、灌木、花卉和草地的用地。

建筑，指公园内各种休息、游览、服务、公用、管理建筑。

建筑占地，指各种建筑基底所占面积。

园路及铺装场地，指公园内供通行的各级园路和集散场地。不包括活动场地。表4—4说明公园内各种用地比例情况。

表4—4 公园内部用地比例（%）

陆地面积(hm²)	用地类型	综合性公园	儿童公园	动物园	专类动物园	植物园	专类植物园	盆景园	风景名胜公园	其他专类公园	区公园
<2	Ⅰ	—	15～25	—	—	—	15～25	15～25	—	—	—
	Ⅱ	—	<1.0	—	—	—	<1.0	<1.0	—	—	—
	Ⅲ	—	<4.0	—	—	—	<7.0	<8.0	—	—	—
	Ⅳ	—	>65	—	—	—	>65	>65	—	—	—
2～<5	Ⅰ	—	10～20	—	10～20	—	10～20	10～20	—	10～20	10～20
	Ⅱ	—	<1.0	—	<2.0	—	<1.0	<1.0	—	<1.0	<0.5
	Ⅲ	—	<4.0	—	<12	—	<7.0	<8.0	—	<5.0	<2.5
	Ⅳ	—	>65	—	>65	—	>70	>65	—	>70	>75
5～<10	Ⅰ	8～18	8～18	—	8～18	8～18	8～18	—	—	8～18	8～18
	Ⅱ	<1.5	<2.0	—	<1.0	<1.0	<2.0	—	—	<1.0	<0.5
	Ⅲ	<5.5	<4.5	—	<14	<5.0	<8.0	—	—	<4.0	<2.0
	Ⅳ	>10	>65	—	>65	>70	>70	—	—	>75	>75
10～<20	Ⅰ	5～15	5～15	—	5～15	5～15	—	—	—	5～15	5～15
	Ⅱ	<1.5	<2.0	—	<1.0	<1.0	—	—	—	<1.0	<0.5
	Ⅲ	<4.5	<4.5	—	<14	<4.0	—	—	—	<4.0	<3.5
	Ⅳ	>75	>70	—	>65	>75	—	—	—	>75	>80
20～<50	Ⅰ	5～15	—	5～15	—	5～10	—	—	—	5～15	5～15
	Ⅱ	<1.0	—	<1.5	—	<0.5	—	—	—	<1.0	<0.5
	Ⅲ	<4.0	—	<12.5	—	<3.5	—	—	—	<4.0	<2.5
	Ⅳ	>75	—	>70	—	>85	—	—	—	>75	>80
>50	Ⅰ	5～10	—	5～10	—	3～8	—	—	3～8	5～10	5～10
	Ⅱ	<1.0	—	<1.5	—	<0.5	—	—	<0.5	<1.0	<0.5
	Ⅲ	<3.0	—	<11.5	—	<2.5	—	—	<2.5	<3.0	<2.5
	Ⅳ	>80	—	>75	—	>85	—	—	>85	>80	>85

注：用地类型 Ⅰ—园路及铺装场地； Ⅱ—管理建筑； Ⅲ—游览、休憩、服务、公用建筑； Ⅳ—绿化用地。

公园内的水面大小差别很大，有的水面占总面积的70%～80%，有的没有水面。公园内的绿化、建筑和园路铺装等都建于陆地上，其比例只能与陆地面积相比。而水上建筑、水中森林数量极少。

6. 公园容量计算

公园的总体规划必须确定公园的游人容量，作为计算各种设施的容量、个数、用地面积以及进行公园设计的依据。北京某公园，过去曾由于超负荷的游人量，造成游人挤毁石栏杆、游人踏死游人的恶性事件。类似事件在风景名胜区中也曾发生。著名的西岳华山，曾因游人过多酿成一场旅游事故。所以，公园的游人容量问题在总体规划中，应予以认真考虑。

公园游人容量应按下式计算：

$$C=\frac{A}{A_m}$$

式中：C 为公园游人容量（人）；A 为公园总面积（m^2）；A_m 为公园游人人均占有面积（m^2）。

《公园设计规范》CJJ48—92 所提出的数字：市、区级公园游人人均占有公园面积以 $60m^2$ 为宜，居住区公园、带状公园和居住小区游园以 $30m^2$ 为宜；近期公共绿地人均指标低的城市，游人人均占有公园面积可酌情降低，但其极限数字，也就是说游人人均占有公园的陆地面积不得低于 $15m^2$。风景名胜公园游人人均占有公园面积宜大于 $100m^2$。

《公园设计规范》指出：水面和坡度大于 50°的陡坡山地面积之和超过总面积的 50% 的公园，游人人均占有公园面积应适当增加，其指标可参考表 4—5 规定：

表 4—5　水面和陡坡面积较大的公园游人人均占有面积指标

水面和陡坡面积占总面积比例（%）	0～50	60	70	80
近期游人人均占有公园面积（m^2）	>30	>40	>50	>75
远期游人人均占有公园面积（m^2）	>60	>75	>100	>150

7. 公园地形设计

公园总体规划在出入口确定、功能分区规划的基础上，必须进行整个公园的地形设计。

无论规则式或自然式、混合式园林，都存在着地形设计问题。地形设计牵涉到公园的艺术形象、山水骨架、种植设计的合理性、土方工程等问题。从公园的总体规划角度，地形设计最主要的是要解决公园为造景的需要所要进行的地形处理。规则式园林的地形设计，主要是应用直线和折线，创造不同高程平面的布局。规则式园林中水体主要以长方形、正方形、圆形或椭圆形为主要造型的水渠、水池，一般渠底、池底也为平面，在满足排水的要求下，标高基本相等。由于规则式园林的直线和折线体系的控制，高标高平面所构成的平台，又继续了规则平面图案的布置。近些年来，欧美国家下沉式广场应用普遍，起到良好的景观和使用效果。

下沉式广场，主要适用于地形高差变化大的地带，利用底层开展各种演出活动，周围结合地形情况而设计不同形式的台阶，围合而成下沉式露天演出广场。另外，应用广泛的是公园中绿地中低下沉，即下沉二、三、四级台阶，大小面积随意，形式多变，方形、圆形、流线形、折线形等丰富多彩的共享空间。可供游人聚会、议论、交谈或独坐。即使无人，下沉式广场也不影响景观，交通方便，是提供小型或大型广场演出、聚集的好形式。

自然式园林的地形设计，首先要根据公园用地的地形特点，一般有以下几种情况：原有水面或低洼沼泽地，或为城市中河网地、或是地形多变、起伏不平的山林地，或为平坦的农田、菜地或果园等。无论上述哪种地形，基本的手法，即《园冶》中所指出的"高方欲就亭台，低凹可开池沼"的"挖湖堆山"法。即使一片平地，也是"平地挖湖"，将挖出的土方堆出人造山。上海长风公园原址为吴淞江淤塞的河湾农田，地势低洼，多河塘、芦苇河滩地。如今建以铁臂山（山高约30m），银锄湖为山水骨架、主景式的现代公园。上海杨浦公园始建于1956年，园址原为农田，地势低洼，池塘水面约占1/5，当时公园规划结合住宅区建设需要大量土方，就低挖湖，运走土方后形成现在以大片水面为中心的公园。

北京紫竹院公园的湖面为古高梁河发源地，13世纪时为蓄水湖，成为长河水系的组成部分。解放前湖面淤积，土地荒芜，1953年在坑塘荒野的基础上挖湖堆山辟为公园。

浙江温岭市划开近50hm²河网地作为城市公园。原址为河网纵横的水稻田。正规划中的市级锦屏公园，结合公园东临锦屏山的环境特点，采用挖取公园原址中心两块地的土方填补几处河滨，造成一大中心湖面，将周围由于河网分割而散乱不整的地貌，组成若干较大地块的陆地，采用借东面背景山、中心大湖面，以"化零成整陆地"的手法，改变了原来河网纵横、支离破碎的水稻田地，构成以中心水面为主体，堤、岛为辅的集景式现代公园。该园的景观特点是以桥为特色的水景公园。

公园中地形设计还应与全园的植物种植规划紧密结合。公园中的块状绿地：密林和草坪应在地形设计中结合山地、缓坡；水面应考虑水生植物，湿生、沼生植物等不同的生物学特性创造地形。山林地坡度应小于33%；草坪坡度不应大于25%。

地形设计还应结合各分区规划的要求，如安静休息区、老人活动区等要求一定山林地、溪流蜿蜒的小水面，或利用山水组合空间造成局部幽静环境。而文娱活动区域，不宜地形变化过于强烈，以便开展大量游人短期集散的活动。儿童活动区不宜选择过于陡峭、险峻地形，以保证儿童活动的安全。

公园地形设计中，竖向控制应包括下列内容：山顶标高；最高水位、常水位、最低水位标高；水底标高；驳岸顶部标高等。为保证公园内游园安全。水体深度，一般控制在1.5~1.8m之间。硬底人工水体的近岸2.0m范围内的水深不得大于0.7m，超过者应设护栏。无护栏的园桥、汀步附近2.0m范围以内，水深不得大于0.5m。

竖向控制还包括：园路主要转折点、交叉点、变坡点；主要建筑的底层、室外地坪；各出入口内、外地面；地下工程管线及地下构筑物的埋深。表4—6为不同地表的排水坡度数字。

表4—6 各类地表的排水坡度（%）

地表类型		最大坡度	最小坡度	最适坡度
草　　地		33	1.0	1.5~10
运动草地		2	0.5	1
栽植地表		视土质而定	0.5	3~5
铺装场地	平原地区	1	0.3	—
	丘陵地区	3	0.3	—

附公园平面图

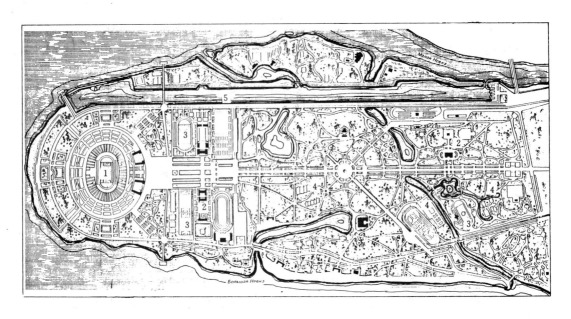

图 4—25 俄罗斯彼得堡基洛夫海滨胜利公园及体育场平面
1. 有 8 万观众座席的体育场　2. 体育馆　3、4. 体育运动场地　5. 划船水道

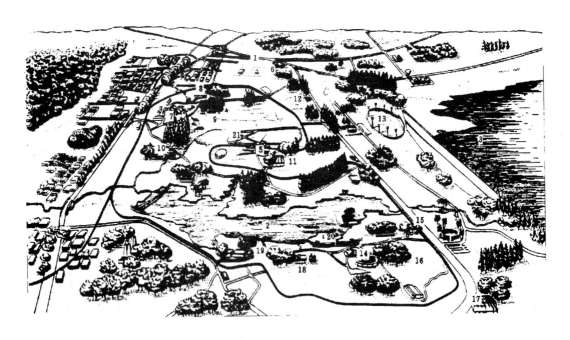

图 4—26 古巴哈瓦那列宁公园
1. 公园入口　2. 人工湖　3. "起义军"水库　4. 公园管理处　5. 9km 长的窄轨铁路车站　6. 汽车旅游者宿营地　7. "罗杰奥"综合体　8. 矮马租用场　9. 自助餐食堂　10. "绿玳瑁"餐厅　11. 幼儿园　12. 门诊部　13. 草坪电影场　14. 螺旋状水族馆　15. 造型艺术画廊　16. 文学草地　17. "祖国"餐厅　18. 陶器文化　19. 纺织作坊　20. 有水上舞台的露天剧场　21. 障碍赛跑场

图 4—27 波兰凯尔采文化休息公园
1.露天剧场 2.咖啡馆 3.涉水池 4.地质博物馆 5.地质学家之山岩 6.展览馆 7.体育馆 8.滑雪山岗

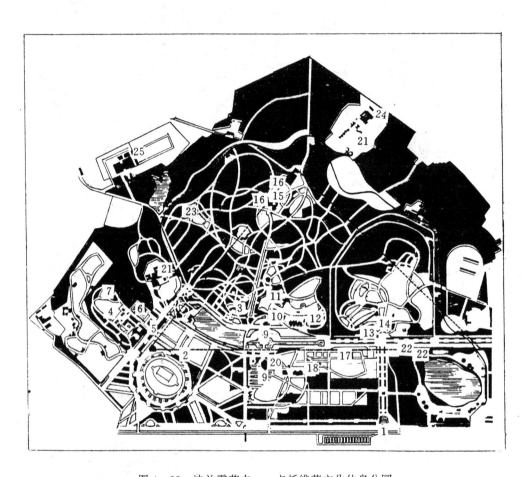

图 4—28 波兰霍茹夫——卡托维茨文化休息公园

1. 调度塔 2. 体育馆 3. 旅游基地 4. 技术馆 5. 会议厅 6. 街道交通小城 7. 花园 8. 跳舞场 9. 供帆船用的小岛 10. 体育游泳池 11. 冲浪游泳池 12. 儿童活动场 13. 游乐设施 14. 动物园入口 15. 天文馆 16. 气象观测台和天文台 17. 月季园 18. 日本花园 19. 大理石花园 20. 展览厅与陈列亭 21. 咖啡馆和餐厅 22. 游乐区入口 23. 岩石园 24. 旅馆 25. 公园管理处及管理用房

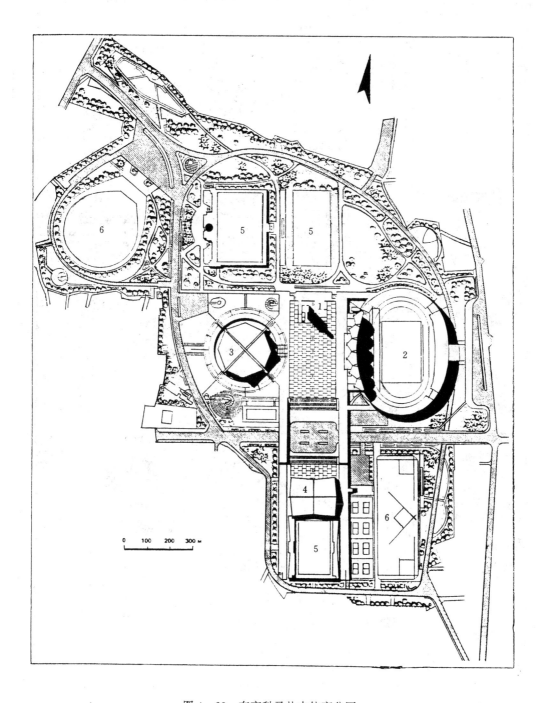

图4—29 东京科马扎夫体育公园
1.奥林匹克塔 2.体育赛场 3.吉姆纳济乌姆体育馆 4.排球场 5.草地曲棍球场 6.汽车停车场

215

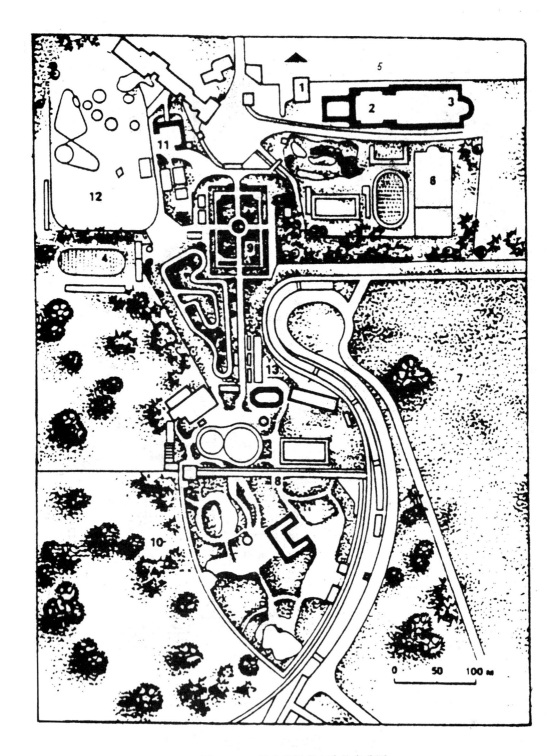

图 4—30 日本船桥市文化休息公园
1.通往九柱戏球场建筑和娱乐厅的道路 2.入水滑台 3.人造冰溜冰场 4.赛跑跑道 5.停车场 6.旱冰场 7.高尔夫球场 8.露天游泳池 9.花园 10.通往东京的道路 11.儿童馆 12.集会广场 13.餐厅

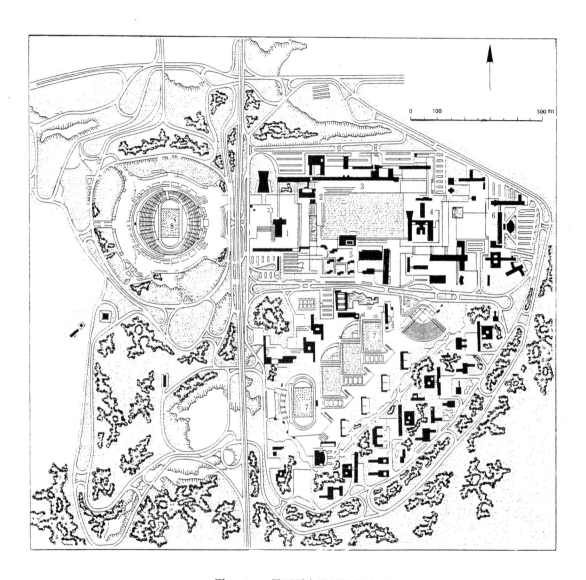

图 4—31 墨西哥大学城体育公园
1. 行政办公大楼 2. 图书馆 3. 人文科学系 4. 精密科学系
5. 工程系 6. 医学系 7. 学生宿舍运动场 8. 奥林匹克运动场

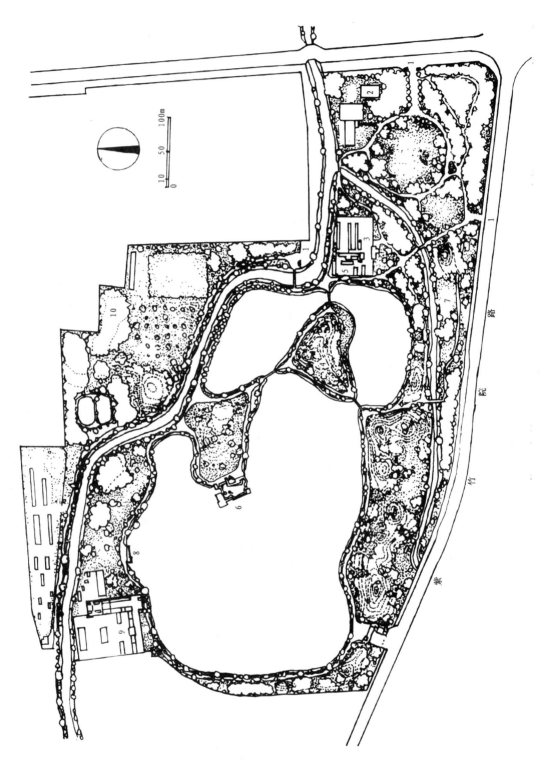

图 4—32—A 北京紫竹院公园总平面
1. 入口 2. 管理处 3. 文娱展室 4. 揽翠亭 5. 小卖部
6. 水榭 7. 儿童游戏场 8. 码头 9. 紫竹院 10. 樱花园

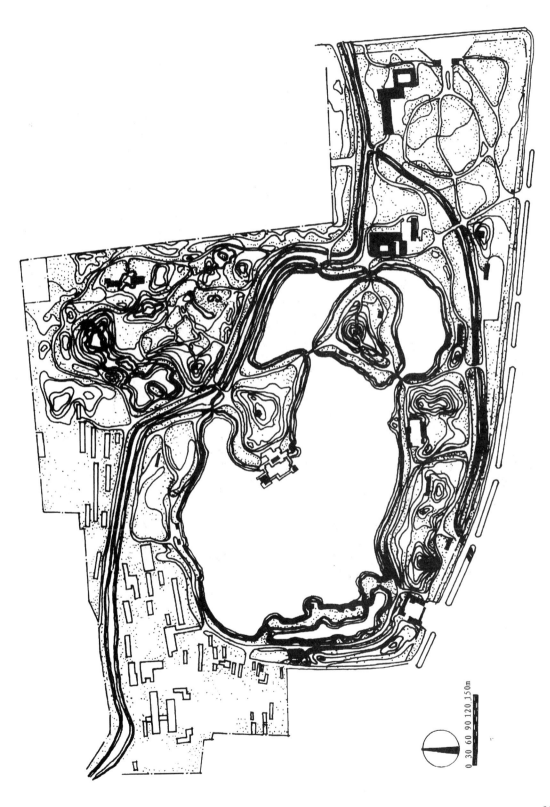

图 4-32-B 北京紫竹院公园总平面（扩建后图形）

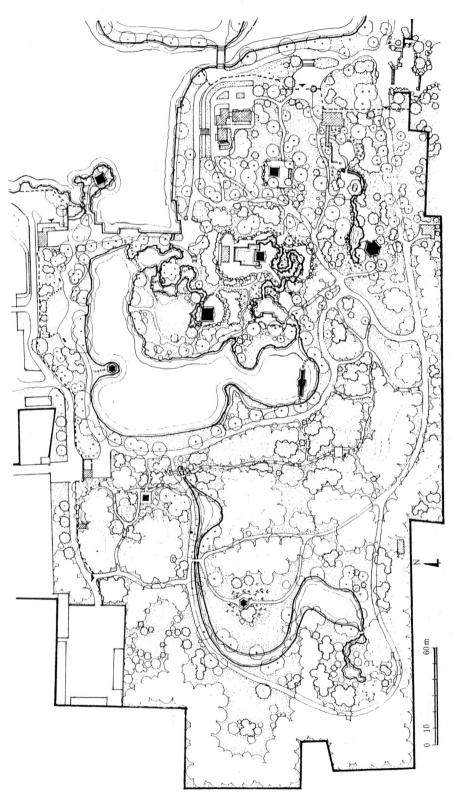

图 4—33 北京陶然亭公园华夏名亭园平面

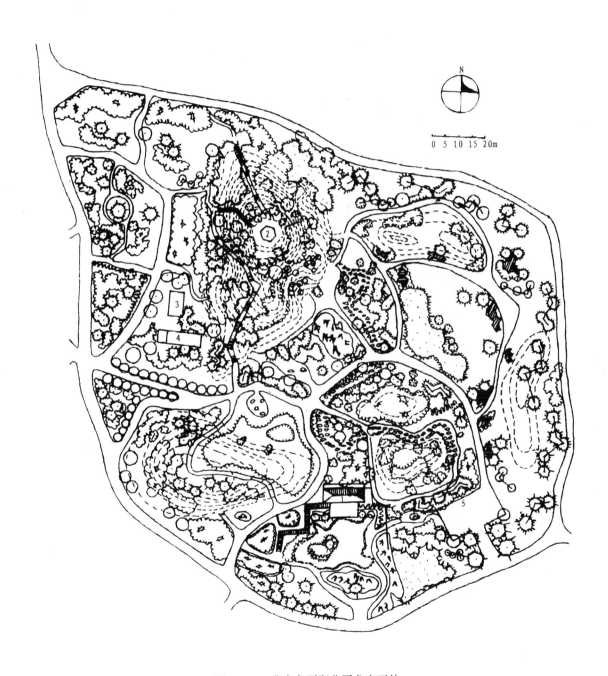

图 4—34 北京龙潭湖公园龙字石林
1. 飞龙阁 2. 亭 3. 公厕 4. 管理房 5. 广场

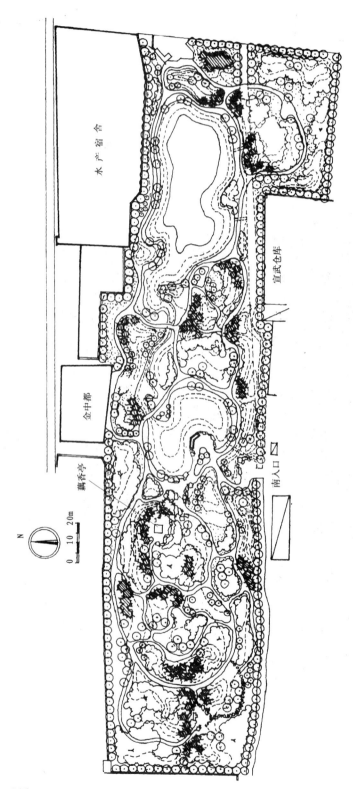

图4—35 北京万泉寺公园总平面

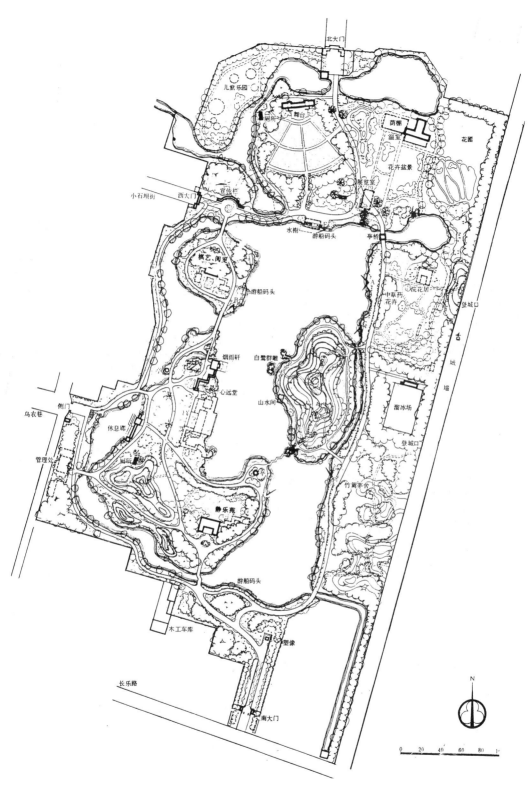

图 4—36 南京白鹭洲公园总平面

图4—37 上海杨浦公园平面

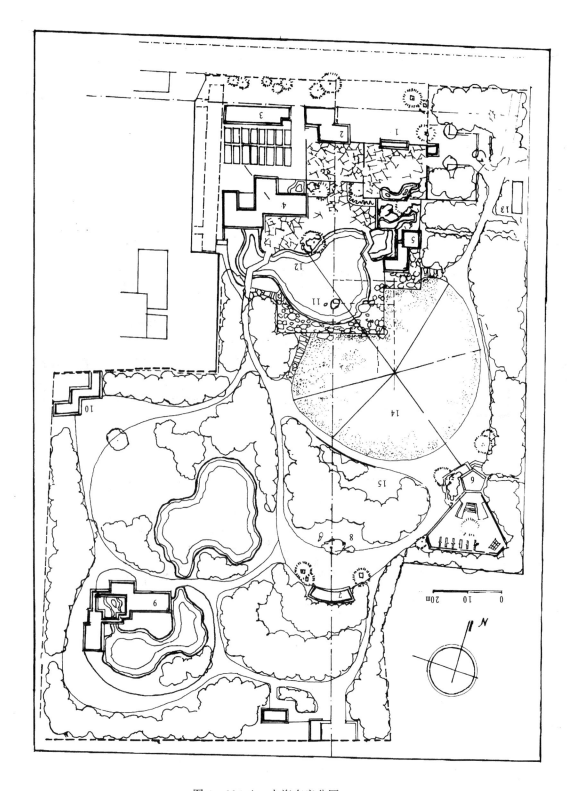

图 4—38—A 上海东安公园

1. 大门 2. 管理（附小卖部） 3. 温室 4. 茶室 5. 亭 6. 五角亭 7. 廊 8. 雕塑
9. 娱乐廊 10. 休息廊 11. 景石 12. 莲池 13. 厕所 14. 草坪 15. 宣传廊 16. 儿童游戏沙池

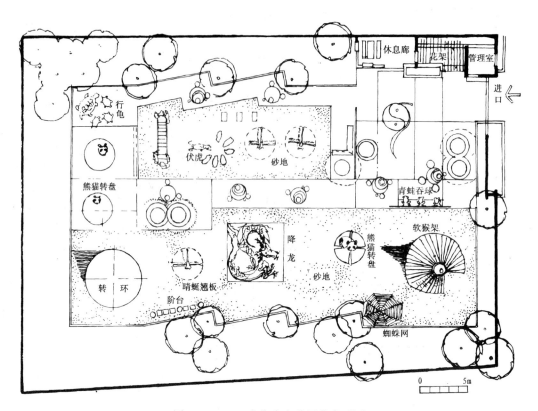

图 4—38—B　上海东安公园儿童乐园

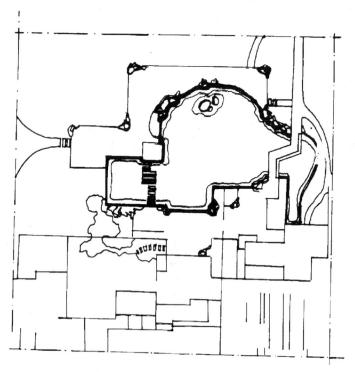

图 4—38—C　上海东安公园水池方案之一

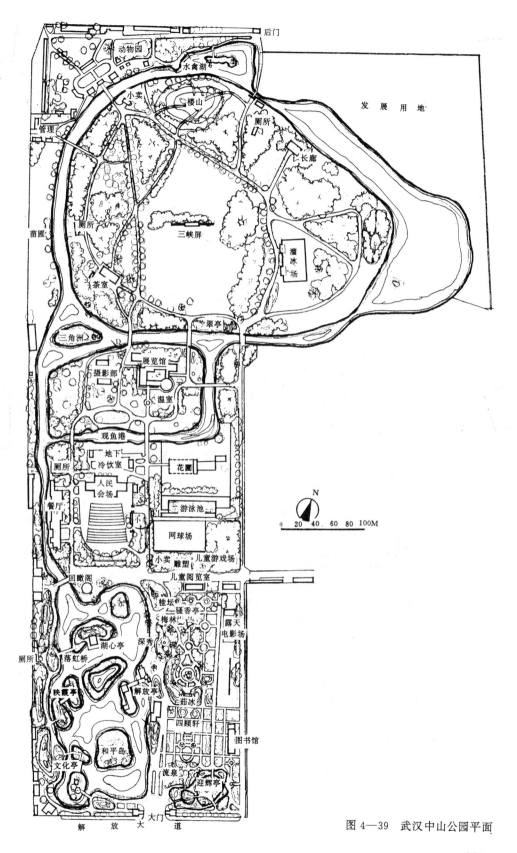

图 4—39 武汉中山公园平面

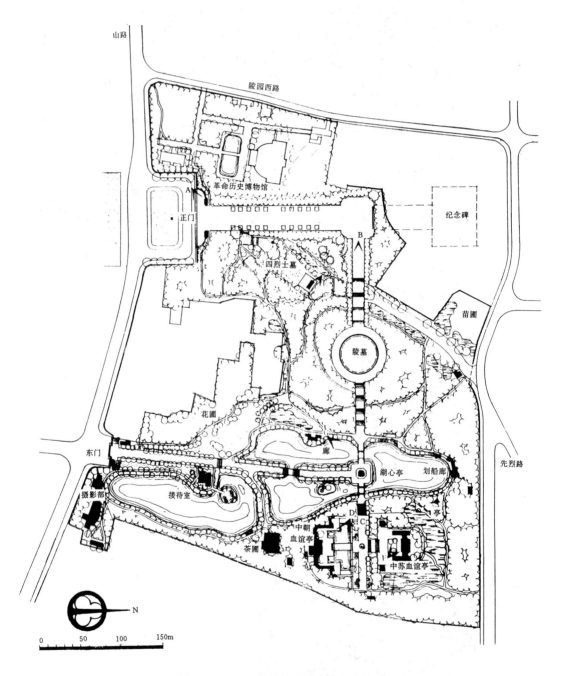

图 4—40—A 广州起义烈士陵园总平面

图 4—40—B 广州起义烈士陵园总平面
1. 草坪、旗杆 2. 正门 3. 博物馆 4. 纪念碑 5. 墓包 6. 四烈士墓 7. 湖心亭 8. 中苏血谊亭 9. 中朝血谊亭 10. 茶室 11. 管理室 12. 花圃 13. 东门 14. 摄影部 15. 艇部 16. 三角亭

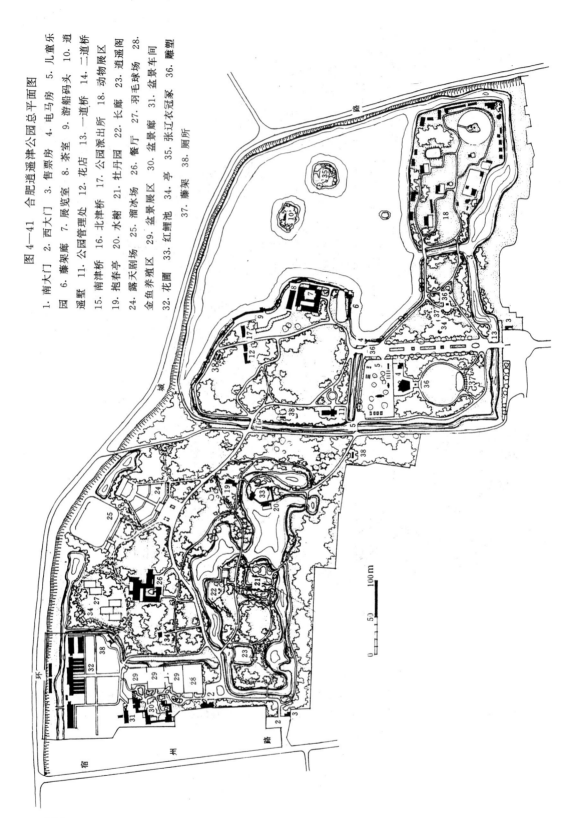

图 4-41 合肥逍遥津公园总平面图

1. 南大门 2. 西大门 3. 售票房 4. 电马房 5. 儿童乐园 6. 藤架廊 7. 展览室 8. 茶室 9. 游船码头 10. 逍遥墅 11. 公园管理处 12. 花店 13. 一道桥 14. 二道桥 15. 南津桥 16. 北津桥 17. 公园派出所 18. 动物展区 19. 抱春亭 20. 水榭 21. 牡丹园 22. 长廊 23. 逍遥阁 24. 露天剧场 25. 溜冰场 26. 餐厅 27. 羽毛球场 28. 盆景车间 29. 盆景展区 30. 盆景廊 31. 张辽衣冠冢 32. 花圃 33. 红鲤池 34. 亭 35. 藤架 36. 雕塑 37. 藤架 38. 厕所

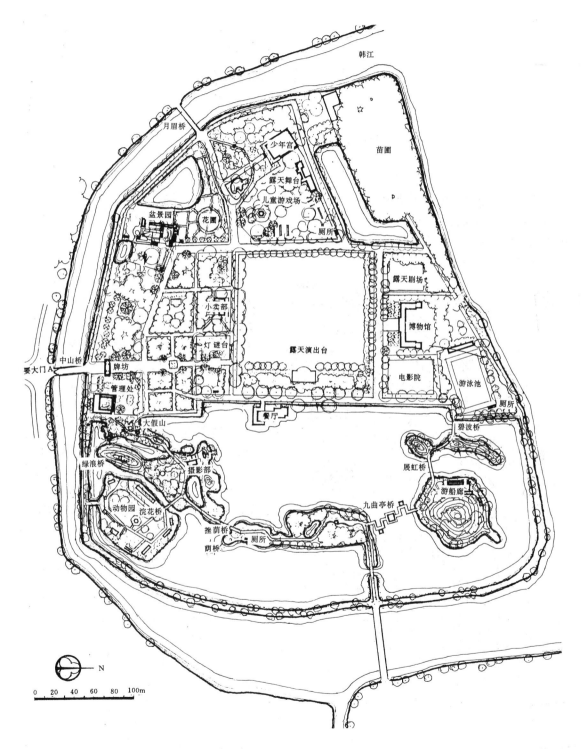

图4—42 汕头中山公园总平面

第五章 植 物 园

第一节 植物园概况

植物园有着悠久的发展历史。在欧洲5~8世纪被称为基督教美术时代,僧侣们生活所需的物资几乎全部都在修道院内生产。后来,逐步地由目的截然不同的实用庭园和装饰庭园组成了修道院庭园,其中有菜园、药草园。药草园除有药用植物以外,还有观赏植物,可供识别、观赏,并被公认为是西方植物园的起源。

中国在汉代,约在公元前138年,汉武帝初修上林苑时(汉武帝刘彻把秦代的上林苑加以扩建),从远方进贡的名果木、奇花卉达2000余种之多。在一座宫苑内展示如此众多的植物种类,说明中国在汉代已具备有植物园的雏形。晋代葛洪《西京杂记》具体地记载了其中的98种树木花草的名称:梨十(即10个梨的品种或种,下同)、枣七、栗四、桃十、李十五、奈三(奈是花红一类)、查三(即山楂)、椑三、棠四(指海棠属种类)、梅七、杏二、桐三(指柯桐、梧桐、荆桐,实是3个不同的种)、林檎、枇杷、橙、安石榴、白银树、黄银槐、千年长生树、万年长生树、扶老木、守宫槐(可能是龙爪槐)、金明槐、摇风树、鸣风树、琉璃树、池离树、离娄树、楠、枞、白榆、杜椵、蜀漆树、柟、橪、栝、楔、枫等。

宋代司马光在《独乐园记》中描述了他的独乐园中的采药圃,其中有120畦种植"草药",并挂有药名牌。此外,还有藤本的"蔓药"攀缘于竹上,形成步廊,四周种植"木药"。上述的记载,恰似一座小型药用植物园。

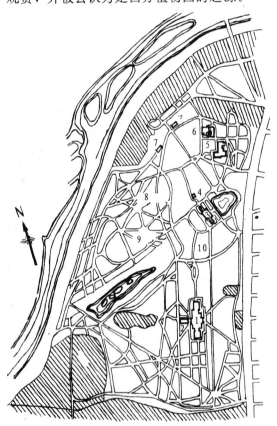

图5—1 英国皇家植物园邱园平面图
1. 温带植物温室　2. 澳大利亚植物温室　3. 热带棕榈类植物温室　4. 水百合植物温室　5. 仙人掌类和兰花类植物温室　6. 羊蕨类植物园　7. 柑桔类植物温室　8. 玉兰园　9. 杜鹃园　10. 草莓园

14世纪，意大利开始进行植物的收集、引种工作，出现以植物科学研究为主要内容的机构，并逐步发展而形成植物园。

1733年，植物分类学创始人林奈发表了植物的分类系统，从此，分类区开始在植物园的规划和建设中成为重点。

17～18世纪，欧洲的植物园内容不断地丰富起来。位于英国爱丁堡的邱园(Royal Botanic Garden)，在18世纪已远近闻名，现在成为欧洲首屈一指的植物园，也是世界著名的植物园（图5—1）。

目前，全世界有约1000多所植物园。根据中国植物学会植物园协会编著的《中国植物园参观指南》(Botanical Gardens of China A Traveller's Guidebook)介绍，中国以近代科学技术为基础建立起来的现代植物园（包括树木园），只有近80年的历史。自50年代起，我国植物园事业得到迅速发展。据不完全的统计，目前我国植物园总数已从原来的8个发展到1102×10^4～3×10^4个，除河北、西藏外，包括台湾省在内全国各省、市、自治区都先后建立了植物园。

据资料介绍，前苏联科学院下设有115个国家植物园（1977年统计数字），其中，大型植物园收集的植物种类约2×10^4～3×10^4种。以莫斯科总植物园为中心，当时的各加盟共和国均有各自的中央植物园，形成全国的植物园系统网络。它们当中6所主要的植物园为莫斯科总植物园、列宁格勒植物园（现称为彼得堡植物园）、乌克兰共和国基辅植物园、白俄罗斯共和国明斯克植物园、基辅大学植物园和喀山大学植物园。这些植物园的主要特点：①面积大而美丽，如莫斯科总植物园占地约$388.5 hm^2$；②注意保持大自然原有的生态环境；③科研手段较为齐全，注意基础理论的研究。

莫斯科总植物园建于1945年4月14日，是欧洲最大的植物园。植物园收集国内、外露地植物2.2×10^4种，在人工气候的非洲馆、澳洲馆，收集植物5500余种。该园注意保存、引种、驯化世界上的珍稀濒危植物，研究植物的生理过程和生态学，定期为国家提供保护植物名录。

该园在园林展示区中，重点展出了3000多种植物，这些植物按照欧洲、中亚、西伯利亚、远东等地理区系展出，并设有引种驯化园、禁伐栎林、栽培品种园、观赏植物园，另设有温室休息园等。其中，温室面积达$5 \times 10^4 m^2$，由19个不同温度和湿度的小温室组成，分别引种栽培来自热带、亚热带地区的植物。

莫斯科总植物园的基本任务：引种驯化、开发利用及保护前苏联的植物资源，并从事植物生理、生化、分类、遗传育种等方面的科学研究工作。

美国也有173所植物园。著名的有阿诺德树木园 (The Orland E. White Research Arboretum)，占地约$160 hm^2$（1963年资料，占地为$140 hm^2$）。其他较大面积者，如伊利诺斯州的摩尔顿树木园，面积为$556.46 hm^2$；俄亥俄州(Ohio)的霍蓝树木园(The Holden Arboretum)，面积为$687.9 hm^2$；位于纽约市布朗克斯公园内的纽约植物园(The New York Botanical Garden)，占地约$101 hm^2$。面积较小，但十分著名的植物园有占地约$0.8 hm^2$的佛罗里达州(Florida)的威尔莫特纪念花园 (Wilmot Memorial Garden)；面积约为$1.2 hm^2$的西雅图华盛顿大学药物学专业的药用植物园 (Drug Plant Gardens)。

英国的皇家植物园，除在本土的邱园(Royal Botanic Gardens Kew)，面积约为$25 hm^2$外，还有属英联邦的皇家植物园，如澳大利亚悉尼市的州立植物园（1816年正式建立），面积为$26 hm^2$；斯里兰卡的佩勒代尼耶皇家植物园（1821年建立），面积为$56 hm^2$。

世界上较著名的植物园还有德国的柏林植物园（Botanischer Garten and Museum），约占地 42hm²，原为皇家种植花卉、药用植物、蔬菜和蛇麻子花园，第二次世界大战后重建，约有 1.8×10^4 种植物。现在柏林植物园有 20 个陈列室和 20 个温室，露地庭园小温室中的仙人掌和其它多肉植物、兰花、秋海棠、食虫植物和蕨类给人留下深刻印象。

加拿大蒙特利尔植物园（Montreal Botanical Garden）建于 1931 年，由加拿大植物学家马里·维克托兰修士建立的植物园，栽培 1×10^4 多种植物。还有 1 个标本室，收藏约 10×10^4 号参照标本。园内有许多温室，9 个对外展出，23 个供科研之用。还设有特种植物园，如药用植物、高山植物、林地植物、其它肉质植物、天南星科植物等。

澳大利亚墨尔本植物园（Royal Botanical Garden and National Herbarium）位于澳大利亚墨尔本市亚拉河畔，占地约 35hm²，有 2×10^4 种当地和外来植物，种植于温室和露地。品种有棕榈、杜鹃花、山茶、栎、仙人掌、肉质植物、凤梨、蕨类和澳大利亚本地树种。此外，植物园有 1800 多种树木，有桉树、榕树、南洋杉、贝壳杉等。

新加坡植物园（Singapore Botanical Garden）建于 1859 年，占地 34hm²。该园从 1877 年便种植橡胶树，现有种植面积为 1170hm²，除橡胶外，还引种非洲油椰、椰子树等。兰花园中的七彩杂种兰，高达 1m。罕见的天然杂交种——卓锦万代兰，花色浅紫而带微桔红，是新加坡国花。

意大利比萨植物园（Istituto Botanical dell' Universita di Pisa）建于 1543 年，是世界上最早的植物园之一。现已成为科学研究和科学普及的基地。这里收集世界各地植物 2×10^4 多种，被誉为"绿色世界的博物馆"。

据不完全统计，20 世纪 60 年代共有植物园 544 处；至 70 年代猛增到 652 处，其中美国 173 处，前苏联 115 处；到 80 年代后半期，根据设在瑞士的国际自然保护协会调查报告，1987 年为止，全世界共有 1400 处植物园，其中，欧洲 456 处，美国 237 处，前苏联 150 处，亚洲 122 处，非洲和其它地区数量较少。

第二节　植物园的任务

植物园（Botanical garden）是从事植物物种资源的收集、培育、保存等科学研究的机构。植物园主要任务可分为 4 个方面：

一、科　学　研　究

植物园最主要的任务之一，是进行植物科学研究工作。人类至今已经栽培利用的植物不过 500 多种，而自然界的高等植物全世界有约 30×10^4 种。人类如何应用科学手段，充分地挖掘和利用大自然的植物资源为人类服务，是一项长期、艰巨的任务。如何转化野生植物为栽培植物；如何转化外来植物为当地植物，如何改变植物性状，培育新的优良植物种类为人类发展生产和城市园林、绿化服务等，是植物园责无旁贷的科学研究领域。

二、观　光　游　览

植物园的第二位主要任务，是结合植物科学的丰富内容，以公园的形式，创造最优美的环境，让植物世界形形色色的奇花、异草，茂林、秀木组成千姿百态、绚丽多彩的自然景观，供人们游览观光。

三、科学普及

植物园的第三个任务,要进行植物科学的教育工作。植物园通过露地展览区、温室、陈列室、博物馆等室内、外植物素材的展览,并结合园林艺术的布局,让广大群众在休息、游览中,通过植物进化系统以及植物分类系统的参观学习,寓教于游,得到完美的植物科学的教育。植物园是向群众宣传认识自然、改造自然、保护自然的科学园地。

四、科学生产

科学研究的最终目的,是为了发展生产,为生产、社会服务。植物园把最新的植物领域内的科研成果,应用到社会生产实践,应用科学的、先进的生产技术或新的产品,提高整个社会的生产水平。

总之,植物园的科学研究、游览观光、科学普及和科学生产等诸方面的任务,要根据建园的目标和肩负的任务、性质而确定是全面发展还是有所侧重。

第三节 植物园的类型

植物园按其性质而可分为:

一、综合性植物园

综合性植物园指其兼备多种职能,即科研、游览、科普及生产的规模较大的植物园。目前,我国这类植物园有归科学院系统,以科研为主结合其它功能的,如北京植物园(南园、图5—2)、南京中山植物园、庐山植物园、武汉植物园、华南植物园、贵州植物园、昆明植物园、西双版纳植物园等。有归园林系统,以观光游览为主,结合科研、科普和生产的,如北京植物园(北园)、上海植物园、青岛植物园、杭州植物园、厦门植物园、深圳仙湖植物园等。

上述科学院系统的植物园,是一所完备的植物学研究机构,一般由两部分组成:一是根据不同的植物科学内容、结合园林外貌布置起来的植物展览区,如北京植物园(南园)。总面积 56hm^2,已建成和筹建中的展览区有 11 个。

(一) 北京植物园(南园)分区

1. 树木分类园

占地 12.6hm^2,种植各种乔灌木植物近 1000 种,其中有松属(*Pinus*)、桧柏属(*Sabina*)、蔷薇属(*Rosa*)、山茱萸属(*Cornus*)、丁香属(*Syringa*)及忍冬属(*Lonicera*)等种类。裸子植物区栽培国内外松柏类植物 50 余种,如北美的花旗松(*Pseudotsuga taxifolia*),喜马拉雅山的乔松(*P. griffithii*)及"活化石"水杉(*Metasequoia glyptostroboides*)。

2. 宿根花卉园

占地 0.89hm^2,种植各类草本花卉植物约 350 种,以宿根耐寒花卉为其特色。种类较丰富的有玉簪属(*Hosta*),萱草属(*Hemerocallis*),鸢尾属(*Iris*),郁金香属(*Tulipa*),石竹属(*Dianthus*),紫菀属(*Aster*),铁线莲属(*Clematis*)等。

3. 牡丹园

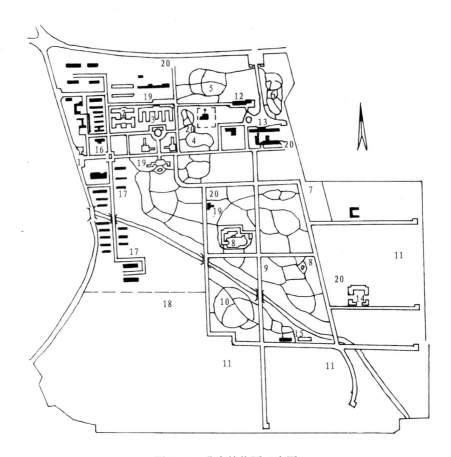

图 5—2 北京植物园（南园）

1. 主要入口 2. 试验温室 3. 展览温室 4. 宿根花卉园 5. 环保植物区 6. 药用植物园 7. 濒危植物园 8. 水生藤本植物园 9. 树木园 10. 野生果树资源区 11. 试验区 12. 实验办公楼 13. 植物标本馆 14. 木本植物繁殖温室 15. 观赏植物温室 16. 种子标本室 17. 生活区 18. 中试场 19. 洗手处 20. 厕所

占地 0.3hm², 种植我国特有名卉牡丹（*Paeonia suffruticosa*）及芍药（*P. lactiflora*）品种近 200 个。

4. 月季园

占地 0.6hm², 收集栽培品种近 350 个。

5. 药用植物园

占地 0.9hm², 种植各类药用植物 400 多种。

6. 野生果树资源区

占地 2.3hm², 种植北方野生果树资源植物 150 种, 以苹果属（*Malus*）, 梨属（*Pyrus*）种类较为丰富。

7. 环保植物区

占地 2hm², 种植抗大气污染及污染敏感植物 100 余种。

8. 水生、藤本植物区

0.3hm², 收集种植各种水生植物 170 余种, 以荷花为主, 其中最引人注目的有 1952 年出土的古代莲（*Nelumbo nucifera*）、睡莲（*Nymphaea tetragona*）。此外尚有近 20 种藤本植物。

9. 濒危植物区

1.2hm², 正在施工。计划收集种植珍稀濒危植物约100余种。

10. 热带亚热带植物展览温室

面积1820m², 按植物地理景观布置, 种植热带亚热带重要经济、观赏植物1500种, 以棕榈科植物、兰科植物、王莲、观叶植物以及仙人掌类和多肉植物的栽培为其特色。

11. 植物进化展览室

面积200m², 主要以植物化石、蜡叶标本以及少量活植物为材料, 反映植物的系统进化过程。

北京植物园(南园), 主要开展乔灌木植物、宿根花卉、室内观赏植物、珍稀濒危植物、草坪地被植物及果树、芳香、油料等经济植物的引种、选种、育种、种子生理、种子分类及抗大气污染植物的研究。科研工作总的方向是进行植物引种栽培和种质资源的研究, 即通过引种实践, 发掘我国三北地区的野生植物资源, 并引进国外重要观赏和经济植物, 以丰富我国的栽培植物的种类和品种, 为改善、改造环境, 提高环境质量, 为国民经济建设做贡献。

综合性植物园的另一类, 归园林系统的植物园, 如上海植物园(图5—3—A), 它隶属于上海市园林管理局。

上海植物园的前身是龙华苗圃, 1974年3月改建为上海植物园。该园以园林植物的引种栽培为主, 是具有游览、科研、科普、生产等多种功能的综合性植物园。全园土地面积80.9hm²中, 展览区48.8hm², 苗圃实验区10.2hm², 花卉盆景生产区

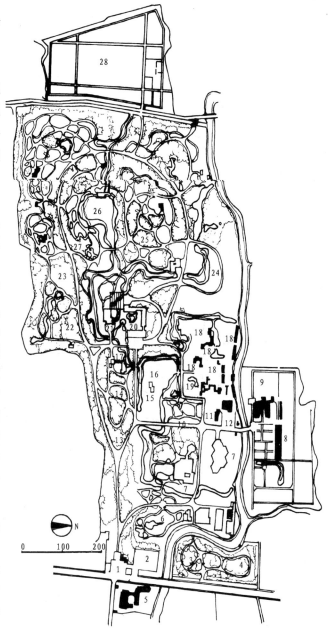

图5—3—A 上海植物园

1. 大门 2. 停车场 3. 试验圃 4. 果树试验圃 5. 生活管理区 6. 李时珍草药园 7. 展览温室 8. 草本引种及花卉种植区 9. 标本室(人工气候室) 10. 人工生态区 11. 接待室 12. 停车场 13. 大假山 14. 环境保护区 15. 杜鹃山茶园 16. 兰花圃 17. 环保廊 18. 盆景生产区 19. 四季假山 20. 植物楼 21. 科普厅 22. 单子叶植物 23. 草竹园 24. 裸子植物园 25. 植物进化区 26. 水生池 27. 蔷薇园 28. 树木引种植物园

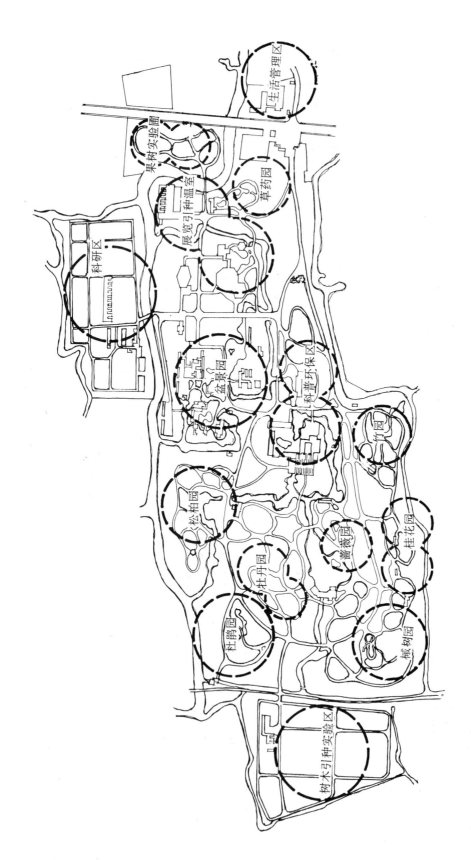

图 5-3-B 上海植物园分区示意（含植物进化区各专类园）

9.1hm²，生活区 0.7hm²，待建地 12.1hm²。上述统计数字可以看出，展览区约占全园总面积的 50%，体现园林系统植物园的特色。

目前，上海已对外开放的展览区共 15 个。

(二) 上海植物园分区（图 5—3—B)

1. 植物进化区

按植物进化顺序，设置 9 个专类园，把国内外植物园常见的植物分类区、观赏植物区和经济植物区合并成一个进化与观赏相结合的展览区，占地 31.5hm²。

(1) 蕨类园　面积 1.2hm²，主要展览蕨类植物景观。

(2) 松柏园　面积 8.3hm²，位于植物园最高区域，栽植松、杉、柏植物 47 种。上海不多见的香榧、白皮松、中山柏、墨西哥落羽杉等在这里大片栽植，蔚为壮观。

(3) 玉兰园　面积 1.5hm²，以木兰科植物为主体，配植蜡梅、小檗科等植物。早春 3 月，这里是欣赏上海市花——白玉兰的胜地。

(4) 牡丹园　面积 3.6hm²，栽有 3000 余株牡丹，是上海观牡丹的最好去处。

(5) 杜鹃园　面积 3.4hm²。有大片的毛白杜鹃、云锦杜鹃等在园内栽植，还有猕猴桃等。

(6) 蔷薇园　面积 3.4hm²，主要种植蔷薇科、豆科植物，如碧桃、樱花、海棠、月季、蔷薇等。

(7) 槭树园　面积 5hm²，种植有 60 种槭属植物。

(8) 桂花园　面积 1.9hm²，各类桂花丛栽有致。

(9) 竹园　面积 3.2hm²，栽有竹类 70 余种。

2. 环境保护植物区

占地 6.2hm²，主要种植抗大气污染的植物，为工厂区绿化提供示范。

3. 盆景园

占地 4.1hm²，为本园的精华，名扬中外。盆景园内设盆景历史资料室、树桩盆景区、水石盆景区。园内展出各类树桩盆景 1200 余盆，水石盆景 30 余盆，这里是"海派盆景"荟萃之地。

4. 草药园

占地 2hm²，收集以华东地区为主的近 600 种药用植物。

5. 展览温室

建筑面积 755m²，展出面积 600m²，展出热带、亚热带植物 300 余种。

6. 植物楼

建筑面积 4700m²。一楼展出由上海自然博物馆精心布置的"生命的起源"和"植物的进化"两个展馆；二楼是举办大型园艺展览会的场所。

7. 兰室

占地 0.2hm²，建筑面积 418m²，在龙华苗圃时期早已闻名。

二、专业性植物园

专业性植物园指根据一定的学科、专业内容布置的植物标本园、树木园、药圃等。例如，浙江农业大学植物园、广州中山大学标本园、南京药用植物园（属中国药科大学中药学院）、武汉大学树木园等。这类植物园大多数属于某大专院校、科研单位，所以又可称之为附属植物园。

浙江农业大学植物园（图5—4）的前身为"第三中山大学劳农学院植物园"，由钟观光教授创建于1927年8月。1929年1月改名为"国立浙江大学农学院植物园"。1960年更名为"浙江农业大学植物园"。该园现有土地面积为0.93hm²。该园划分为裸子植物、单子叶植物、双子叶植物、水生植物、阴生植物和一、二年生草本植物等8个区。

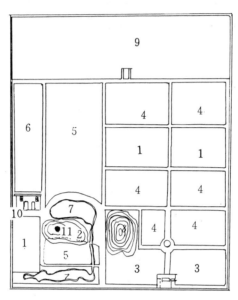

图5—4　浙江农业大学植物园

1. 阴生植物区　2. 裸子植物区　3. 单子叶植物区　4. 双子叶植物区　5. 一、二年生草本区
6. 引种栽培区　7. 水生植物区　8. 竹类区　9. 花卉栽培区　10. 办公室、种子室　11. 李时珍雕像

裸子植物区坐落在园内的小土山上，种植有8科60种；双子叶植物区有蔷薇科、十字花科、豆科等，共栽种120科1000余种；单子叶植物区重点引种禾本科、百合科、莎草科及亚热带、热带单子叶植物，有17科200种；园中两个池塘种植有荷花、睡莲等水生植物多种；园内现在有荫棚200m²，盆栽亚热带及热带阴生植物和蕨类植物约350种；一、二年生草本植物区约1000m²，每年种植300余种草本植物。

另外，还开辟了小型药用植物区，栽种了包括"浙八味"的麦冬（*Ophaopogon japonicus*）、白术（*Atractylodes macrocephala*）、白芍（*Paeonia lactiflora*），杭白菊（*Dendranthema morifolium*）、郁金（*Curcuma aromatica*）等药用植物。

第四节　植物园规划

纵观国内、外植物园的历史和现状，不难看出，植物园的规划工作是一项内容复杂、涉及面较广泛的综合性工程，不但要反映现代植物科学的最新成就和发展的趋势，把科学研究、科学教育、科学生产三者之间的科学内容体现出来，又要结合植物科学的要求，应用园林艺术手段，处理好植物园的地形、建筑布局、景观等的问题，使植物园的总体规划达到植物科学的内容与园林艺术的布局紧密地结合在一起，创造出景色优美、供开展科研、游览、科普、生产活动的园地。

一、园址的选择

植物园的园址选择是十分重要的工作，理想的选址，对于植物园的规划、建设将起到决定性的作用。从世界各国植物园工作经验总结，为了全面、完善地做好植物科学的研究，对于一个国家来讲，从国土规划开拓，就应该从不同的气候带、不同的地貌区域、经济用途等各个角度，作全国范围内植物园体系的布置网络，综合诸因素，建设不同类型的植物园，如树木园、高山植物园、沙生植物园、水生植物园等。美国的阿诺德树木园、英国的爱丁堡高山植物园、中国云南丽江高山植物园、新疆吐鲁番沙漠植物园等就是很好的实例。西双版纳热带植物园，总面积900hm²，就选址在澜沧江支流罗梭江绕出的一个两头大中间细的"半岛"、三面濒水的热带低地上。建成以热带植物资源的开发利用和保护为宗旨的科学研究基地，以植物造景为主、突出热带特色、统一规划、合理布局，既具有丰富的植物学内涵，又有美丽的园林景观的热带植物园。

植物园选址要求为以下几项。

1. 要有充足的水源

植物园是研究有生命的植物有机体的科学园地，水是连结着地球上一切生命的链条，生物所需的各种物质借助于水在生态系统中无止境地流动。水是生命的源泉，植物体缺乏充足的水分就要枯竭而死亡。同时，水体景观也是植物园造景不可缺少的组成部分。所以，水是植物园内生产、生活、科研、游览等各项工作和各项活动的物质基础。充足的水源，是选择园址的关键之一。

北京植物园（南园），创建于1955年，筹建于1950年，园地面积约为56hm²。40多年来，由于地势较高，周围水源不足，一直困扰着植物园的发展。建国初期，利用地下水和樱桃沟一处天然泉水，植物园尚能满足用水的要求。但数十年后的今天，由于园址原为古海地带，挖水池将产生渗漏现象，樱桃沟的泉水流出后，又在溪谷中渗漏。北京市不断在发展，城市的发展也造成地下水位的不断下降，所以北京植物园（南园）的用水问题，由于选址时考虑不周，以致造成因水源不足而严重地影响了植物园的发展。至今，该园在旱季，只能控制用水，从而也加大了管理工作的难度。杭州植物园邻近西湖玉泉的桃源岭，泉水清澈，碧绿如玉，终年不涸。更由于杭州气候温和、雨量充沛，植物生长旺盛，生机勃勃。由于充足的水资源，使杭州植物园成为该市重要的游览景点之一。

植物园的选址，一方面要求要有充足的水源，另一方面又要求有较好的排水条件，良好的水质，不受任何污染，以保证各类植物的良好生长。

2. 地形地貌

较复杂的地形、多样的地貌，有利于创造不同的生态环境和生活因子，更能为不同种类植物的生长，提供较理想的生存条件。丰富多样的地形、地貌所形成的不同小气候，也为引种驯化工作创造有利的环境。

（1）海拔高度　不同的海拔高度，为引种不同地区的植物提供有利因素。如果在长江以南低海拔地区，如杭州、南京、武汉等地，由于夏季炎热，引种东北的落叶松等树种不易成功，但是在庐山植物园海拔高度1100m以上，夏季气候十分冷凉，落叶松就能引种成功，而且生长良好。

（2）坡向　植物园最好具有不同坡向的山地。尤其是中国国土地处北半球，所以最主要的是南坡与北坡，如樟子松属阳性树，比油松更能耐寒冷及干燥土壤，又能生长于沙地及石砾沙地带，在大兴安岭阳坡有纯林。而油松一般以生长在半阴坡及阴坡者为佳，天然的油松林亦均分布于阴坡。所以，我国南方亚热带植物，如竹子、茶叶等，往北方温带引种，以温暖的阳坡容易成活；而东北的植物往南引种，以在阴坡容易成活。

（3）地势　地势的陡峭起伏，坡度的缓急变化，将导致水土的积聚与流失，也会形成小气候的变化，这些因素又将引起土壤其它因子的差异，而影响到植物，尤其直接或间接地影响到树木的生长和分布。

不同大小的坡度，形成不同的地形，一般可分为5级：坡度在5°以下，称之为平坦地，土层厚度最好能达到1m左右，要求水源充足，排水良好；坡度在6°～15°，称之为缓坡地。上述两区适合于布置建筑物、构筑物、苗圃、试验地和展览区。坡度在16°～25°，称之为丘陵地；坡度在26°～45°左右，为陡坡山地，将形成峡谷、沟壑、溪涧、瀑布、裸岩、洞穴等地貌，可以构成各式各样地形，结合不同坡度、坡向，构成各异的山坞、山巅等空间，以开辟树木园、果园、引种驯化试验地等；坡度＞50°，可列入保护区、禁伐区等。

3. 土壤条件

自然界的土壤酸度是受气候、母岩以及化学成分、地形、地下水和原有植被等诸因子的综合影响的结果。所以，地形变化越复杂，地势差异越大，植物园内的土壤种类相应地也多。

植物适应土壤的酸碱度不同，而分成酸性土植物、中性土植物、碱性土植物3类。根据中国科学院南京土壤研究所1978年制定的我国土壤酸碱度分级，可分为5级：强酸性为pH＜5.0，酸性为pH5.0～6.5，中性为pH6.5～7.5，碱性为pH7.5～8.5，强碱性为pH＞8.5。

（1）酸性土植物　在酸性土壤上生长的种类，如杜鹃、山茶、毛竹、马尾松、栀子花、棕榈科、红松等。

（2）中性土植物　大多数的花草树木。

（3）碱性土植物　在碱性土壤上生长的种类，如柽柳、沙棘、杠柳等。

4. 小气候的条件

引种国内、外不同气候条件地区的植物材料，其原产地的气候情况千差万别，如果植物园的地形复杂，地貌多样，水源充足，原有植被条件较好，将由于温度、湿度、风向、坡向、植被等综合作用的结果，产生和出现不同的小气候，以满足原产于各种各样气候条件下的不同植物材料的生境条件，利于引种驯化工作，逐步地改造外来植物的遗传性，提高适应性。

上述小气候条件和土壤条件与园址的地形、水源、原始植被等综合因素有着极其密切的关系。

5. 原有植物尽可能丰富

植物园的最主要任务，培养多种多样的植物，供开展科研和观赏。如果园址原有植物种类丰富，直接指示了该用地的综合自然条件。反之，原有植物生长条件很差，说明用地的自然条件综合因子不利于植物的生长。尤其要考虑是否有利于木本植物的生长。

以上5个作为植物园选址的条件不可孤立地考虑，应综合诸因素的利弊，抓住主要矛盾，主要的决定性因素。因为很难找到各因素都理想的园址。然后注意扬长避短，变不利为有利。

城市的区位和环境条件

6. 较理想的植物区位选定应与城市的长远发展规划综合考虑。植物园要求尽可能保持良好的自然环境，以保持周围有新鲜的空气、清洁的水源、无噪音污染，所以应与繁华、嘈杂的市区保持一定的距离，但又要求与城市有方便的交通联系。所以植物园从区位和周围环境的要求应考虑以下几方面的具体条件：

（1）植物园用地应位于城市活水的上流和城市主要风向的上风方向，避免有污染的水体和污染的大气，以免影响植物正常生长。北京的两个植物园，南园（中国科学院植物园）、北园（北京市园林局卧佛寺植物园）的选址都符合这一条件。广东深圳仙湖植物园也是选在城市供水的上流。

（2）要远离工业区。由于工业生产必然产生废气、废弃物。这些物质将影响甚至危害植物健康生长。所以，植物园尽可能远离工业区，尤其有污染性的厂矿企业。

（3）交通要方便。植物园必须与城市有方便的交通联系，一般位于城市近郊较理想。以普通交通工具1h左右到达较好。

（4）市政工程设施满足植物园的要求。首先要有充足的能源，完善的供电系统、给排水系统，保证植物园能开展各项科研、生产活动，满足游览、生活的需要。

二、植物园的组成部分

一般综合性植物园由3个主要部分组成：展览区、科研区、生活管理区。

（一）展览区

植物园展览区把植物界的客观自然规律和人类长期以来认识自然、利用自然、改造自然和保护自然的知识展示出来，供人们参观、游赏、学习。全世界1000多所植物园的建设，积累了丰富的实践经验，在全世界建成形形色色、各具特点的植物园展览区。纵观近代世界各国植物园，归纳起来，有以下几种展览区。

1. 植物进化系统展览区

这种展览区是按照植物的进化系统和植物科、属分类结合起来布置，反映植物界发展由低级向高级进化的过程。如上海植物园的展览区。以上海植物园为例，植物进化区是观赏植物、经济植物和植物系统分类区融于一体的新型、多功能植物展览区。该区室内外相结合，宣传植物进化知识。植物进化馆以模型景箱、标本图片展示生命起源，植物的发生从无到有、从低等植物到高等植物的进化发展过程。室外展览区亦按同样顺序设置低等植物区、裸子植物区、双子叶和单子叶植物区。这里的裸子植物区采用我国植物学家郑万钧系统；被子植物区采用国际上最新的被子植物分区系统——美国纽约植物园阿瑟·克朗奎斯特（A·Cronquist）系统，按木兰、金缕梅、石竹等11个亚纲，以目为基本单位，按植物生态和园林组景的要求进行植物配置。通过室内和室外的展出，给观众以轮廓性的植物进化概念

上海植物园展览区的进化系统，采用野生植物和栽培植物相结合，既种野生原始种，也种人工栽培种，如牡丹、杜鹃、月季等繁多品种形成专类花园，全面地展示了植物的自然进化和人工进化。

植物进化区实行系统进化分类等专类观赏相结合，既有系统进化的内容，又有观赏植物专类园——松柏园、木兰园、牡丹园、杜鹃园、槭树园、桂花园、蔷薇园和竹园。各专类园均运用传统园林艺术手法形成以专类花木为主景，以亭廊点景，形成各自不同意境，不同季相变化特色的山水园林。植物进化区约占地29.5hm²。杭州植物园的进化系统展区，采用德国恩格勒（Engler）和狄尔士（Diels）目、科分类系统，前苏联的"格罗斯盖姆"（Гросbraйм）的放射状进化顺序。

植物进化系统区对于学习植物分类学，植物的进化科学，认识不同目、科、属的植物提供良好的场所。其中存在的一个问题，就是往往在系统上较相近的植物，而在生态习性上不一定相近；而在生态习性之间有利于组成一个群落的植物又不一定在系统上相近，这样给栽培养护带来困难。同时，有许多种只有乔木，没有灌木，或只有灌木而没有乔木；或有的种只有落叶树而没有常绿树，因而在植物造景上，过于单调、呆板。所以，新规划的植物园，如上海植物园的植物进化展览区的布置，采用既考虑植物系统，又考虑植物生态习性、经济价值于一体的展览区，达到科学性与观赏性的高度统一。

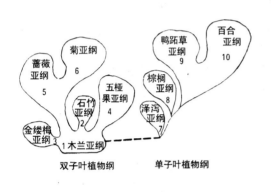

图 5—5—A　阿瑟·克朗奎斯特分类系统

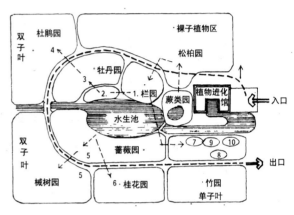

图 5—5—B　植物进化模式

2. 植物地理分布和植物区系展示区

这种植物展览区的规划依据，以植物原产地的地理分布或以植物的区系分布原则进行布置。如第二次世界大战前德国柏林的大莱植物园即以地理植物园而著名。该园将全园划分了59个区域，代表世界各国具代表性的植物。或以亚洲、欧洲、大洋洲、非洲、美洲的代表性植物分区布置，同一洲中又可以按国别而分别栽培。

根据区系植物的地理分布加以布置，例如前苏联的莫斯科总植物园的植物区系展览区，分为远东植物区系、俄欧部分植物区系、中亚细亚植物区系、西伯利亚植物区系、高加索植物区系、阿尔泰植物区系、北极植物区系等7个区系。一般是将植被的分类原则和地理分布的原则相结合起来加以布置。按区系布置展览区的植物园还有印度尼西亚爪哇茂物植物园、加拿大蒙特利尔植物园。

3. 植物生态习性与植被类型而布置的展览区

这类展览区是按植物的生态习性、植物与外界环境的关系以及植物相互作用而布置的展览区，这类展览区，可以分为3个方面：

（1）按照植物的生活型布置的展览区　把植物根据不同的生活型分别展览，如分为乔木区，灌木区，藤本植物区，多年生草本植物区，球根植物区，一年生草本植物区等展览区。由于这种展览区在归类和管理上较方便，所以建立较早的植物园采用这种展览方式，如美国的阿诺德树木园，分为乔木区、灌木区、松杉区、藤本区等；前苏联的列宁格勒植物园，分为乔木区、灌木区、多年生草本区和一年生草本区等。但这种布置形式，与系统展览区有许多类似的缺点，因为生活型相近的植物，对环境的要求不一定相同，而有利于构成一个群落的植物又不一定具有相同的生活型。例如，许多灌木及草本要在乔木的庇荫条件下生长，而藤本植物要攀附在乔木上生长。所以绝对化地按不同生活型分开展览，从用地和管理上也有很多矛盾。

(2) 按照植被类型布置的展览区 所谓植被类型，即根据植物与植物、植物与环境之间的相互关系而构成的一定同住结合，形成植物群落，而在不同的地理环境和不同的气候条件下，将形成不同的植物群落，这种不同的典型植物群落，就可称之为植被类型。

1969年，联合国科教文组织曾以群体的外貌和结构为基础，发表一个"世界植被分类提纲"。它将世界植被分为5个群系纲：密林、疏林、密灌丛、矮灌丛和有关群落及草本植被。在《中国植被》一书中，对植被的分类采用3级制，即高级单位为"植被型"，中级单位为"群系"，基本单位为"群丛"。又在每级单位之上，各设一个辅助单位，即植被型组、群系组、群丛组。同时，又可根据需要，在每级主要分类单位之下设亚级，如植被亚型、亚群系、亚群丛。

植被型组 全中国的植被型组共计10个：其中除1个栽培植被型组外，其它9个型组为针叶林、阔叶林、竹林、灌丛及灌草丛、草原及稀树草原、荒漠、冻原及高山植被、草甸和沼生及水生植被。

植被型 全中国共分为29个植被型，例如，针叶林型组下可分为寒温性针叶林、温性针叶林、温性针阔叶混交林、暖性针叶林、热性针叶林等5型。阔叶林型组下可分为落叶阔叶林、常绿与落叶阔叶混交林、常绿阔叶林等8型。

植被亚型 例如落叶阔叶林型中可分为3个亚型，即典型的落叶阔叶林、山地杨桦林和河岸落叶阔叶林。

群系组 划入同一群系组的各群系，其生态特点一定是相似的。如温性常绿针叶林亚型中，可分为温性松林、侧柏林等群系组。

群系 这是最重要的中级分类单位。凡是建群种或共建种相同（在热带或亚热带有时是标志种相同）的植物群落联合为群系，如辽东栎林、兴安落叶松林等。

群丛组 如兴安落叶松林群系内又可分为兴安落叶松—杜鹃群丛组。

群丛 这是植被分类基本单位，是所有层片结构相同，各层林的优势种或标志种相同的植物群落联合成为群丛。如在兴安落叶松—杜鹃群丛组中，可分为兴安落叶松—杜鹃—越桔群丛和兴安落叶松—杜鹃—红花鹿蹄草群丛。

植物自然群体（植物群落）的命名，可用两种方法：

①分层记载法：写出某群体各层次优势种的名称，并在其间连以横线。如果同一层次中有几个优势种，则均应写出，在其间附以"+"号。如樟子松—越桔—藓群落。

②简要记载法：在群落中选出两种优势种来代替该群体。当使用学名表示时，应在最重要的种类之后加字尾"—etum"，在另一种类后加"—osum"字尾，例如云杉—蕨类群落可写为 Piceetum dryopterosum。

植被类型作为植物园展览区的布置方式是十分重要的内容之一，园林规划设计过程中，园林规划设计师应与植物学家共同合作，尤其植物学家应尽可能提供植物群落的有关科学资料，作为植物园植物群落规划的依据。

(3) 按照植物对环境因子要求而布置的展览区 植物的环境因子，主要有水分条件、光照条件、土壤条件和温度条件等 4 个重要方面。

根据植物对水分的不同适应性，可分为干生物群落、中生物群落、湿生物群落、水生物群落；根据植物对于不同的土壤要求，有盐生植物群落、岩石植物群落、沙漠植物群落等。由于建园条件，不可能在同一植物园内，完完全全地按各种各样的生态环境因子进行布置，往往在条件允许的情况下，选择一些适合于当地环境条件中的主要影响因子而布置。

一般情况，选择较容易实现的因素进行规划。如水生植物展览区，可以创造出湿生、沼生、水生植物的不同生态条件，结合山水景观布置；岩石植物园和高山植物园、沙漠植物园，又可以根据岩石、高山、沙漠等环境因子，结合各种生态要求的高山植物群落、沙漠植物群落进行布置。我国庐山植物园、合肥植物园、贵州植物园、深圳仙湖植物园等都布置有岩石植物园；杭州植物园、西安植物园、重庆缙云山植物园、武汉植物园等都建成景色秀丽、兼备水生植物和山水风光的专类园。

世界上很多植物园都有著名的高山植物展览区。如英国爱丁堡植物园的高山植物园，由于地处高山，纬度偏北，气候冷湿，适宜于高山植物的生长。我国云南省的丽江曾规划为高山植物园。

其它的例子，如前苏联的基辅植物园，设有乌克兰沙生植物、花岗岩生植物，白垩和石灰土壤生长的植物展览区。中国新疆的吐鲁番沙漠植物园、甘肃民勤沙生植物园、银川植物园等都布置有百沙园、沙漠植物标本园、沙生植物展览区、大漠风景区等在干旱荒漠的气候条件下所特有的沙漠植物景观展览区。

4. 经济植物展览区

从植物园的发展历史看，其最初的形式是以药用植物的收集和展览开始，时至迈向 21 世纪的科技高速发展的时代，经济植物在各国的社会进步的历程中，将起到越来越重要的作用。

由于经济植物的科学研究成果将直接对国民经济的发展起重要的作用，所以国内许多主要植物园都开辟有经济植物区。如华南植物园、杭州植物园、合肥植物园、海南热带经济植物园等都布置有经济植物区。例如，海南热带经济植物园，1979 年以前，收集了国内外各种热带经济植物 500 余种（1966～1979 年遭到破坏），后来又从 47 个国家和地区及国内引种热带、亚热带经济植物 1220 种，隶属 168 科 681 属。该园现有土地面积 32hm^2，已建成 6 个展览区：热带果树区，热带树木区，热带药用、香料植物区，热带木本油料，热带棕榈区，热带花卉区等。

5. 观赏植物及园林艺术展览区

我国地大物博，地形复杂，地貌多样，兼备热带、亚热带、暖温带、温带；湿润、半湿润、干旱及半干旱性气候，从而蕴藏着极其丰富的植物资源。全国有将近 3×10^4 种高等植物，其中观赏植物占相当大的比例，尤其中国西部及西南部的特定地理条件，形成了世界上某种园艺观赏植物的分布中心，仅云南省就有 18000 多种植物，其中如杜鹃属、中国兰花、报春属、山茶属、龙胆属等。在全国范围内广泛分布，形成世界分布中心的属还有蔷薇属及菊属等。

丰富的观赏植物种类，为我国植物园工作者建立各类观赏专类园提供了良好的物质条件。这类展览区的布置可分成以下几种：

（1）专类花园　在植物园内，专门收集若干著名的或具特色的观赏植物，创造优美的园林环境，构成供游人游览的专类花园。可以组成专类花园的观赏植物有牡丹、芍药、梅花、菊花、山茶、杜鹃、蔷薇、鸢尾、木兰、丁香、槭树、樱花、荷花、睡莲、棕榈、竹子、大丽花、水仙、百合、玉簪、萱草、唐菖蒲、兰花、海棠、碧桃、桂花、紫薇、仙人掌等。

(2) 主题花园 这种专类花园多以植物的某一固有特征，如芳香的气味、华丽的叶色、丰硕的果实或植物体本身的性状特点。突出某一主题的花园，有芳香园（或夜香花园）、彩叶园、百果园、岩石植物园、藤本植物园、草药园等。

专类花园受到世界各国的重视和应用，它不仅具有很好的观赏性、实用性，而且还能保护种质资源。不仅在植物园中应用，而且可在公园、风景区、重要的机构、校园中应用。如美国首都华盛顿的总统官邸白宫布置有广植月季花的玫瑰园。

我国园林历史上的专类花园，最早出现于《诗经》中记载的芍药栽培，在屈原作品《离骚》中的滋兰九畹、树蕙百亩，西汉时代的葡萄宫、扶荔宫，都是收集采用滋兰、垂柳，以及南北果树的专类园。

杭州的专类园历史可追溯到宋代，北宋到南宋就有桂花园、梅花园、桃花园和荷花园等。花港观鱼的牡丹亭，就是 1953 年开始新建的牡丹专类园。

杭州植物园布置有木兰山茶园、槭树杜鹃园、桂花紫薇园、海棠园、樱花碧桃园、百草园、竹类园（区）、灵峰的探梅园等专类花园。

①木兰山茶园。该园为杭州植物园观赏植物区的主景之一，位于植物园大门入口处的一座边形起伏的小土丘上，占地 6hm²，种植木兰科植物 2400 株，有广玉兰、白玉兰、野木兰、天目木兰、二乔玉兰、紫玉兰、红玉兰、马褂木等 10 余个种；种植茶花 2000 余株，60 余个种和品种，主要有冬茶花（美人茶）、茶梅、梨茶、油茶、山茶及其它山茶的栽培品种，例如'花宝珠'、'红宝珠'、'五鹤捧珠'、'玉美人'、'提笼'、'胭脂莲'、'大红珠'等，这些品种一般均可露地栽培，花繁叶茂，为人们所喜爱。

木兰山茶园规划设计的指导思想是将木兰和山茶两个科属结合在一起，相互掩映。木兰科多数为阳性高大落叶乔木，花大而美，可作庇荫树；山茶属多系阴性低矮灌木，常绿，花型多样，色彩丰富，两者结合，相得益彰。春日，玉兰花先叶而盛开，茶花从冬至春绯红抹粉，依然妖艳迷人，红白相映，闹得春色逗人。同时，配设"玉兰亭"，亭亭而立于木兰园。春夏之交，含笑花吐露芳香于树丛中，早花的茶梅、冬茶花和山茶花中的早花品种、秋牡丹、花牡丹、早春大红球等都傲霜怒放。

总之，木兰山茶园，围绕着赏花、观花的主题，布局上结合地形、建筑，创造出一派郁郁葱葱的景象。

②桂花紫薇园。该园与玉泉观鱼毗邻，占地面积约 3hm²。"三秋桂子，十里荷香"是杭州西湖秋、夏的自然景观特色。园中收集的桂花品种：金桂、银桂、四季桂、丹桂、籽桂等，还收集到少数的原种木樨、亮缘木樨及长叶银桂、多齿丹桂、鲜美丹桂、大叶桂等共计 18 个种、栽培种及变种。紫薇，有银薇、红薇、翠薇……等各类栽培园艺品种与变种 30 余种，均为夏秋增色添香。

③竹类园。竹类分布的区域主要在亚洲、非洲及美洲，其中以亚洲最多。我国为世界主要产竹国家，计 50 个属 370 多种，约占世界的 1/3。

竹类园占地 3.5hm²，各类竹种约 150 余种（包括变种和变型），隶属于刚竹属、苦竹属、箬竹属、茶秆竹属、短穗竹属、倭竹属、慈竹属、方竹属、单竹属等。

竹类园地处向西北倾斜的低丘地，地形起伏变化，有土坡、有洼地，这是栽种竹类的良好园地。园内建筑物分主体建筑、竹亭和竹廊3个内容。主体建筑以水阁式,内设陈列室,陈列竹制美术工艺品、竹类盆景等。竹类园结合水港、曲桥、园路,构成"翠竹曲径、碧波映绿"的雅静、幽谧的景观。给人如临"竹子王国"的印象。

6. 树木园

主要以栽植露地可以成活的野生木本植物为主的树木展览园。树木园以种子播种为主要引种方式,从实生苗开始,这对于适应地方的气候、土壤、水分等生活条件更有利。所以树木园又是植物园最重要的引种驯化基地。

树木园不仅引种中国自然区系的植物,也引种国外的木本植物。世界很多植物园以树木园命名,如美国的阿诺德树木园,加利福尼亚大学树木园、英国戈达尔明的温克沃斯树木园以及前苏联莫斯科总植物园的树木园。

我国许多主要植物园中都有树木园,如北京植物园(南园)、沈阳市树木园、熊岳树木园、南京中山植物园、合肥植物园、杭州植物园、庐山植物园、福州树木园、昆明植物园等。

树木园在植物园中的占地根据情况而定。有的占地面积较大,如杭州植物园现有面积为231.3hm^2,而树木园占50hm^2;昆明植物园现有土地43.8hm^2,树木园面积为26.47hm^2,分别占全园总面积的21.6%和60.4%。有的占地面积较小,如庐山植物园现有土地面积为300hm^2,树木园面积为1.3hm^2;南岳树木园总面积为540hm^2,树木分类园为30hm^2,分别为全园总面积的0.43%和5.5%。

树木园要求地形较复杂,小气候多样,土壤多种类、多坡向,水源充足,排水良好,土层深厚,最好朝东南向。种植规划尽可能考虑以下3个方面:

(1)首先应以生态条件为种植依据,使树木获得最适合的生长条件,并组成人工群落。

(2)可能条件下,同科的植物尽可能地集中在一起,以便分类、比较,但应在符合植物生态要求的情况下而考虑分类的方便。

(3)植物景观是树木园规划设计的重要原则之一。一般根据植物在自然界生长的状况,以自然复层混交的形式,并采用密林、疏林草地或树群、树丛、孤植等栽植形式,在考虑生态、分类前提下,根据植物的形态、色彩、花、果等观赏特征进行设计栽植。

7. 自然保护区

我国在植物园范围内,有些区域被划为自然保护区,如庐山植物园内的"月轮峰自然保护区"占地31hm^2,保护庐山野生落叶阔叶树种;鼎湖山自然保护区,主要调查研究鼎湖山的植被资源;西双版纳热带植物园的"珍稀濒危植物迁地保护区"占地80hm^2,建立在还保留有热带雨林和季雨林的湿热沟谷内,为研究珍贵、稀有、濒危植物的基地;台湾省台北县境内的福山植物园内,也划有自然保留区(即自然保护区),保护天然阔叶林、动植物等,以供基因保存、永久观察及再研究。

上述自然区,禁止人为的砍伐与破坏,保护起来,任其自然演变,不对群众开放,主要进行植物科学研究,如自然群落、植物生态、种质资源及珍稀濒危植物的保护等研究内容。

(二)科研区

科研区由实验地、引种驯化地、苗圃地、示范地、检疫地等组成。一般科研区不对群众开放,尤其一些属国家特殊保密的植物物种资源(对外国人,尤其外国专业人员)不予开放或有控制地对少数科研人员提供研究场所。

植物园的科研区,主要进行外来种,包括外地、外国引进植物的引种、驯化、培育、示范、推广的工作，所以必须提供原始材料圃、移植圃、繁殖圃、示范圃、检疫圃等科研和生产场地，植物园内的生产内容以植物的科学研究为依据，科研结合生产。植物园内的检疫工作是十分重要的一个环节，必须认真做好外来植物的检疫工作，尤其外国植物引进的检疫，以避免境外植物病虫害带入国内，防止植物病毒的传染和蔓延。

一般科研区要有一定的防范措施，以便于有效控制人员的进出，做好保密工作和保护措施；科研区应与展览区有一定的分隔，并在较偏僻的区域，以保证展览区的开放活动顺利进行。

（三）生活、服务区

为保证植物园的优质环境，一般情况下，植物园与城市的市区有一定距离，多数远离城市，大多数职工在植物园内居住。游人到植物园参观游览，尤其离城市较远或面积较大的植物园，需要一定的商业服务内容。所以，植物园的规划应解决为游人和职工的生活服务的问题，主要内容：职工宿舍、餐厅、茶室、冷饮、商店、卫生院、车库、仓库、托儿所等。

三、植物园实例

（一）北京植物园（北园）

北京植物园（北园）于1956年经国务院批准开始筹建，规划占地面积 $400 \times 10^4 m^2$，已建成对外开放的游览面积 $171 \times 10^4 m^2$。目前园内主要分区为：专类园、树木园、古迹游览区、森林游览区、科研实验区及办公区等。近年来，北京植物园（北园）又有较大规模的建设，相继建成了牡丹园、丁香碧桃园、集秀园、绚秋苑，树木园中的银杏松柏区及月季园等（见图5—6—A、B、C、D、E）。

银杏松柏区：从50年代建园开始陆续收集种植了大量树木，80年代以来逐步完善了规划、设计并实施建设，于90年代初基本建成，面积 $9 \times 10^4 m^2$，是树木园的7个分区之一，搜集栽培裸子植物7个科、20属、97种。该区规划设计上，充分利用、合理改造原来地形地貌和原有植物，较好地解决了植物景观创造、生态要求以及科属展示的矛盾，基本实现"因地制宜"的规划原则，达到地形与山势的协调、空间组织流畅有序，植物景观丰富多样，展示路线清晰的效果，形成了由红松、云杉、冷杉等大面积树林构成的雄浑粗犷、气势宏大的主格调，以及红松谷、紫杉坪、雪松路、杜松小径等各具特色的景点。银杏、落叶松和缀花草坪的穿插点缀，增添了色彩、季相和空间开合的变化。

月季园：建于1992年，面积 $7 \times 10^4 m^2$，设计中巧妙地设置轴线，将玉泉山和香炉峰组织到园中，成为难得的背景。在因地制宜，充分利用现状的地形和原有植物基础上，打破以往月季园小而全的框框，大胆创新。主要做法：分区上种植与功能相结合，如丰花月季安排在较大面积广场处，便于开展活动。结合地形的下现况，既适合有层次地将各种大色块表现出来，又正好把中心的喷泉广场与主干路相隔，提供良好的活动场所。全园的构图中心选择花魂雕塑点出主题。

（二）黑龙江省药物园

黑龙江省药物园是黑龙江省森林植物园中对外开放的4个展区之一。药物园面积约 $4hm^2$，要求在哈尔滨能露地越冬的药用植物389种。药物园为长方形，南北长310m，东西宽140m，园内原有云杉、樟子松、落叶松、红松、冷杉、沙松、白桦、水曲柳等林ములు。地形原为自南向北逐渐低下的缓坡地。通过规划，构成具有6个类型的药用植物园：①药草种植池区；②旱、沙、岩生植物区；③专类花园；④藤蔓植物区；⑤参园；⑥药用树木区等。

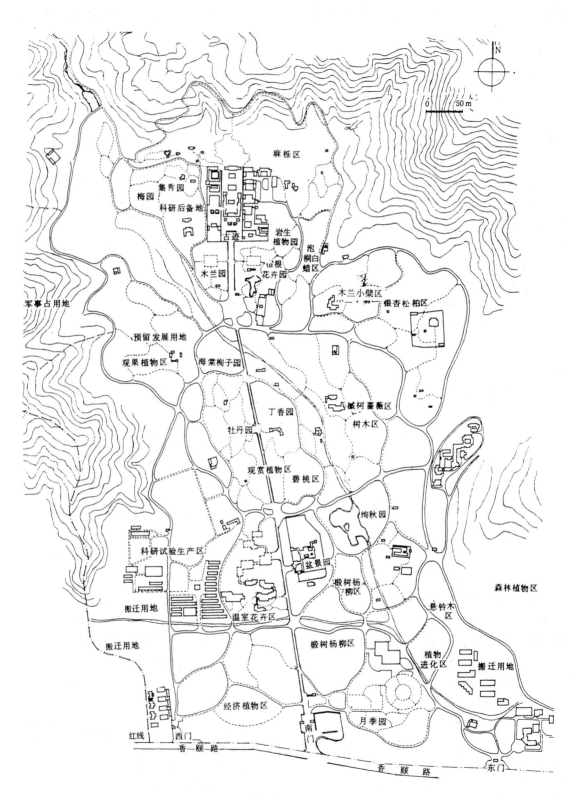

图 5—6—A 北京植物园（北园）总平面

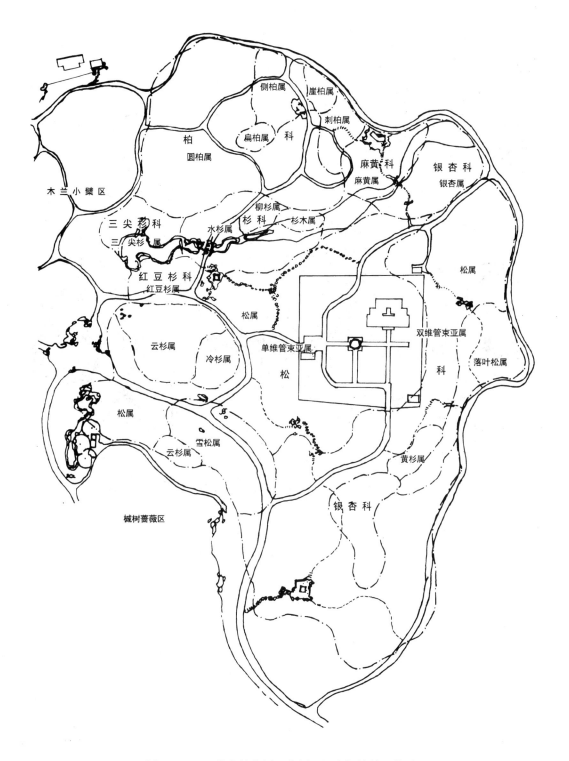

图 5—6—B　北京植物园（北园）银杏松柏科属分区

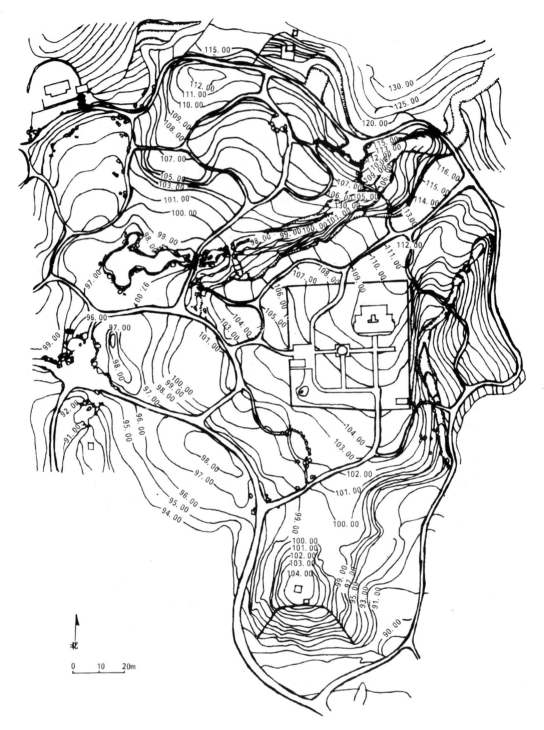

图 5—6—C 北京植物园（北园）银杏松柏区地形

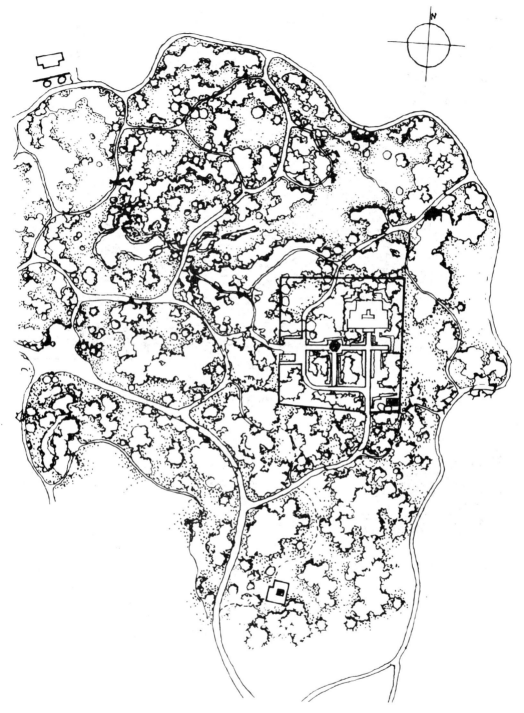

图 5—6—D 北京植物园（北园）银杏松柏区科属分区

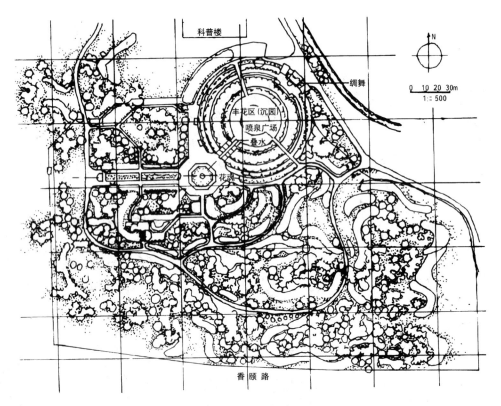

图 5—6—E 北京植物园（北园）月季园平面

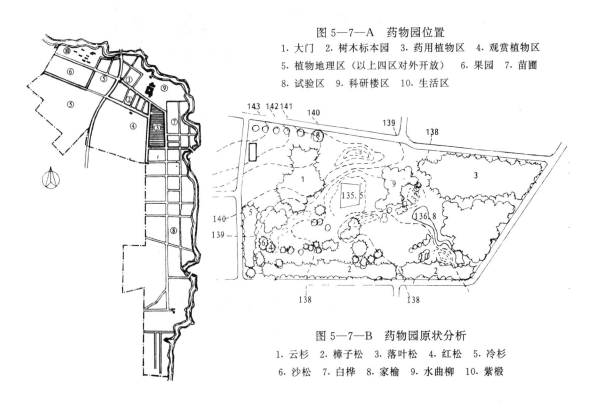

图 5—7—A 药物园位置
1. 大门 2. 树木标本园 3. 药用植物区 4. 观赏植物区
5. 植物地理区（以上四区对外开放） 6. 果园 7. 苗圃
8. 试验区 9. 科研楼区 10. 生活区

图 5—7—B 药物园原状分析
1. 云杉 2. 樟子松 3. 落叶松 4. 红松 5. 冷杉
6. 沙松 7. 白桦 8. 家榆 9. 水曲柳 10. 紫椴

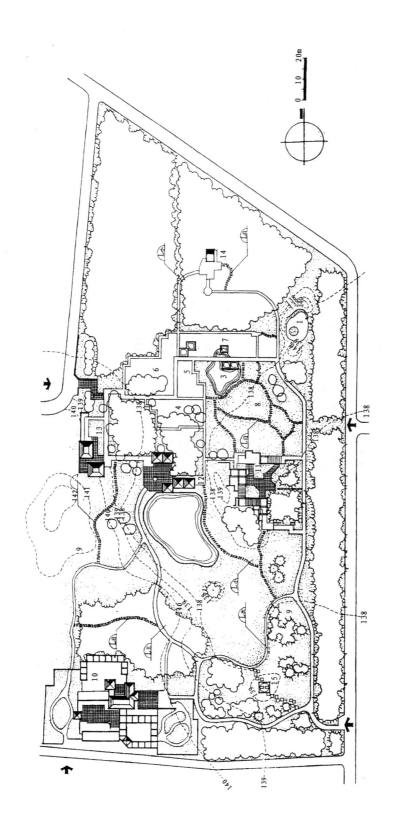

图 5-7-C 药物园总平面图

1. 旱沙岩生植物区 2. 水生植物池 3. 沼生植物池 4. 阴湿植物种植池 5. 阴湿植物种植池 6. 耐阴植物种植池 7. 喜阳植物种植池 8. 专类花园 9. 药用木本植物区 10. 参园 11. 藤本植物池 12. 中心景亭 13. 展览廊 14. 桦林木屋 15. 标志雕塑 L. 主.主环路 L. 次.次级路 L. 小.嵌草小路 L. 自.自由式嵌草小路

255

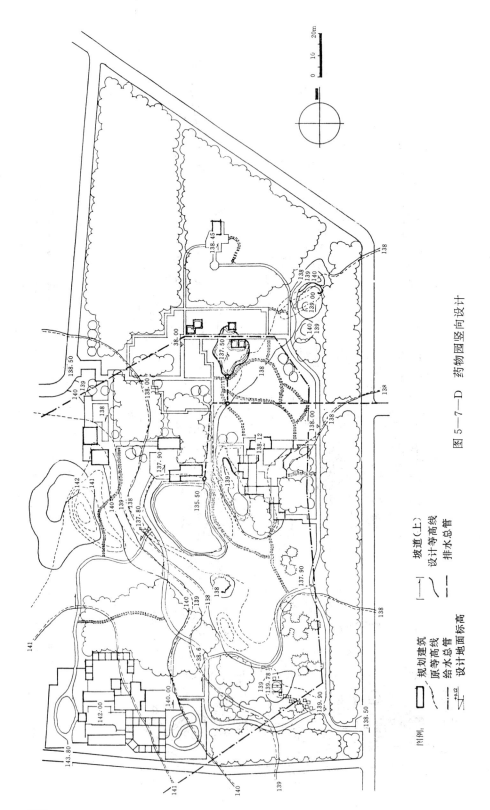

图 5-7-D 药物园竖向设计

代号	1	2	3	4	5	6	7	8	9	10	11	12	13	14	15	16	17	18	19	20	21
苗木名称	紫椴	糠椴	山桃稠李	稠李	鸡树条	荆条	南蛇藤	毛毡杜鹃	连翘	兴安杜鹃	郁李	金银花	珍珠梅	玫瑰	文冠果	山里红	胡枝子	核桃楸	鸡桑	卫矛	野漆
株数	2	2	6	2	5	3	11	20	10	10	10	20	20	20	8	6	50	3	4	3	8

代号	22	23	24	25	26	27	28	29	30	31	32	33	34	35	36	37	38	39	40	41
苗木名称	枸杞	毛接骨木	叶底珠	茶条槭	狗奶子小檗	红松	樟子松	杜松	紫杉	百里香	黄波罗	侧柏	牛皮杜鹃	长白瑞香	宽叶杜香	山杏	花曲柳	梓树	鼠李	扁核木
株数	10	5	3	5	8	6	18	8	15	30	10	2	10	10	10	6	2	2	5	18

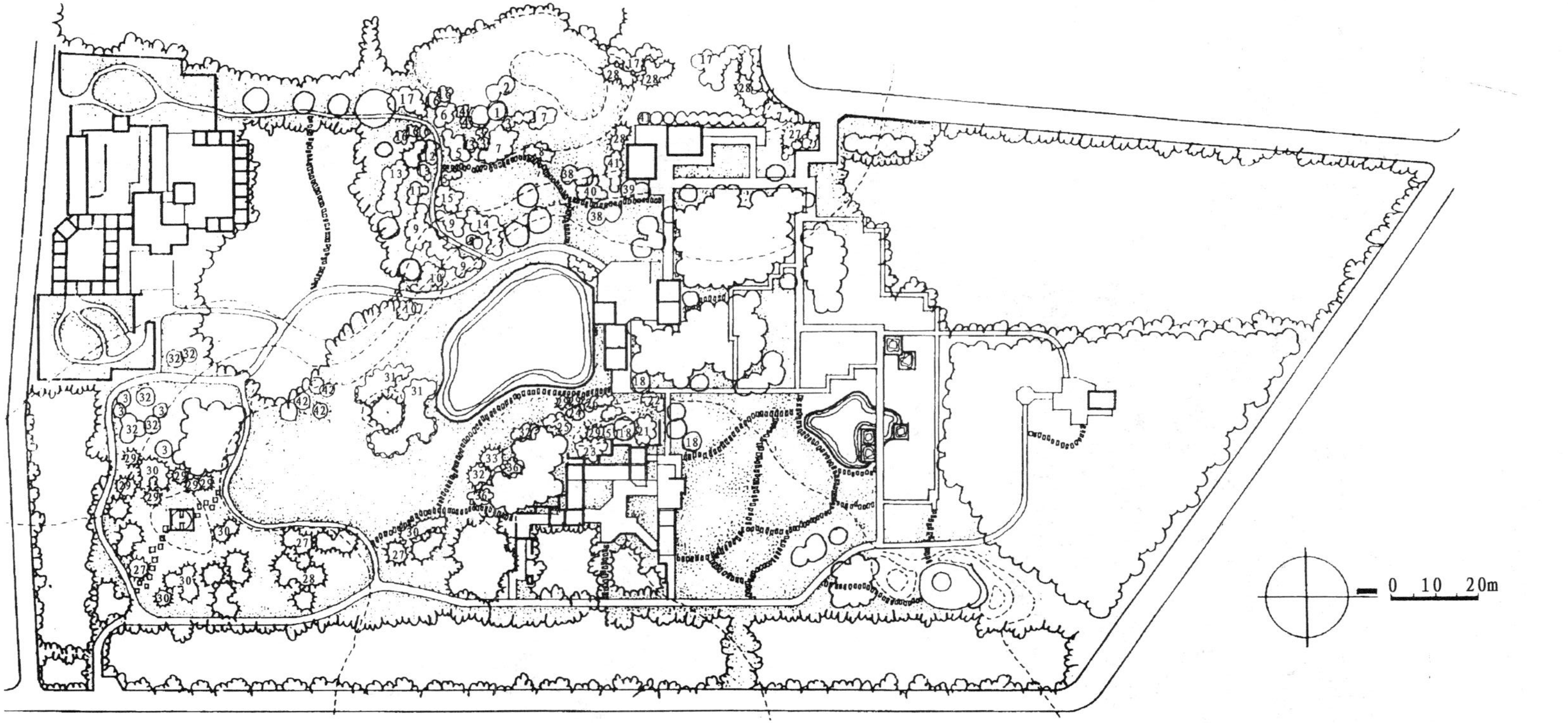

图 5—7—E 药用木本植物配置图

(三)国外植物园实例

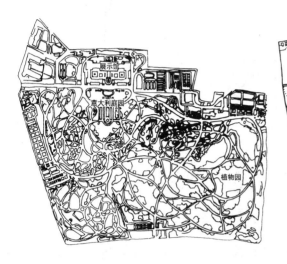

图 5—8 达勒姆植物园（德国柏林）

图 5—9 日本东京大学理学院附属植物园
（东京都文京区）

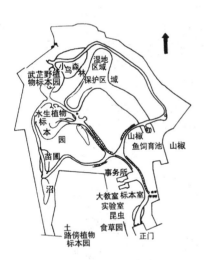

图 5—10 日本国立自然教育园
（东京都港区）

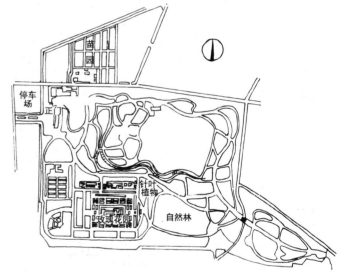

图 5—11 日本东京都立神代植物公园（东京都调布市）

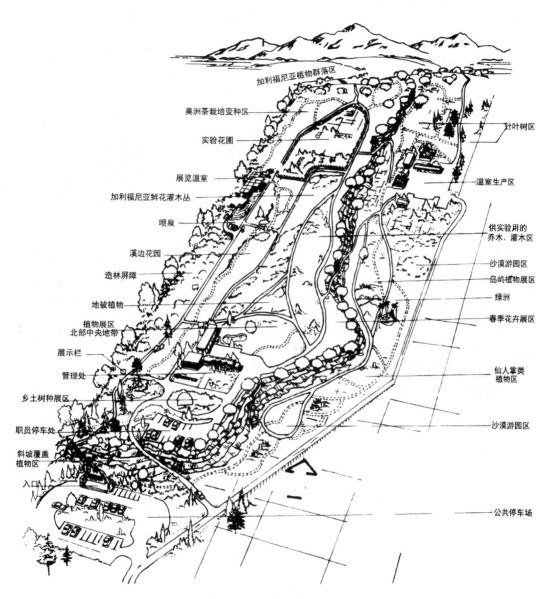

图 5—12 美国某植物园介绍

（四）国内植物园实例

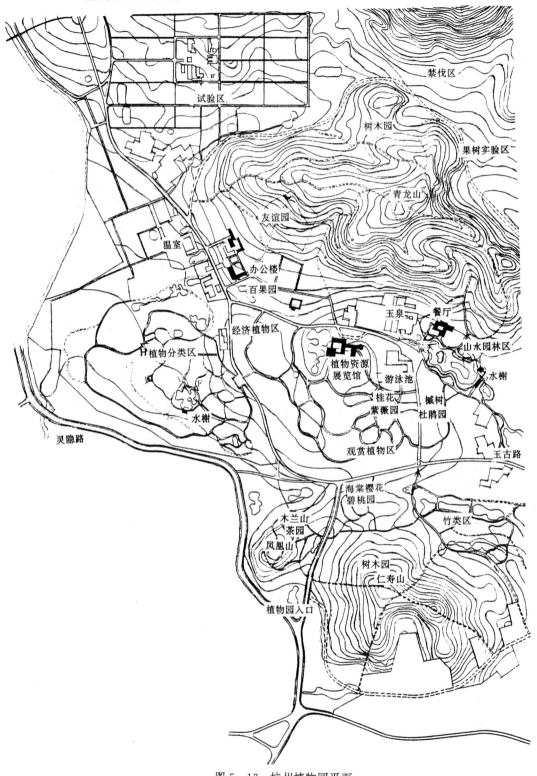

图 5—13　杭州植物园平面

图 5—14 杭州植物园植物分类区分科定植图

图 5—15 厦门植物园平面

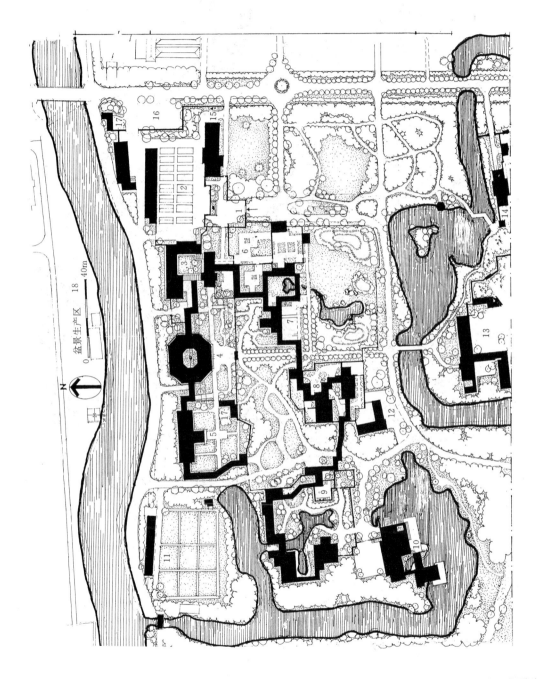

图 5—16 上海植物园盆景园平面
1. 入口 2. 展销区 3. 盆景博物馆 4. 盆景展览馆 5. 盆景温室 6. 树桩盆景 7. 演示厅 8. 小盆景室 9. 山水盆景区 10. 茶室 11. 盆景养护区 12. 小卖部 13. 兰花室 14. 石景园 15. 接待室 16. 停车场 17. 厕所 18. 盆景生产区

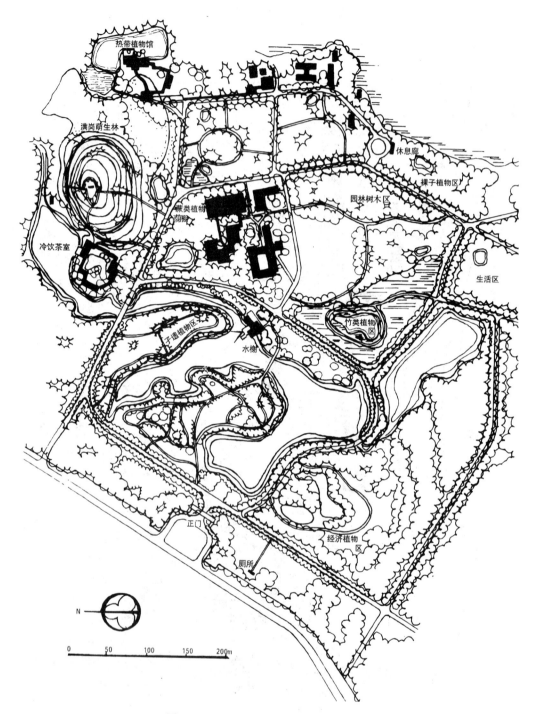

图 5—17 华南植物园展览游憩区平面

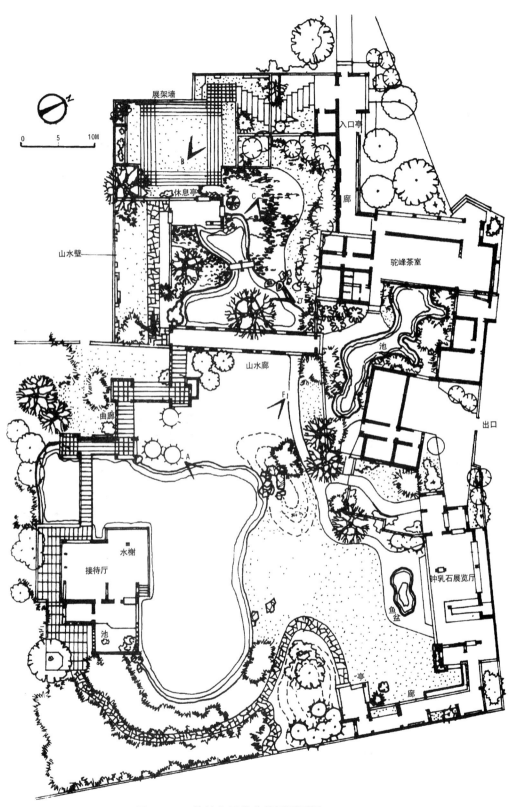

图 5—18 桂林七星岩盆景园平面图

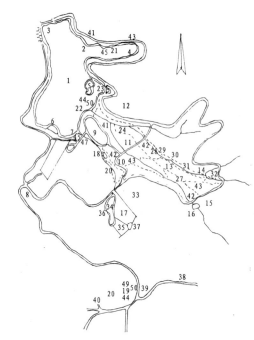

图 5—19 深圳仙湖植物园平面图

1. 仙湖 2. 仙渡 3. 十一孔桥 4. 水生植物园 5. 药洲 6. 钓鱼台 7. 乡渡 8. 两宜亭 9. 棕榈园 10. 苏铁园 11. 竹园 12. 荔枝园 13. 百果园 14. 仙泉 15. 弘法寺 16. 仙池 17. 珍稀树木园 18. 莲花池 19. 汽车总站 20. 管理处 21. 野航 22. 竹深深处 23. 玉带桥 24. 拾翠桥 25. 烧烤场 26. 幽溪 27. 静逸沟 28. 逍遥谷 29. 曲径通幽 30. 浣纱池 31. 太公石 32. 榕抱石 33. 宿舍 34. 桫椤湖 35. 阴生植物区 36. 宾馆 37. 华盖池 38. 苗圃 39. 入口 40. 家属区 41. 停车场(小车) 42. 停车场 43. 厕所 44. 餐厅 45. 茶室 46. 饮水处 47. 卖胶卷 48. 售花处 49. 医务室 50. 电话

图 5—20 庐山植物园

1. 果园 2. 树木园 3. 苗圃 4. 茶园 5. 温室区 6. 草花区 7. 药圃 8. 岩石园 9. 松柏区 10. 月轮峰 11. 猪圈山 12. 梨头尖 13. 含鄱口 14. 含鄱岭

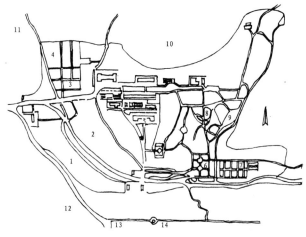

图 5—21 福州树木园

1. 树木分类园 2. 裸子植物园 3. 木兰、棕榈园 4. 竹类品种园 5. 果园 6. 高山树木引种区 7. 珍稀树木园 8. 森林生态效益 9. 森林花木景观区 10. 春花区 11. 夏花区 12. 秋花区 13. 冬花区 14. 榕树景观区 15. 森林草地景观区 16. 森林生态群落景观区 17. 竹林景观区 18. 红叶景观区 19. 马尾松林景观区 20. 樟树景观区 21. 生活区 22. 猴子岭 23. 笔架山 24. 省林科所 25. 苗圃

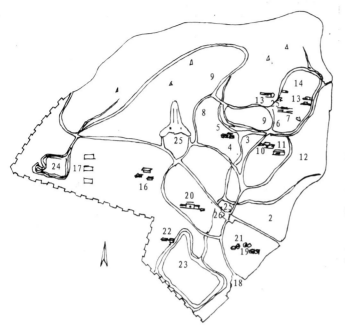

图 5—22 南京中山植物园
1.北大门 2.植物分类系统园 3.科普廊 4.药用植物园 5.盯珍馆 6.园林植物区 7.展览温室 8.树木园 9.松柏园 10.研究、办公大楼 11.标本馆 12.经济植物选育区 13.实验区 14.苗圃 15.廖仲凯墓 16.优良植物推广中心 17.职工生活区 18.南大门 19.展览温室群 20.科普馆 21.盲人植物园 22.竹园 23.前湖 24.琵琶湖 25.厕所 26.汽车站

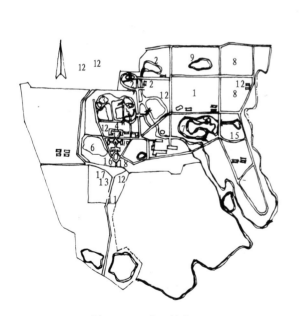

图 5—23 武汉植物园
1.木本植物区 2.药用植物区 3.阴生植物区 4.展览温室 5.杜鹃园 6.牡丹园 7.水生植物园 8.竹园 9.猕猴桃园 10.月季园 11.濒危植物区 12.厕所 13.餐厅 14.信花处 15.医务室 16.信箱 17.停车场 18.公用电话

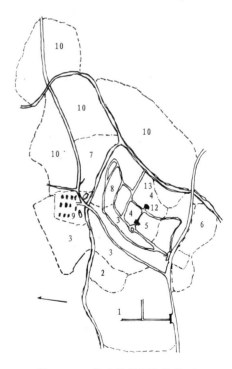

图 5—24 海南热带经济植物园
1.果树区 2.咖啡区 3.树木区 4.观赏植物区 5.棕榈区 6.油料作物区 7.苗圃 8.药用香料植物区 9.生活区 10.试验区 11.工作楼 12.荫棚 13.厕所 14.停车场

267

表 5—1   中国植物园一览表（部分摘要）

名称	所属单位	位置	全园分区	总面积（hm²）
北京植物园（南园）(1950)	中国科学院植物研究所	北京香山东南，距市区18km	11个展区：树木分类园，宿根花卉园，牡丹园，月季园，药用植物园，野生果树资源园，环保植物区，水生、藤本植物区，濒危植物区，热带亚热带植物展览温室，植物进化展览室	56
北京植物园（北园）(1950)	北京市园林局	北京香山东北，距市区18km	牡丹园，丁香园，碧桃园，宿根花卉园，竹类园（集秀园），树木园，展览温室，古迹游览区，樱桃沟自然保护试验区	157
南京中山植物园（1929）	江苏省科委	南京东郊风景区，距市区3km	园林植物区，植物分类系统园，树木园，松柏园，药用植物园，展览温室，地中海植物景观区，选育区	
上海植物园（1974）	上海市园林管理局	上海龙华西南，距市中心12km	植物进化区，环境保护植物区，盆景园，草药园，展览温室，植物楼，兰室	80.9
杭州植物园（1950）	杭州市园林文物局	杭州市玉泉桃花岭	观赏植物区，植物分类区，经济植物区，竹类植物区，树木园，"灵峰探梅"植物资源馆，引种温室	231.3
庐山植物园（1934）	江西省科学技术委员会	庐山含鄱口，距九江市42km	树木园，松柏园，国际友谊杜鹃园，猕猴桃园，岩石园，草花区，温室区，药圃茶园	300
厦门植物园（1960）	厦门市园林局	厦门市东南隅，距市中心0.5km	裸子植物园，桉树园，多肉植物区，竹类植物区，棕榈苏铁园，引种驯化区，引种区的展览中心，荫棚组织培养室，电脑温室，兰花圃，盆景园，药用植物园，市花园，月季园，新碑林区	227
福山植物园（1986）	台湾省林业试验所	台北县乌来乡和宜兰县员山乡交界处	水源保护区，自然保护区，植物园区（原生植物区，植物展示区苗圃）	500
华南植物园（1959）	中国科学院华南植物研究所	广州市东郊沙河龙洞的火炉山下	棕榈植物区，药用植物区，裸子植物区，竹类植物区，经济植物区，园林树木区，孑遗植物区，热带植物区，蒲岗自然保护区，阴生植物区，防污绿化植物区，兰园，姜园，苏铁园	300
深圳仙湖植物园（1982）	深圳园林总公司	深圳市东北部，西接深圳水库	棕榈园，竹园，百果园，苏铁园，荔枝园，水生植物园，珍稀树木园，阴生植物园，药洲，岩生植物园，彩叶园，盆景园，松柏园，兰圃，还有大花乔木园，热带雨林区等	580

（续）

名称	所属单位	位置	全园分区	总面积（hm²）
海南热带经济植物园（1958）	农业部华南热带作物研究院	海南岛西北部，离儋县那大镇12km	热带果树区，热带树木区，热带药用、香料植物区，热带木本油料区，热带棕榈区，热带花卉区	32
武汉植物园（1956）	中国科学院武汉植物研究所	武昌东湖磨山距市区15km	木本植物区，药用植物区，阴生植物区，展览温室，杜鹃园，牡丹园，月季园，水生植物区，竹园，猕猴桃园，濒危植物园	70
昆明植物园（1938）	中国科学院昆明植物研究所	昆明市北郊黑龙潭畔，距市区11km	系统树木园，珍稀濒危植物区，山茶园，杜鹃园，百草园，木兰园，油料植物区，展览温室群，单子叶及水生植物区，花卉工厂	43.8
西双版纳热带植物园（1958）	中国科学院昆明植物研究所	澜沧江支流罗梭江畔	珍稀濒危植物迁地保护区，引种植物区，棕榈植物区，阴生植物区	900
乌鲁木齐植物园（1984）	乌鲁木齐市园林局	市郊北面，距市中心约9km	展览区（树木园）经济植物区，观赏植物区，试验区，生活管理区	60.61
沈阳市植物园（1959）	沈阳市园林科研所	沈阳市东郊	珍稀濒危植物区，树木园，岩石植物区，木本药用植物区，观赏植物区，沼泽水生植物区，地理林型区，果树实验区，引种	154
武汉大学树木园（1933）	武汉大学	湖北省武昌东湖之滨	自然植被保护区（珞珈山针叶和阔叶混交林，青冈栎林，针叶林，樟树林，石榴林，栎树林，杂木林，品种园，蕨类植物），观赏植物区（樱园，梅园，桂花园，枫园）	校园和树木园混在一起共196.44
北京教学植物园（教）（1956）	北京市教育局	北京市城区龙潭湖南侧	植物分类区，生物科技园繁育试验温室，实验室教室	11.6

1995年3月，根据《中国植物园参观指南》(Botanical Gardens of China A. Travellers Guidebook)，中国植物学会植物园协会编1991年第1版

第六章 动 物 园

第一节 动物园发展概况

  动物园是人类社会经济文化、科学教育、人民生活水平、城市建设发展到一定程度的产物。世界上，动物园这种形式的出现，以1829年伦敦动物园的建设为标志，也仅有100多年的历史。

  动物园是以野生动物展出为主要内容，目的是宣传普及有关野生动物的科学知识，对游人进行科普教育，对野生动物的习性、珍稀物种的繁育进行科学研究。同时，为游人提供休息、活动的专类公园。

  据世界动物保护组织统计，目前，全世界动物园约有900个，其中欧洲353个，美洲250个，亚洲175个，非洲和其它地区较少。美国201个，英国87个，德国55个，法国39个。动物园已成为衡量一个国家教育、科学、文化、技术发展的标志之一。目前，世界上收集动物种类最多的是德国柏林动物园，收集2285种，13800头（只）；荷兰阿姆斯特丹1530种，6500头（只）；伦敦动物园1300种，8200头（只）；日本东京上野动物园1000种，7500头（只）。

  我国从最早开始建立的北京动物园（1906年）和上海动物园（1931年）起，至今建立的动物园（不含公园动物展区）共计28个。据中国动物园协会统计，我国每年参观动物园人数达1.3×10^8人次。我国地大物博，人口众多，动物资源丰富，但动物园数量与发达国家相比，显然太少。我国动物园所收集的动物种类一般在100～200种。最多的为北京动物园，共收集600多种，12000头（只）。其次为广州动物园，收集400种，4000头（只）。上海动物园380种，3500头（只）。从展出内容看，我国动物园大多是综合性的，专业分工不细，大体雷同，地区特色体现不够。

  依据动物园位置、规模、展出方式等不同，可将我国动物园划分为4种类型。

一、城市动物园

  一般位于大城市近郊区，面积大于$20hm^2$，动物展出比较集中，品种丰富，常收集数百种至上千种动物。展出方式以人工兽舍结合动物室外运动场地为主，美国纽约动物园，英国伦敦动物园及我国的北京、上海动物园均属此类。

二、人工自然动物园

  一般多位于大城市远郊区，面积较大，多上百公顷。动物展出的品种不多，通常为几十种。以群养、敞放为主，富于自然情趣和真实感。目前，此类动物园的建设是世界上动物园建设的发展趋势之一,全世界已有40多个,如日本九州自然动物园,我国的深圳野生动物园、台北野生动物园均属此类。

三、专类动物园

多位于城市近郊,面积较小,一般为5～20hm²。动物展出的品种较少,通常为富有地方特色的种类,如泰国的鳄鱼公园、蝴蝶公园等均属此类。这类动物园特色鲜明,往往在旅游纪念品、旅游食品的开发上与特色动物有关。

四、自然动物园

一般多位于自然环境优美、野生动物资源丰富的森林、风景区及自然保护区。面积大,动物以自然状态生存,游人通过确定的路线、方式,在自然状态下观赏野生动物,富于野趣。在非洲、美洲许多国家公园中,均是以野生动物为主要景观。我国四川省都江堰国家森林公园也利用园内大熊猫、小熊猫、金丝猴、扭角羚、獐、天鹅等十多种国家重点保护动物,建立全国最大的森林野生动物园。

此外,在新加坡首创了世界第一个夜间野生动物园。全园占地40hm²,根据地形及动物种类规划为8个景区,包括"喜马拉雅山脚"、"尼泊尔河谷"、"缅甸山区森林"等。动物园内已收养有81种共900只珍禽异兽,其中有单角犀牛、非洲羚羊、蓝绵羊、香猫、食鱼鳄等。别出心裁的布局是夜间野生动物园设计上的一大特色。园内以沟渠、溪流形成拦障,安装着特别的灯光,效果与自然月光近似,动物可在园地里自由漫步或随意奔跑。夜间野生动物园只在夜晚开放,时间在18:30～24:00。为便于游客观赏野生动物,园内专设有游览电车,穿行于部分畜养驯服动物的园林间。

动物展出在我国除上述各类动物园外,在综合性公园中设置动物角也是一种常用的手法。公园内驯养大型动物和猛兽类动物需较多卫生、安全防护措施,管理开支较大,因此,在《公园设计规范》中规定,在已有动物园的城市、综合性公园中不得设大型动物、猛禽类动物展区,鸟类、金鱼类、兔、猴类展区可在综合性公园内选择一个角落布置。

第二节 动物园规划设计要点

动物园规划的主要内容为确定动物园的规划原则、指导思想、建设目标、性质、规模、功能分区、展览动物的方式、建筑设施、园路、出入口布置、园林绿化方式、旅游服务设施、科研行政管理设施、饲养种植管理设施。通过动物园的合理规划建设,使游人对动物科学有一定的了解,达到科普教育目的。动物园应具有良好的园林绿化环境,使游人具有休息活动的空间,并提供方便的旅游服务,同时,要便于饲养管理,保证科学研究的进行。

为了使规划全面合理,在制定动物园总体规划时,应由园林规划人员、动物学家、饲养管理人员共同讨论,确定切实可行的总体规划方案。

一、陈列布局方式

动物园动物展出的陈列布局方式主要有3种类型:
1. 按动物进化系统布局

这种陈列方式的优点是具有科学性，通过按昆虫类、鱼类、两栖爬行类、鸟类、兽类（哺乳类）的进化顺序布局，使游人具有较清晰的动物进化概念，便于识别动物。缺点是在同一类动物里，生活习性往往差异很大，给饲养管理方面造成不便。如莫斯科、布拉格等动物园布局均采用这种方法。

2. 按动物原产地布局

按照动物原产地的不同，结合原产地的自然风景、人文建筑风格来布置陈列动物。其优点是便于了解动物的原产地、动物的生活习性，体会动物原产地的景观特征、建筑风格及风俗文化，具有较鲜明的景观特色。其缺点是难以使游人宏观感受动物进化系统的概念，饲养管理上不便。

3. 按动物的食性、种类布局

这种陈列方式优点是在动物饲养管理上非常方便经济。北京动物园在新制定的总体规划中就采用了这种布局形式。共分为8个动物展区。

(1) 小哺乳兽区　包括小哺乳兽馆、犬科动物舍和袋鼠舍等。
(2) 食肉动物区　包括狮虎山、中型猛兽馆、熊山、熊猫馆等。
(3) 鸟禽区　包括水禽湖、猛禽栏、鸣禽馆、鹦鹉馆、鸟类大罩棚、走禽舍、火烈鸟、朱鹮馆等。
(4) 食草动物区　包括象馆、犀牛馆、河马馆、羚羊馆、獏馆、鹿苑、长颈鹿馆、霍加皮馆、羚羊苑、高山动物、草原动物等。
(5) 灵长动物区　包括猩猩馆、大猩猩馆、金丝猴馆、猿猴馆等。
(6) 两栖爬行区　包括两栖爬行馆、鳄鱼池等。
(7) 繁殖区　珍稀动物鹤类、大熊猫、金丝猴、小熊猫等。

动物展出陈列布局的形式应根据动物园的用地特征、规模、经营管理水平，对上述方法可单独或综合使用。

二、用地比例

动物园除展示动物外，应具有良好的园林外貌，为游人创造理想的游憩场所。根据《公园设计规范》要求，动物园的用地比例应符合表6—1的要求。

表6—1　动物园用地比例

	规模（hm²）	园路铺设（%）	管理建筑（%）	游览、休息、服务、公共建筑（%）	绿化（%）
动物园	>20	5~15	<1.5	<12.5	>70
	>50	5~10	<1.5	<11.5	>75
专类动物园	2~5	10~20	<2.0	<12	>65
	5~10	8~18	<1.0	<14	>65
	10~15	5~15	<1.0	<14	>65

三、设施内容

1. 文化教育性设施

露天及室内演讲教室、电影报告厅、展览厅、图书馆、展览宣传廊、动物学校、情报中心等。

2．服务性设施

出入口、园路广场、停车场、存物处、餐厅、小吃店、冷饮亭、售货亭、纪念品及玩具商店等。

3．休息性设施

休息性建筑亭廊、花架、园椅、喷泉、雕塑、游船、码头等。

4．管理性设施

行政办公室、兽医院、动物科研工作室及其它日常工作所需的建筑。

5．陈列性设施

陈列动物的笼舍、建筑及控制园界及范围的设施。

四、出入口及园路

动物园的出入口应设在城市人流的主要来向，应有一定面积的广场便于人流的集散。出入口附近应设有停车场及其它附属设施。除主出入口外，还应考虑专用出入口及次要出入口。

动物园的道路分为导游路、参观路、散步小路和园务专用小路。主路是最明显、最主要的导游线，要有明显的导向性，方便地引导游人到各个动物展览区参观。应通过道路的合理布局组织参观路线，以调整人流使之形成适宜的分布及流量。应避免游人过度拥挤在最有趣的展出项目处。

动物园道路的布置方式，除在出入口及主要建筑可采用规则式外，一般应以自然式为宜。自然式的道路布局应考虑动物园的特殊性，应结合地形的起伏适当弯曲，便于游人到达不同的动物展览区。导游路和参观路既要有所区分，又要有便捷的联系，确保主路的人流畅通。在道路交叉口处，应结合具体情况设置休息广场。

五、绿化种植

动物园的规划布局中，绿化种植起着主导作用，不仅创造了动物生存的环境，还为各种动物创造接近自然的景观，为建筑及动物展出创造优美的背景烘托，同时，为游人游览创造了良好的游憩环境，统一园内的景观。

（1）动物园的绿化种植应服从动物陈列的要求，配合动物的特点和分区，通过绿化种植形成各个展区的特色。应尽可能地结合动物的生存习性和原产地的地理景观，通过种植创造动物生活的环境气氛。也可结合我国人民喜闻乐见的形式来布置，如在猴山附近布置花果木为主形成花果山；大熊猫展区多种竹子，烘托展示气氛。鸟禽类展室可通过绿化赋予传统的中国画意，造成鸟语花香的庭园式布置。如南京玄武湖公园内的鸣禽室，以灌木和山石相配产生较好的效果。

（2）与一般文化休息公园相同，动物园的园路绿化也要求达到一定的遮荫效果，可布置成林荫路的形式。陈列区应有布置完善的休息林地、草坪做间隔，便于游人参观陈列动物后休息。建筑广场道路附近应作为重点美化的地方，充分发挥花坛、花境、花架及观赏性强的乔灌木的风景装饰作用。

（3）一般在动物园的周围应设有防护林带。前苏联规定宽度为200m，北京动物园为

10～20m，上海西郊动物园为10～30m。卫生防护林起防风、防尘、消毒、杀菌作用，以半透风结构为好。北方地区可采用常绿落叶混交林，南方可采用常绿林为主。在当地主导风向处，宽度可加大，并可利用园内与主导风向垂直的道路增设次要防护林带。在陈列区与管理区、兽医院之间，也应设有隔离防护林带。

（4）动物园种植材料的选择，应选择叶、花、果无毒的树种，树干、树枝无尖刺的树种，以避免动物受害。最好也不种动物喜吃的树种。

第三节 动物园规划实例

一、伦敦摄政公园动物园

1826年，伦敦动物协会在摄政公园建造占地15hm²的动物园（图6—1）。在其建造中借鉴了中国和埃及宫中猎苑的形式，建造现代动物园的主要原则之一，即在风景如画的、植被茂盛的环境中展览动物。

在摄政公园中首次应用了科技新成果，如集中供暖，白天人工照明、通风等。该园目前仍是欧洲最大的动物园之一。其用地为展览区13hm²，服务区0.8hm²，行政管理区1hm²，儿童活动区0.2hm²。

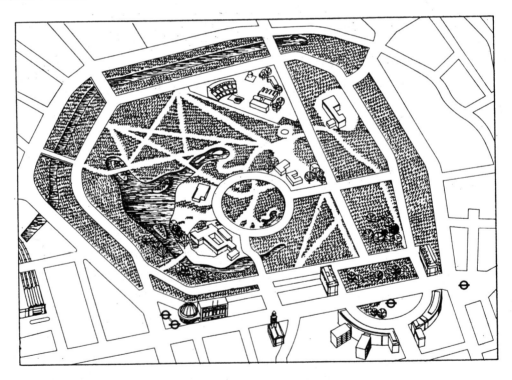

图6—1 伦敦摄政公园的动物园规划方案

二、柏林动物园

柏林动物园（图6—2）占地面积160hm²，展览800多种约5000只动物。规划布局为展览区92hm²，按动物地理学、生态学和科普三条不同路线参观动物及鸟类。尽可能为动物展示创造与自然界相类似的条件。园内有效地利用各类水体，用溪河、河道、运河及湖泊系统，作为大型展览空间的边界。动物园规划中，绿化种植起着主导作用，不仅创造了动物的生存环境，而且统一了全园的景观。如用绿化将展览场地周围形成篱垣，形成有孤立树和观赏树丛的开朗草坪，草地周围有使动物之间彼此隔离的水池和河道，在休息区缘地形成风景如画的景观。

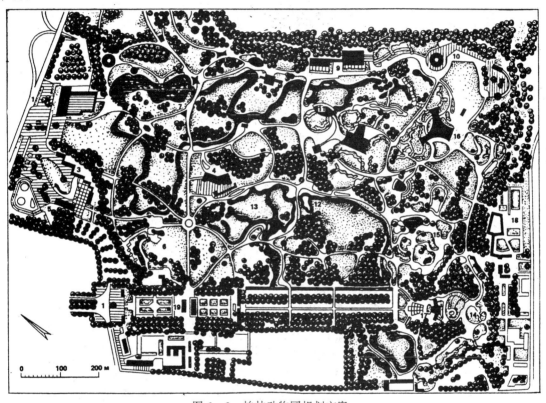

图6—2 柏林动物园规划方案
1.入口 2.停车场 3.展览馆 4.咖啡馆·餐厅 5.电影院 6.花卉、草本花园 7.展览场地 8.长颈鹿 9.灵长园 10.热带动物 11.河马 12.火烈鸟 13.美洲驼 14.熊 15.小动物角 16.陈列馆 17.水族馆 18.管理处 19.城堡

三、美国圣迭戈动物园

圣迭戈动物园（图6—3）占地面积50hm²，动物1500多种，5000只。展示及参观路线的组织以生态学和科普为原则。园内的某些建筑博得很高的评价。组织有5处兽栏的天然露天剧场。在斜坡地上、绿树丛中，在有坡道和台阶联系的人造台地上安放展品，游人可从上方，从专门的平台和设在支架悬臂梁上的观看台及天桥上观看动物，巧妙地使自然地形与人造地形相结合。

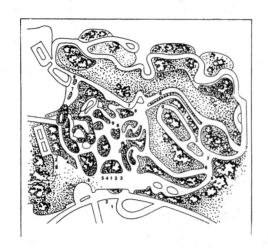
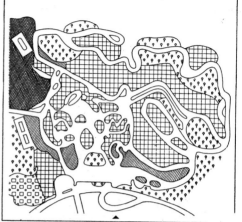

图 6—3　美国圣迭戈动物园
1. 信息区　2. 休息区　3. 饭店　4. 纪念物　5. 电影院
6. 喂养动物台架　7. 喷泉饮水器　8. 散步林荫道　9. 野餐区

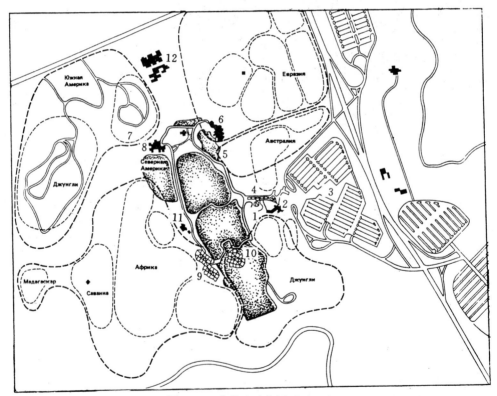

图 6—4　多伦多动物园平面示意
1. 主出入口　2. 行政办公楼　3. 停车场　4. 海洋世界　5. 澳洲区　6. 亚欧区
7. 南美洲区　8. 北美洲区　9. 非洲区　10. 印度、马来西亚区　11. 饭店　12. 服务区

四、多伦多动物园

多伦多动物园（图6—4）占地30hm²，原地形为岗峦起伏的高原，周围被纵深的河谷、凹地及茂密的森林包围。动物园的规划最大限度地使动物的生活条件近似于它们生存的自然环境。全园分为6个主要的动物地理区——非洲、印度、马来西亚、澳大利亚、欧亚、南美和北美。在每个地理区内还规划有不同的分区，并设有代表性的陈列馆和露天展览区。创造了小型沙漠、山脉、高原、热带稀树草原、热带丛林、沼泽地、森林、湖泊、小溪等，使游人融于天然植物群落和植物群落的自然环抱之中。

五、东京上野动物园

东京上野动物园（图6—5）是日本最大的动物园。目前动物园分东、西两园，面积14hm²，动物品种有910种，共8212只。

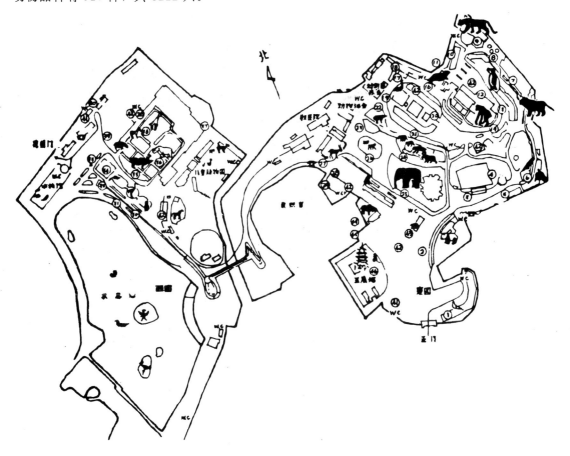

图6—5 东京上野动物园

1.野鸡 2.熊猫 3.孔雀 4.塘鹅 5.日本的小鸟 6.猛禽 7.猛兽活动场 8.小熊猫 9.虎 10.狼 11.外国的小鸟 12.企鹅 13.小兽 14.类人猿 15.豹 16.海象 17.猿猴 18.食蚁兽 19.海豹 20.飞禽 21.仙鹤 22.海兽 23.北极熊 24.熊 25.象 26.猴山 27.黑猩猩 28.免费休息所 29.食堂 30.企鹅 31.加拿大仙鹤 32.海狸 33.水鸟 34.火烈鸟 35.河马 36.白犀牛 37.野山羊 38.长颈鹿 39.斑马 40.松鼠 41.出租儿童车 42.小商店 43.救护站 44.美国野牛 45.鹿 46.袋鼠

六、其它动物园平面图

图6—6 伦敦威甫斯南特天然动物园

1.骆驼 2.自动过道 3.白犀牛馆 4.非洲地区 5.印度犀牛 6.黑犀牛 7.鸟笼 8.胡德菲尔德圈场 9.欧洲野牛 10.停车场 11.佛雷圈场 12.强盗圈场 13.拟建非洲馆 14.狼林 15.火车站 16.天桥 17.却脱雷圈场 18.迴廊餐厅 19.酒吧 20.中心草坪 21.水上哺乳动物 22.中央林荫道 23.鸟笼 24.游戏场 25.海豹池 26.园圈场 27.骆驼 28.大鹤 29.雷草牧场 30.台格诺尔圈场 31.彼得爵士小路 32.河马池 33.霍雷法林达尔圈场 34.霍尔克劳夫脱圈场 35.角马 36.白点黑鹿 37.虎 38.山羊 39.狮 40.丘原 41.可弟亚克熊 42.北极熊 43.停车场 44.野餐场地 45.拟建亚洲馆 46.斯毕萨斯场地 47.琼小姐路 48.长颈鹿 49.2号中央圈场 50.野风信子林 51.华伦圈场 52.中央圈场 53.猴 54.乘骑场 55.豹虎 56.猩猩 57.象 58.卖货处 59.鸟林 60.正门 61.野猪 62.猫科小动物 63.奎斯雷路 64.熊 65.尤耳夫人小路 66.练马场 67.企鹅池 68.野牛山 69.儿童动物园 70.动物学教育馆 71.房地产管理处、拾物招领处

赫尔辛基动物园（图6—8）有80多年历史，由于发展较快，由城市的一个区迁到附近的一个岛上，是芬兰著名的动物园，园内收养600多头珍奇动物。

南宁动物园（图6—10）原来附设于市内人民公园内，1973年9月迁到市郊西乡扩造林站。全园占地面积40hm²，现已建成有熊猫馆、狮虎山、熊山、海豹池、河马馆、食草动物馆、蛤蚧馆、鹿苑、鸟房等。园内大量种植各类果树、高大开花植物、热带植物等，并设有园林小品，以增加动物园的园林气氛。目前展出鸟、兽类70多种、435只，鱼16种，3000条。

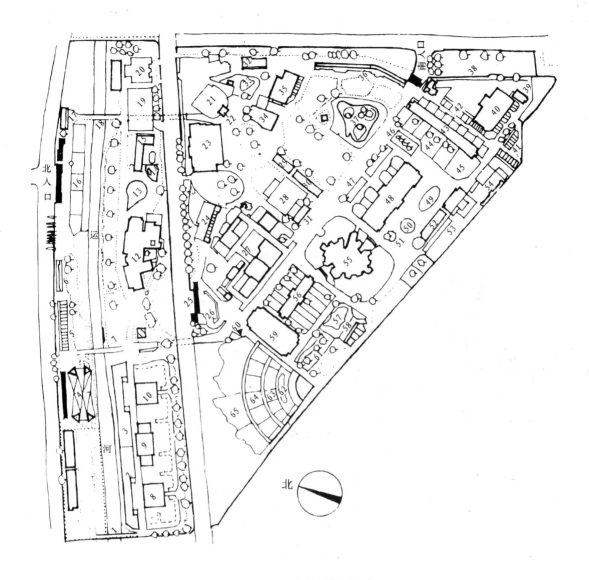

图6—7 伦敦动物园

1.西桥 2.鹿 3.羚羊 4.鸟房 5.雉鸡 6.猫头鹰 7.轮船码头 8.马和牛 9.长颈鹿 10.骆驼、美洲驼 11.海狸 12.哺乳动物、夜行动物 13.巨猿饲养处 14.水獭 15.昆虫 16.鹳和鹅 17.英国猫头鹰 18.东桥 19.会议室 20.办公楼 21.咖啡阁 22.照相馆 23.餐厅 24.东方鸟房 25.大门 26.凉亭 27.猴和猿 28.儿童游戏场 29.鹦鹉 30.长臂猿 31.售品部 32.英国鸟类 33.火烈鸟 34.凉亭 35.鹦鹉房 36.肉食鸟 37.三岛塘 38.狼林 39.鸣禽 40.鸟房 41.雉鸡 42.孔雀 43.狗和狐 44.野牛 45.熊猫 46.水禽 47.猩猩 48.狮舍 49.企鹅 50.海豹 51.浣熊 52.野餐坪 53.儿童动物园 54.鹌鹑棚 55.象和犀牛 56.鹳和驼鸟 57.海狮 58.野狗 59.爬虫馆 60.水族馆入口 61.南方鸟类 62.企鹅和鹈鹕 63.野猪 64.熊 65.山羊

广州动物园（图6—11）占地33.4hm²，现有动物240种，1513只，于1958年开放。动物园原地形丘陵起伏，北高南低。最初按照动物的进化顺序排列笼舍，后经多年实践后，逐渐改为按照以动物的习性分类来排列笼舍布局。总体规划方案是在原有动物园的基础上规划

扩建,将西南扩展后,面积达50hm²。对原有功能区划进行调整,大门改为南入口,灵长类展区扩大,鸟类展区搬至西南,将通风、朝向不好的地区设置飞禽和猛兽区。动物笼舍的安排考虑参观的低潮和高潮,以免游人过于集中拥挤。

图6—8 赫尔辛基动物园
1.猫科动物 2.南欧野羊、阿尔卑斯山山羊和羚羊 3.山羊 4.野熊 5.麋 6.鹿 7.狼 8.欧洲野牛 9.鹿 10.斑马 11.麝香牛 12.牦牛 13.熊山 14.企鹅 15.苔原湖 16.森林湖 17.北极鹅 18.波罗的海动物 19.野驴 20.南美骆马 21.美洲野牛 22.白尾鹿 23.北极熊山 24.红鹿 25.鹿 26.驯鹿 27.中亚高原动物 28.大洋洲动物 29.小鹦鹉 30.雪猫头鹰 31.大鹦鹉 32.印度动物 33.木土鸟类 34.鹑鸡类的鸟 35.秃鹰 36.非洲食尸禽 37.猛禽 38.小猫头鹰 39.水獭 40.狼山 41.兔 42.红狐 43.狸 44.豸 45.子夜动物馆 46.穴熊和浣熊 47.猴舍 48.火鹤

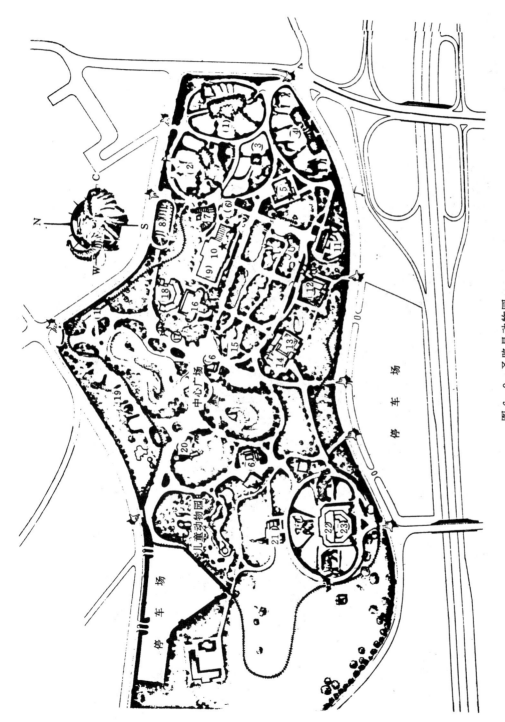

图 6—9　圣路易动物园

1. 驯鹿　2. 骆马　3. 羊　4. 骆驼、斑马、长颈鹿　5. 狮房　6. 售品部　7. 山鸡房　8. 鸟笼　9. 动物协会　10. 鸟房　11. 黑猩猩活动台　12. 猩猩馆　13. 爬虫馆　14. 小哺乳动物馆　15. 海豹池　16. 类人猿馆　17. 小哺乳动物坑　18. 海豹活动台　19. 熊山　20. 鹰笼　21. 海兽房（企鹅、海象）　22. 象房（象、犀牛、河马、貘）　23. 象活动台

281

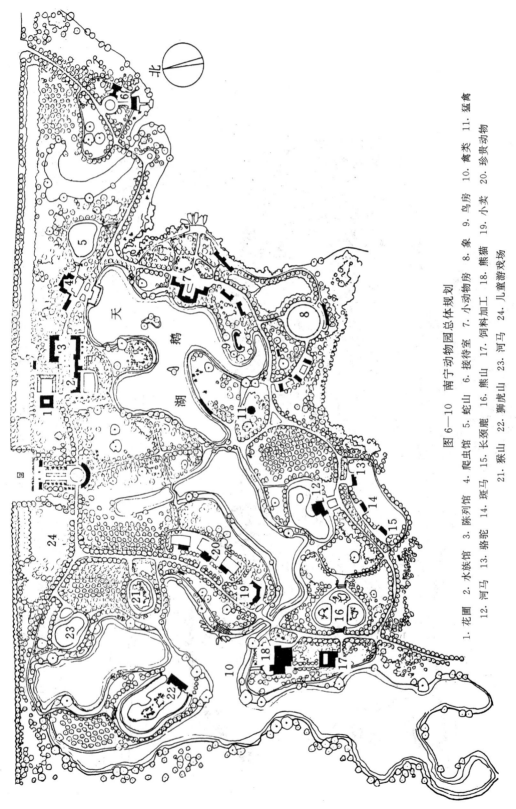

图 6—10 南宁动物园总体规划

1. 花圃 2. 水族馆 3. 陈列馆 4. 爬虫馆 5. 蛇山 6. 接待室 7. 小动物房 8. 象 9. 鸟房 10. 禽类 11. 猛禽
12. 河马 13. 骆驼 14. 斑马 15. 长颈鹿 16. 熊山 17. 饲料加工 18. 熊猫 19. 小兽 20. 珍贵动物
21. 猴山 22. 狮虎山 23. 河马 24. 儿童游戏场

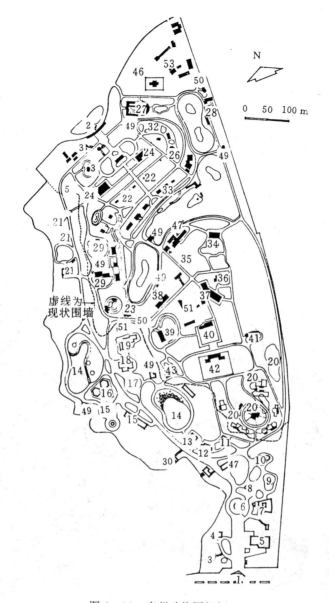

图 6—11 广州动物园规划
1. 南入口 2. 北入口 3. 管理室 4. 接待室 5. 科教电影 6. 爬虫馆 7. 爬虫馆 8. 海龟池 9. 鳄鱼池 10. 蟒蛇池 11. 鸽类 12. 家禽笼 13. 鸽类 14. 浅底繁殖池 15. 猛禽笼 16. 孔雀笼 17. 鹦鹉笼 18. 走禽笼 19. 鸡禽笼 20. 鹿区 21. 猞猁,狼豹 22. 小型兽舍 23. 犀牛 24. 黑猩猩 25. 狒狒 26. 山魈 27. 水族馆 28. 昆虫馆 29. 狮虎山 30. 猩猩馆 31. 黑猩猩 32. 长臂猿 33. 猛兽笼 34. 猴山 35. 小熊猫 36. 熊猫馆 37. 袋鼠馆 38. 河马池 39. 象房 40. 长颈鹿 41. 熊窝 42. 斑马 43. 骆驼 44. 棕熊 45. 儿童活动区 46. 生活区 47. 小卖服务 48. 摄影部 49. 休息亭 50. 公厕 51. 犀牛笼 52. 其它鸟类 53. 兽医院

图 6—12 杭州动物园规划

杭州动物园（图 6—12）位于西湖之南临近虎跑的白鹤峰下。园址山峦起伏，园内高差达 40m。绿树成荫，构成了一座山林动物园。目前占地面积 20hm²，展出我国特产的各种珍贵动物，如大熊猫、金丝猴、东北虎、丹顶鹤等。共 150 种，约 1000 只。杭州地理上处于亚热带边缘，鸟类和爬虫类品种很多。同时杭州又是金鱼的发源地。结合地区的特性及靠近虎跑风景点的特殊性，动物园把金鱼、鸟类、爬虫类、虎做为展出的重点。笼舍布局利用原地形条件，减少土方量，并从饲养方便的角度，采用大集中小分散的原则。其中（1）按动物生态习性安排，喜山靠山，喜水靠水；(2) 按动物的珍贵程度安排，把有地区代表性的动物安排在重点位置；(3) 把游人喜闻乐见的动物安排在重点位置；(4) 从动物饲养管理方便考虑，将同类饲料的动物就近安排。

主干道路宽 4m，总长 1km，园地形变化大，无法形成环路。小路宽 2m～3m，总长约 3km。

全园面积分配为建筑 15816m²（含活动场地 10508m²）；道路为 10407m²；水面 10604m²；绿地 156313m²；生产基地 5400m²。

上海西郊动物园（图 6—13）是 50 年代后新建的以展出动物为主的公园。其前身为占地 2620hm² 的高尔夫球场。因此，大片草地形成了目前该园的特点。1954 年向游人开放，占地 66.7hm²。日游人量平均为 1×10^4 人左右，节假日高峰时可达 7×10^4 人。园内主干道宽 4m，总长约 3km。

图 6—13 上海动物园规划

1. 狮虎；2. 熊猫 3. 熊 4. 鸣禽、猛禽 5. 中型猛兽 6. 水禽、涉禽 7. 企鹅 8. 金鱼 9. 爬虫 10. 办公持 11. 休息廊 12. 猴类 13. 象 14. 鹿 15. 长颈鹿 16. 野牛 17. 河马 18. 斑马 19. 海狮 20. 饲养管理

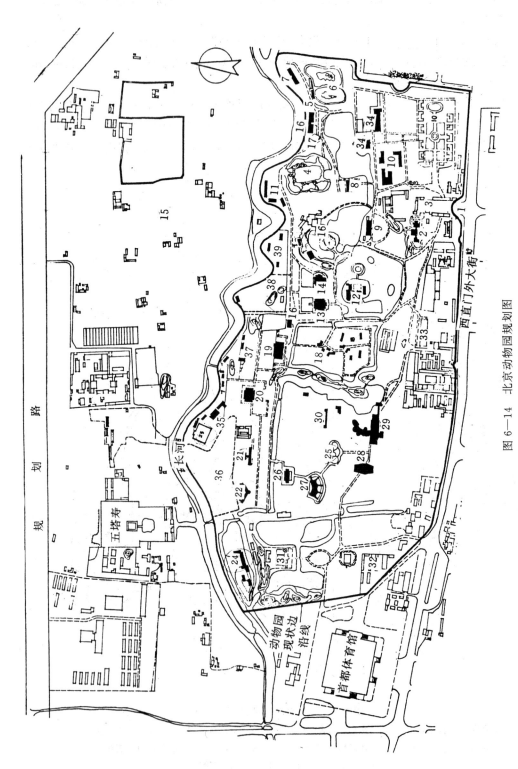

图 6—14 北京动物园规划图

1. 大门 2. 熊猫馆 3. 行政办公 4. 狮虎山 5. 豹房 6. 白熊池 7. 厕所 8. 猴楼 9. 接待 10. 小动物区 11. 管理 12. 水禽、鸣禽 13. 犀牛 14. 河马 15. 猛禽 16. 休息小吃 17. 狼笼 18. 鹿区 19. 羚羊馆 20. 长颈鹿馆 21. 旧爬虫馆 22. 象房 23. 旧鸟房 24. 饲料房 25. 海豹 26. 猴房 27. 猩猩房 28. 海牛馆 29. 新建爬虫馆 30. 金鱼廊 31. 畅观楼 32. 园林局修建处 33. 园林局办公楼 34. 羚羊等 35. 冷库 36. 将建的鹿苑 37. 野马、斑马、角马 38. 鸵鸟、鹳鹬 39. 羚鹿等

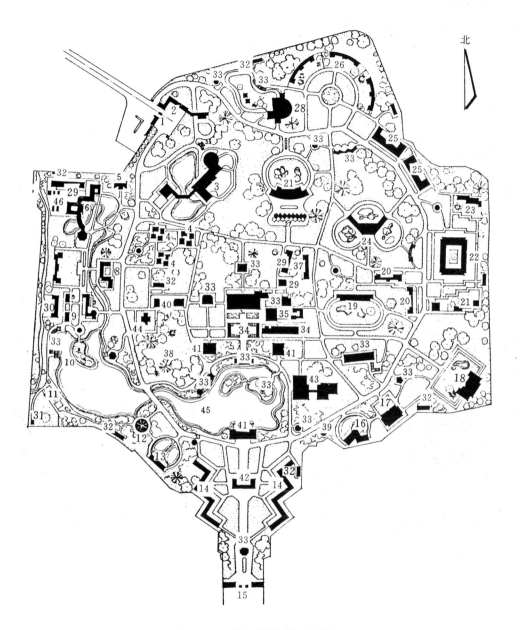

图 6—15 成都动物园规划设计

1. 北大门 2. 贵宾接待室 3. 熊猫馆 4. 雉鸡房 5. 淡水鱼馆 6. 金鱼廊热带鱼馆 7. 走禽 8. 爬虫馆 9. 鸣禽区 10. 游禽湖 11. 猛禽笼 12. 游禽笼 13. 海狮海豹 14. 小动物区 15. 南大门 16. 河马馆 17. 犀牛馆 18. 大象房 19. 狮虎山 20. 中型猛兽 21. 野牛房 22. 羚羊馆 23. 骆驼房 24. 熊山 25. 小鹿园 26. 大中鹿园 27. 猴山 28. 长颈鹿 29. 管理办公楼 30. 孵化室 31. 泵房 32. 厕所 33. 休息室 34. 茶园 35. 小卖 36. 面馆 37. 食堂 38. 儿童游戏场 39. 水塔 40. 照相服务 41. 展览 42. 科普 43. 中心饲料房 44. 孔雀房 45. 风景湖 46. 金鱼繁殖池

北京动物园（图 6—14）占地面积 56hm², 展出动物 631 种, 3313 只, 是国内展出品种最多的动物园, 每年参观人数达 750×10⁴ 人次, 是世界上接待游人较多的动物园之一。

该园原为清末中央农事试验场旧址, 原有一个面积仅 1.5hm² 的"万牲园"。1908 年开放后的 40 年基本无发展, "万牲园"名存实亡。

1955 年 4 月 1 日定名为北京动物园, 采用按动物食性和种类的布局方法。已建成熊山、狮虎山、熊猫馆、象房、爬虫馆等几十幢馆舍。现有建筑总面积 76661m², 其中用于展出和辅助展出占 38.8%, 服务管理占 11.6%, 办公后勤占 13.6%, 其它占 36%。现状用地比例为动物展示区占 23%, 辅助展出用地占 2.7%; 水体 9.0%; 绿化 42.5%, 道路广场 7.7%。

成都动物园（图 6—15）占地 24hm², 是按照动物进化顺序来排列动物笼舍, 并将珍稀名贵动物安排在突出的位置。规划建兽舍 10266m², 活动场 20736m², 附属设施 9080m²。

西安动物园（图 6—16）占地 60hm², 兽舍安排按动物进化程序排列, 从低级到高级, 即从鱼类到灵长类, 分成若干个小组群。规划注重每个组群的特色。注重突出西北地区的特产动物, 在位置上及建筑上予以强调。并考虑到参观人数多和参观人数少的动物靠近, 以均衡分布游人量。

动物园现有鸟兽类动物 123 种, 1447 只, 金鱼 23 种, 3000 余尾。

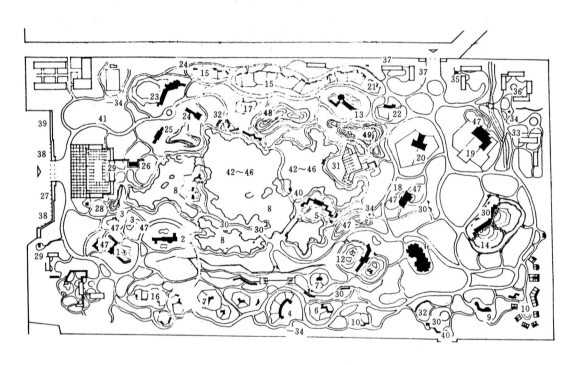

图 6—16 西安动物园总体规划

1. 金鱼 2. 两栖爬虫 3. 海兽 4. 孔雀 5. 鸣禽 6. 走禽 7. 雉鸡 8. 水禽 9. 猛禽 10. 小兽 11. 中型猛兽 12. 熊山 13. 大小熊猫 14. 狮虎山 15. 食草动物 16. 优良家禽 17. 扭角羚 18. 河马 19. 大象 20. 长颈鹿 21. 骆驼 22. 斑马 23. 猴山 24. 金丝猴 25. 猩猩狒狒 26. 夜行动物 27. 大门售票 28. 茶室小卖 29. 办公 30. 休息廊 31. 茶室食堂 32. 花架休息廊 33. 花房 34. 厕所 35. 锅炉房 36. 兽医院隔离室 37. 饲料加工 38. 停车场 39. 自行车棚 40. 休息亭 41. 儿童游戏场 42. 丹顶鹤火烈鸟 43. 鹭鸶 44. 鸭雁 45. 鸳鸯 46. 天鹅 47. 水池 48. 山后 49. 土山

第七章 儿童公园

《日内瓦儿童权利宣言》指出："儿童有享受游戏和娱乐充分机会的权利,各种游戏娱乐必须与教育保持同一目的,社会和主管机关必须为促进儿童对这种权利的享有而努力。"该宣言对儿童的权利的阐述,意味着全人类、全社会对于儿童的关心和爱护责无旁贷。少年儿童是人类、国家和民族的未来和希望,教育、关心、爱护少年儿童是我们的天职。少年儿童是否具备有健康的身体、优良的品格、聪慧的智力,将直接关系到一个国家、一个民族的未来。因此,一个具有远见卓识的国家和民族,都以极大的热情关注着未来一代的教育和成长。我们不仅要提供精美的食品、完善的学习环境,同时还要为他们创造优美的休息娱乐园地,让这些祖国的花朵,健康、茁壮地成长。

第一节 儿童公园概况

据统计,在城市人口中,儿童的比例约占总人口的 1/4～1/3,为少年儿童提供一个完美的教育环境和休息、娱乐环境,已列入城市建设的议事日程。儿童公园、居住区儿童游戏场在世界各国都列为城市规划、居住区规划的正式项目。

18 世纪以前,城市中的大多数居民住在低层的院落式的住宅中,所以儿童的户外活动主要在住宅的院内或附近的街道、弄巷中进行。

随着工业革命的进程,城市迅速发展,人口急骤增加。汽车的发明为城市的交通带来福音,同时,机动车辆的增多,也给城市在街道中开展游戏活动带来不安全因素。据资料表明,当时在工业发达国家,由于交通事故使许多儿童惨遭车祸。19 世纪初,体育活动的国际化,完善的体育组织,对少年儿童游戏场的发展起了很大的促进作用。起初,只在城市公园中开设儿童游戏场。有文字记载的最早的儿童游戏场是在 1845 年由琼夏、曼齐克（Josia Majok）设计的自由贸易公园中出现,游戏场的主要设施有跷跷板、攀登木、体育机械等内容。在公园中游戏场的出现,很受少年儿童的喜爱和家长的欢迎,这就促使更多的公园开辟了专用场地。后来,也就相继出现了儿童公园。

1857 年,在日本最早出现儿童游戏场。至第二次世界大战以前,日本全国有儿童公园约 600 处,1978 年则增加到 23 747 处,比战前增加了 40 倍,总面积达到 4 739hm^2。日本首都东京有儿童公园 1 655 处,总面积约为 318hm^2。

前苏联第一批儿童公园是 1936 年在莫斯科创立的。莫斯科共有 29 个儿童公园,其中 9 处为 1.5～3hm^2,8 处为 3.5～8hm^2、5 处为 9～10hm^2、7 处为 11～25hm^2。东欧一些国家的儿童公园的规模也较大。

1858 年,由奥姆斯特设计的美国纽约中央公园,在公园的西北部开辟为儿童游戏场及板球场,在当时,被公认为是在公园中设计专门的活动场地的创举。1951年,英国首次出现了"交通公园"。这种特殊类型儿童公园的产生,与城市交通运输业的蓬勃发展有紧密的联系。为了让儿童在娱乐的同时,学习和体验城市中的交通规则、交通知识和交通道德,寓教于乐,后来,在法国、德国、丹麦、瑞士、美国和日本等国也都建立了儿童交通公园。

美国还专门为残疾儿童设计了游戏园地,设计中最主要的与一般儿童公园之不同处,在于游戏场内不设台阶,地形变化通过小坡度的坡地处理,使残疾儿童可以坐在电瓶自行轮椅上方便地到达儿童公园各处。同时,残疾儿童公园内的游乐和服务设施都依据手推轮椅或电瓶自动轮椅的实际尺度设计。

日本在城市规划中,十分重视青少年、儿童的户内、户外的休息、娱乐,游戏场所的设置。一般以服务对象到达的距离与时间,考虑幼儿公园、儿童公园、小游园中游戏场的设置。

一般情况下,幼儿公园考虑在100m内走路1~2min,在幼儿与其看护人陪同下步行抵达,面积约为0.05hm², 主要为在住宅园地规模的绿地内,开展幼儿萌芽期的游戏活动。儿童公园考虑在距离为200m~250m内步行约2~3min,面积约为0.25hm²,开展游戏、儿童运动等内容。小游园(近邻公园)内游戏场,多数情况考虑在400~500m距离内,面积约为2.0hm²,可开展青少年户外的休息、娱乐、体育运动等内容。此外,交通公园和残疾儿童公园在日本也被重视。

除了英国、日本所盛行的儿童交通专类园外,前苏联开辟的儿童动物、植物专类公园也是别有特色的儿童公园类型。在俄罗斯的彼得堡(列宁格勒)曾举行过"儿童植物公园"方案竞赛,建筑师ІО·В·赫罗莫夫获得一等奖,他将儿童公园与植物公园

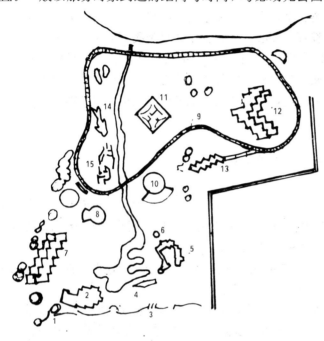

图7—1 瑞士拉普尔斯维列儿童动物园平面
1. 入口 2. 咖啡馆 3. 禽舍 4. "诺亚方舟"船舶 5. "卡兹巴"(摩尔国的城堡) 6. 鸽舍 7. 小马驹 8. 猴子 9. 儿童铁路 10. 露天剧场 11. 国外动物陈列馆 12. 马房 13. 管理用房 14. 游戏"鲸"鱼雕塑 15. 迷园

独具匠心地结合起来。该公园的用地呈狭长条状,位于陡峭的山坡上,并有较大高差。在上层台地上分布有主要的设施:树木园、蔷薇园、大丽花园、园艺试验区与技术作物区、资源区、温室、供举行理论讲座用的露天剧场,以及行政管理建筑。在陡峭的斜坡地上布置了一系列花园(台地园、宿根花卉园、岩生植物园地)。在底层台地以鲜绿色的地被植物和开花植物为底色,自然式水池中布置有水生植物与沼生植物,部分池岸边装饰有野生的缀花草地。儿童公园内树群、灌木和花卉分布在整个场地上。

此外,世界上许多国家近年来广泛推广了儿童动物园。这些动物园在培养成长中的一代对动物世界的兴趣和热爱动物方面起到一定的积极作用。德国汉堡附近一个小镇上的维恩格

斯特动物园，该园内的动物是自由放养的，向全体参观者开放，人们可以接近它们（有危险的猛兽除外）。孩子们最高兴的是在这里可以与动物接触，如猴子、鹦鹉、企鹅、鹿、龟、小蹄类、猸鼠；还有马、母牛、家兔、狗等。瑞士的拉普尔斯维列市儿童动物园于1960年开放（建筑师B·别列斯设计）。该园建在沼泽地上，为展示各种有代表性的动物，在园内创造了各种条件，同时也为配置大量设备优良的儿童游戏器具提供了场地。动物园的尺度和特征非常接近于儿童的接受能力（图7—1）。

专类儿童公园具有多种目的和意义，而且各自具备自己的特点和独特的外貌。在荷兰的马都拉多姆城市博物馆，游人在缩小尺度、善良的矮人国里游览，别有一番情趣。博物馆内任何物体，包括房屋、工厂、轮船、小汽车、风车、航空港内正滑行而待飞的飞机，都按照1∶25的实物缩小。游人在此，仿佛进入另外一个世界。前苏联建筑师M.A.奥尔洛夫设计于莫斯科河群岛上的中央儿童公园，规划面积为250hm²。其中文学—人文学区，游乐、冒险幻想之城在园中占了很大部分。该区每项设施都有自己的主题和构图特点。这个区由环行铁路和高架单轨铁路联系，在园内几条主干道的交叉点处，为公园构图中心"宇宙的开发"综合体。该园是一座巨大的露天博物馆。

中华人民共和国成立以后，在各大、中城市以及一些小城市陆续建立了儿童公园，如广州、上海、哈尔滨、大连、杭州、桂林、湛江、吉林、金华、宜昌、韶关、大庆、岳阳、德州、屯溪等地。这些城市的儿童公园面积大小不等，如韶关为0.6hm²；金华为1hm²；上海海伦儿童公园为2hm²；湛江为1.25hm²；德州为6.4hm²；大庆市儿童公园为23hm²；哈尔滨儿童公园约为13.2hm²（图7—2—A～J）。

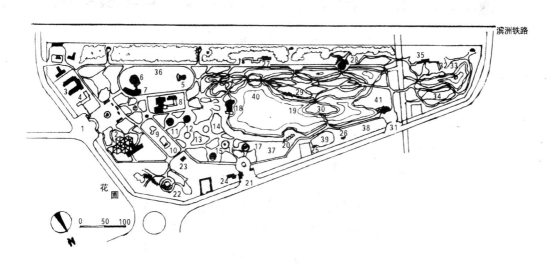

图7—2—A 大庆市儿童公园总平面

1.东门 2.花鸟馆 3.温室 4.服务部 5.宇航塔 6.科普展室 7.空中列车站 8.游艺室 9.涉水池 10.戏水池 11.游龙 12.游艇 13.飞机 14.飞象 15.登月火箭 16.跑马 17.飞椅 18.湖滨餐厅 19.碧水白阁 20.候船廊 21.北门 22.池中廊 23.水厕 24.变电所 25.露天舞台 26.旱厕 27.览峰亭 28.环亭 29.茶点部 30.飞雁亭 31.西门 32.水榭 33.湖心亭 34.扇面亭 35.姑苏茶室 36.空中列车 37.幼儿玩具 38.儿童游戏场 39.旱冰场 40.石林岛

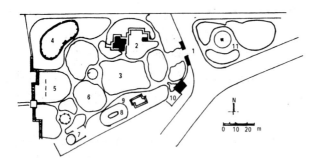

图 7—2—B 金华市儿童公园平面
1. 出入口 2. 游艺室 3. 综合滑梯 4. 小火车 5. 秋千 6. 转椅 7. 浪船 8. 花坛 9. 三轮车 10. 碰碰车 11. 儿童雕塑

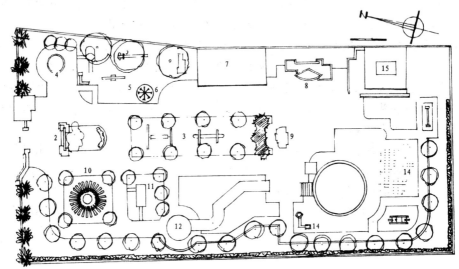

图 7—2—C 黄石市儿童公园游乐小区平面
1. 出入口 2. 装饰墙 3. 荡船 4. 蘑菇亭 5. 跷跷板 6. 转椅 7. 娱乐室
8. 立体花坛 9. 立体花坛 10. 花架 11. 滑梯 12. 园亭 13. 登月火箭 14. 铺装广场 15. 厕所

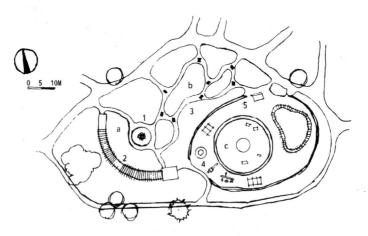

图 7—2—D 晓园儿童活动场平面
a. 主题雕塑区 b. 游戏雕塑区 c. 游戏器械区
1. 雕塑 2. 花架 3. 游戏雕塑 4. 幼儿游戏区 5. 小火车

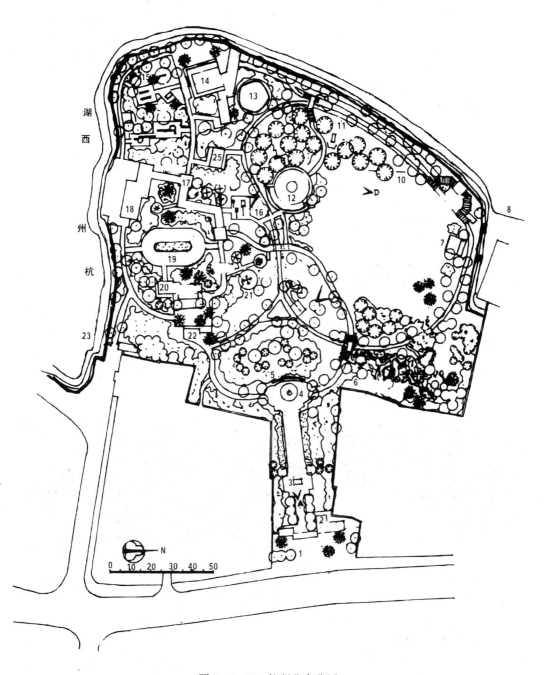

图 7—2—E 杭州儿童公园
1. 大门 2. 小卖部 3. 雕像 4. 喷水池 5. 照壁 6. 万水千山活动区 7. 露天舞台 8. 游船码头 9. 花架亭廊 10. 秋千 11. 浪船 12. 电动游具 13. 幼儿戏水池 14. 游艺室 15. 跷跷板 16. 滑梯 17. 图书室 18. 陈列室 19. 童车场 20. 光电玩具 21. 转椅 22. 小卖部 23. 边门 24. 休息廊 25. 厕所

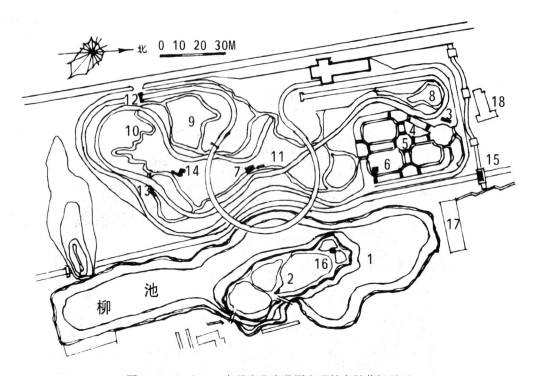

图 7—2—F（a） 宜昌市儿童公园交通教育游艺场平面

1. 台湾岛 2. 日月潭 3. 北京站 4. 天安门 5. 交通岗亭 6. 五角亭 7. 上海海关 8. 丛林猛虎 9. 南国大象 10. 高山雄鹰 11. 四川熊猫 12. 双虹桥 13. 铁索桥 14. 广州宾馆 15. 天下第一关 16. 思乡亭 17. 温室 18. 厕所

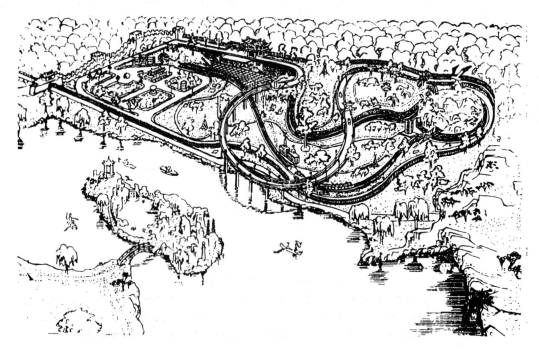

图 7—2—F（b） 宜昌市儿童公园交通教育游艺场鸟瞰

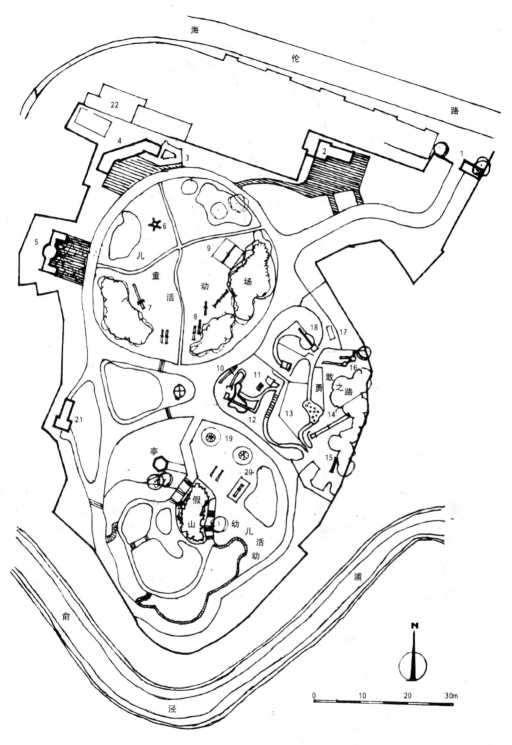

图 7—2—G　上海海伦儿童公园
1. 大门　2. 阅览室　3. 花架廊　4. 游戏室　5. 休息廊　6. 爬架　7. 滑梯　8. 跷跷板　9. 秋千　10. 滑道　11. 盘车　12. 索桥　13. 爬索　14. 吊索　15. 吊架　16. 滑梯　17. 沙坑　18. 独木　19. 转椅　20. 浪木　21. 厕所　22. 管理处

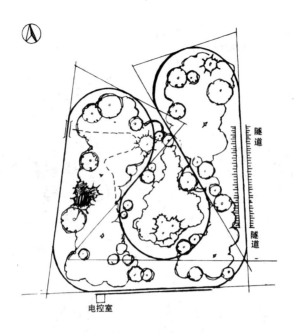

图 7—2—H 唐山市凤凰山公园儿童小火车平面图
注：线条系铁路中心线，全长 229.04m，隧道长 20m，站台
　　长 22m，宽 2m

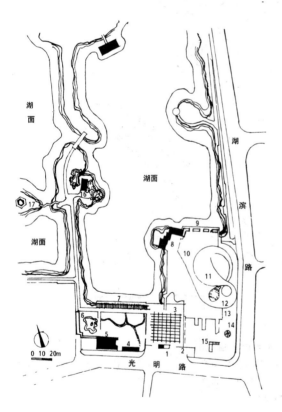

图 7—2—I 中山市仙湖入口景
　　　　区儿童乐园平面图
1. 主要出入口　2. 小卖　3. 广场
4. 咖啡厅　5. 舞厅　6. 休息庭院　7. 花果廊
8. 服务中心　9. 游艇码头　10. 儿童水上游戏
11. 蹚水池　12. 蹚水池　13. 沙地　14. 儿童画壁洞
15. 儿童游戏草场　16. 花轩　17. 亭　18. 水榭

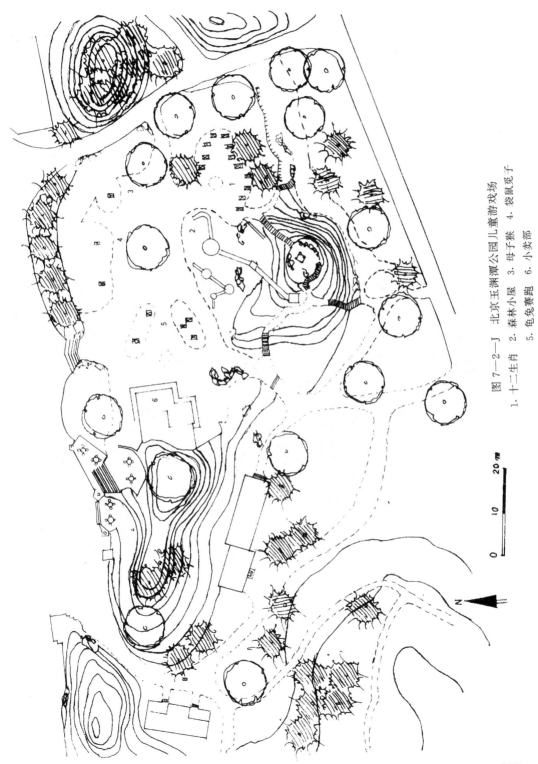

图 7-2-J 北京玉渊潭公园儿童游戏场
1. 十二生肖 2. 森林小屋 3. 母子猴 4. 袋鼠觅子
5. 龟兔赛跑 6. 小卖部

第二节　儿童公园的类型

对在城市人口中约占1/3的儿童，如何科学地给他们创造一个良好的教育条件和休息娱乐环境，正在引起国家和社会有关部门的关注。在公园游人中，儿童所占比例也很大。据北京市有关部门统计，说明北京市每天每个公园中都有几千名儿童在公园中游玩。具体数字如下：中山公园平日游人13 776人，其中儿童为4 207人，占游人总数的30%；北海公园平日游人21 233人，其中儿童8 729人，占游人总数的41%；陶然亭公园儿童也占游人总数的41%。颐和园平日游人总数为17 736人，儿童只有515人，占游人总数的7%。以上数字说明，在一个城市，有必要开辟为少年儿童服务的儿童公园和儿童活动场地。

根据儿童公园的规模、内容，我国城市建设的具体情况，一般儿童公园及儿童游戏场可以主要分为4种类型。

一、综合性儿童公园

这种类型的儿童公园为全市少年儿童服务，一般宜设于城市中心部分，交通方便地段；面积较大，可在几十公顷至百公顷以上。这类儿童公园由于面积大，所以活动时间较长，内容较全面，规划中要尽量考虑儿童的心理和生理特点，同时满足不同建筑物和活动设施的配置要求。一般规定绿化面积应占全园总面积的60%～70%。综合性儿童公园可以是市属和区属。

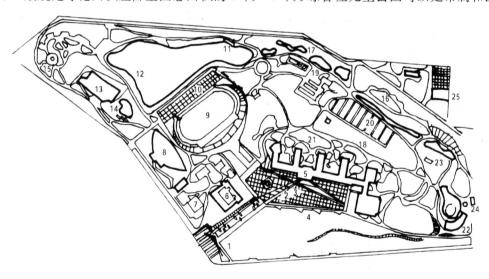

图7—3　莫斯科市少年宫公园总体设计平面
1.主要出入口（设售票亭）　2.少年先锋队检阅广场　3.营火广场及旗杆　4.演讲台　5.少年宫　6.健身房　7.运动场　8.田径练习场　9.大型体育场　10.群众游戏场　11.船坞码头　12.浴场　13.游泳馆　14.涉水池　15.游乐设备　16.动物园　17.养鱼池　18.果园　19.温室和动物学研究所　20.蔬菜园艺培植区　21.花卉栽培观赏区　22.夏季剧场　23.岩石园　24.咖啡馆　25.管理用房

综合性儿童公园的范围和面积可在市级公园和区级公园之间，内容可包括：文化教育、科普宣传、体育活动、娱乐场地、动植物角、培训中心、管理服务区等内容。其中必要的建筑物和设施包括：科学宫、演讲厅、体育场、游泳池、射击场、排球场、篮球场、网球场、棒球场、技巧运动、自行车赛场、汽车赛场、少年先锋队广场、营火场地、露天剧场、少年科技活动中心、游戏宫、养鸽场、动物角、植物角、民间歌舞场、图书阅览室、少年儿童书画之家、咖啡馆等。杭州儿童公园、大庆儿童公园、吉林市儿童公园、上海海伦儿童公园、湛江市儿童公园等为市属；西安建国儿童公园、金华市儿童公园等为区属。在综合性儿童公园规划时，单轨铁路、儿童铁路，快速滑行车等大规模的活动内容可以加以考虑（图7—3）。

二、特色性儿童公园

强化或突出某项活动内容，并组成较完整的系统，形成某一特色。例如哈尔滨儿童公园内儿童小火车的活动独具特色，深受少年儿童的喜爱。该园内的小火车全部由青少年管理、操作。他们参与了小火车的活动全过程，从而使少年儿童了解城市交通的设施、交通规则以及培养儿童管理小铁路的能力。日本的交通儿童公园也别具特色。

前苏联所创立的儿童动物园、儿童植物园的实践可作借鉴。这类特色儿童公园考虑到儿童的年龄特点，给他们介绍世界上的植物和动物群体，使他们热爱自然、热爱动物世界，并在少年儿童参与这些活动的过程中，加强了他们对这些领域中专业知识的兴趣。在靠近克里米亚的少先队和学生宫附近的约10hm²原荒芜果园，划作辛菲罗波尔斯克市儿童公园后，经过20年的改造，在公园内建立了温室、花圃，开办园艺、室内装饰训练班等内容，成为以植物学为特色的儿童公园。在彼得堡，儿童植物园中奖方案的特色（前已叙述）是设计者将儿童公园和植物公园的各自特点作了成功结合，开辟儿童公园规划的蹊径。儿童动物园内，孩子们最高兴的是在这里可以与动物接触。这类特色儿童动物园的尺度和特征非常接近于儿童的接受能力，这里所创建的独特景观，有助于挖掘并发展儿童们创造性的想象力。

三、一般性儿童公园

这一类儿童公园主要为区域少年儿童服务，活动内容可以不求全面，在规划过程中，可以因地制宜，根据具体条件而有所侧重，但其主要内容仍然是体育、娱乐方面。这类儿童公园在其服务半径范围内，将具有大小酌情，便于服务，投资随意，可繁可简，管理简单等特点。

四、儿 童 乐 园

一般在城市综合性的公园内，为儿童开辟专区，占地不大，设施简易，规模较小，成为城市公园规划的组成部分，一般称之为儿童活动区。如北京紫竹院公园、上海杨浦公园、天津水上公园内都布置有儿童乐园。

第三节 儿童公园的设计

儿童公园是根据青少年、儿童的智力和年龄段在城市中提供具有最良好的自然环境条件的游憩场所。所以在儿童公园的规划中，应解决关于儿童公园、游戏场的规模和分布。现将日本建筑师铃木成文提出的指标列于表7—1，供参考。儿童公园规划要点如下。

表7—1 儿童公园、游戏场的规模、内容、面积表

一般规模(m²)	名 称	位 置	内 容	年 龄	每人最小面积(m²)	最小用地(m²)	服务户数
300	幼儿游戏场	住户可以看到的范围，分散性，无穿越交通	草坪，有骑车游戏器具时，路面要平坦	2～5	3.2	120	30～60户 20～30个儿童
450～900	幼儿公园	必要时住户能照顾到，没有穿越交通	自由游戏	5～10	8.1	320	150户 20～100个儿童
600～1500	少年公园	可与住宅有一定距离	有体育器械	9～15	12.2	640	200户 90～120个少年

一、选 址

在城市规划中，如何考虑提供儿童开展休息娱乐的场地，如何布局城市儿童公园系统都是带有战略意义的重要问题。

从选址上考虑，首先应考虑保护儿童公园不受城市水体和气体的污染和城市噪声干扰，以保证儿童公园的设施和教育功能有良好的生态环境和活动空间，使新的一代得到健康的成长。选址还要考虑儿童公园的交通条件，使家长和儿童能便捷抵达，安全顺畅。从合理布点考虑，较完备的儿童公园不宜选择在已有儿童活动场的综合性公园附近，以免造成建设项目的重叠、资金的浪费；反之，邻近已有综合性儿童公园的区域，在城市公园规划中，就可以不考虑儿童活动区。如：杭州花港观鱼公园，由于在附近已建有杭州儿童公园，所以，花港观鱼公园在公园规划中，不再考虑儿童活动的项目。

二、功 能 分 区

由于儿童公园的服务对象主要为幼儿、学龄儿童、青少年以及陪游的家长。作为主要人的幼儿、学龄儿童和青少年，由于年龄段的不同，所以在生理、心理、体力上各有特点。儿童公园在功能分区规划时，必须根据他们的情况而划分不同的活动区域，见表7—2。

表7—2 不同年龄组的游戏行为

游戏形态	游戏种类	结伙游戏	组群内的场地		攀、登、爬
			游戏范围	自立度（有无同伙）	
<1.5岁	椅子、沙坑、草坪、广场	单独玩耍，或与成年人在住宅附近玩耍	必须有保护者陪伴	不能自立	不能
1.5岁～3.5岁	沙坑、广场、草坪、椅子等静的游戏，固定游戏器械玩的儿童多	单独玩耍，偶尔和别的孩子一起玩，和熟悉的人在住宅附近玩耍	在住地附近亲人能照顾到	在分散游戏场有半数可自立，集中游戏场可自立	不能

(续)

游戏形态	游戏种类	结伙游戏	组群内的场地		攀、登、爬
			游戏范围	自立度（有无同伙）	
3.5岁~5.5岁	秋千经常玩，喜欢变化多样的器具，4岁后玩沙的时间较多	参加结伙游戏，同伴人逐渐增多（往往是邻里孩子）	游戏中心在住房周围	分散游戏场可以自立，集中游戏场完全能自立	部分能
小学一、二年级儿童	开始出现性别差异，女孩利用游戏器具玩，男孩捉迷藏为主	同伴人多，有邻居，有同学朋友，成分逐渐多样，结伙游戏较多	可在住房看不见的距离处玩	有一定自立能力	能
小学三、四年级儿童	女孩利用器具玩较多，跳橡皮筋、跳房子等。男孩喜欢运动性强的运动	同伴人多，有邻居、有同学朋友，成分逐渐多样，结伙游戏较多	以同伴为中心玩，会选择游戏场地及游戏品种	能自立	完全能

1. 幼儿游戏场

幼儿的概念指1.5~5岁的儿童。一般主要的游戏种类有：椅子、沙坑、草坪、广场等静态的活动内容；到了5岁左右常见喜欢玩转椅、小跷跷板、滑梯等。以上儿童在1.5~2岁左右必须有家长陪同。这类游戏场的设施有供游戏使用的小房子及休息亭廊、凉亭等供家长休息等使用。幼儿游戏场周围常用绿篱或彩色矮墙围范，一般活动场地成口袋形，出入口尽量少些。该区的活动器械宜光滑、简洁，尽可能做成圆角，避免碰伤。

有些幼儿游戏场设在沙地里，以免幼儿摔伤。

2. 学龄儿童活动区

该区的服务对象主要为小学一、二年级儿童。这时开始出现性别差异而各有所求，一般男孩的活动量比女孩要大些。一般的设施包括：螺旋滑梯、秋千、攀登架、电动飞机、浪木等。此外，还要有供开展集体活动的场地及水上活动的涉水池、障碍活动小区。有条件的地方还可以设室内活动的少年之家、科普展览室、电动器械游戏室、图书阅览室、少年儿童书画室，以及动物角、植物角等内容。

3. 青少年活动区

小学四、五年级及初中低年级学生，在体力和知识方面都要求在设施的布置上更有思想性，活动的难度更大些。

大连儿童公园的青少年活动区，上海长风公园青少年活动区和海伦儿童公园都设有"勇敢者之路"，杭州儿童公园和湛江儿童公园都布置有"万水千山"青少年活动区。设施主要内容包括：爬网、高架滑梯、溜索、独木桥、越水、越障、战车、索桥，还有峭壁、攀登高地等内容。开展上述活动的目的意在激励少年儿童奋发有为、百折不挠的精神，培养他们勇敢攀登、不怕艰险的意志。

开设少年宫、青少年科技文艺培训中心，从小培养青少年课余学习音乐、绘画、文学、书法、电子、地质、气象等科技、文学艺术等方面的基础知识，将对他们的未来学习、生活起重要作用。

4. 体育活动区

青少年儿童正值成长发育阶段,所以在儿童公园中体育活动区是十分重要的活动内容。在公园的环境开展体育活动有着优雅和舒适的感觉。

体育活动项目包括:健身房、运动场、游泳池、各类球场(篮球场、排球场、网球场、棒球场、羽毛球场)、射击场,有条件还可以设自行车赛场,甚至汽车竞赛场等。

5. 文化、娱乐、科学活动区

文化娱乐区主要培养儿童对集体主义的感情,扩大知识领域,增强求知欲和对书籍的爱好。同时结合电影厅、演讲厅、音乐厅、游艺厅的节目安排,达到寓教于娱乐的目的。在儿童公园中组成各种类型的活动小组(少年技术员、少年自然科学家、业余艺术活动组、棋艺、美术等),在这儿,少年儿童们将可以找到感兴趣的问题的答案,并以引人入胜和儿童容易接受的形式使他们认识复杂的科学和技术、各民族的文化习俗及美妙的艺术世界。

6. 自然景观区

大多数儿童公园置身于城市中心,或城市某一角落,对于长期生活在城市环境中的少年儿童,渴望投身自然、接触自然,所以在有条件的情况下,可考虑设计一自然景观区,让天真浪漫的儿童回到山坡,回到水边,躺到草地上,聆听着鸟语,细闻着花香。这里也是孩子们安静地读书、看报、听讲故事的佳境。尤其有天然水源的区域,布置曲溪、小湾、浅沼、深潭、镜池、石矶,创造一个小小的自然绿角。

7. 办公管理区

为搞好儿童公园的服务工作,必须考虑完善的办公管理系统。管理工作包括园内卫生、服务、急救、保安工作。儿童公园游园的特点之一就是陪游的成年人,尤其老年人的休息设施,如亭廊、花架、坐椅等要加以认真考虑。

三、儿童公园设计要点

由于儿童公园专为青少年儿童开放,所以在设计过程中,应考虑到儿童的特点,注意以下设计要点:

(1) 除了上述在选址中已谈过的规划注意事项外,儿童公园的用地应选择日照、通风、排水良好的地段。

(2) 儿童公园的用地应选择或经人工设计后具有良好的自然环境,绿地一般要求占60%以上,绿化覆盖率宜占全园的70%以上。

(3) 儿童公园的道路规划要求主次路系统明确,尤其主路能起到辨别方向、寻找活动场所的作用,最好在道路交叉处设图牌标注。园内路面宜平整,不设台阶,以便于推行车子和儿童骑小三轮车游戏的进行。

(4) 幼儿活动区最好靠近儿童公园出入口,以便幼儿入园后,很快地进入幼儿游戏场开展活动。

(5) 儿童公园的建筑、雕塑、设施、园林小品、园路等要形象生动、造型优美、色彩鲜明。园内活动场地题材多样,主题多运用童话寓言、民间故事、神话传说,注重教育性、知识性、科学性、趣味性和娱乐性。

北京玉渊潭公园内的儿童游戏场,占地约9hm²,向游人免费开放。游戏场以森林小屋、十二生肖、龟兔赛跑等寓言故事为题材的雕塑群为主调,穿插布置袋鼠觅子、大象顶球、母子猴组雕等，形象逼真，栩栩如生。雕塑作品和森林小屋、铁索桥、蘑菇亭等游戏设施与自然地形、森林植物环境融为一体，步入其中犹如走进童话世界，寓教于游玩之中。

湛江儿童公园内的"万水千山"活动区，以"红军不怕远征难"为主题，模拟"长征"的途中天险，创造出"万水千山、堡垒、独木桥、越障、爬架、索桥、大雪山、腊子口、溜索"等活动项目，组成连续的活动场地。杭州儿童公园内"少年活动区"，也是以"万水千山"为主题，布置有独木桥、铁索桥、雪山、滑索等游戏器具。少年儿童通过游戏，得到革命传统教育，也培养了他们吃苦耐劳、不怕艰难的精神。

哈尔滨儿童公园的儿童小火车活动，天津水上公园儿童区的"儿童小火车"活动区，唐山市凤凰山公园儿童小火车，以及宜昌市儿童公园内交通教育游艺场的铁路交通游览线等，都是以交通知识，尤其铁路交通为索材，在公园中，让儿童开展参与性的活动，从而得到社会一致的好评。

印度孟买城，在尼赫鲁公园内，建有新奇的"哈巴罗兹母亲的长筒靴"森林之屋，屋高约10m以上，即长筒靴形的高楼，孩子仿佛进入"大人国"，一支靴高10m以上。设计者正是以流行的卡通电影中的民间童话为主题，创造出奇妙的建筑物，赋予公园以特色。神秘的童话色彩，令孩子们产生凝思与遐想，受到他们的喜爱。

表7—3 儿童公园的建筑类型与设计要点

	性 质	用 途	名 称
按用途划分	游艺性	供室内开展游戏活动	游戏馆，电子世界，棋艺室，儿童世界
	文教性	供开展文化教育活动，交流思想感情	少年自然科学家中心，音乐厅，演讲厅，博物馆，艺术宫，露天剧场，电影厅，画廊
	体育性	供开展室内体育活动	少儿健身房，室内小游泳池，乒乓球室
	休息建筑	供儿童、陪游家长休息，兼备造景	景墙，展览廊，花架，亭子，水榭，桥
	服务	提供商业、饮食业、卫生服务	医务室，小卖店，小吃店，咖啡厅，冷饮店，精品屋
	管理	指游戏场管理，营业服务，维修	大门（值班、售票），办公室，仓库，厕所，工具室
按风格划分	科幻型	模仿大型科学仪器或科学幻想造型	航天飞机，火箭，飞碟，原子结构模型，神奇世界
	童话型	取材于童话、神话传说	古城堡，天宫，森林小屋，大人国、小人国
	古典型	模仿古建筑	小金字塔、古皇宫、神殿

（6）儿童公园的地形、水体创造十分重要。地形的设计，要求造景和游戏内容相结合，使用功能和游园活动相协调。在儿童公园内自然水体和人工水景的景象也是不可缺少的组成部分。

儿童公园中的地形设计，是以儿童开展游园活动要求为依据。为了保证游园的安全，地形设计时，考虑不宜太险峻，而以平缓多变为宜。美国儿童公园的设计中，用"覆土建筑"的形式，将儿童活动室置于半地下，上面覆土，创造出缓坡地形，从而得到地下、地上的"复层"利用。既提供了儿童地下活动场所，又创造了缓坡草地，是很好的地形结合活动内容的设计思路。

水，是儿童天生的玩物。幼儿、青少年都喜爱水的活性，水的灵性。儿童公园中，有条件的地区，尤其中国南方城市，可以考虑人工游泳池，也可以考虑天然游泳池，或小规模自由式游泳池。幼儿游戏区可以考虑涉水池，嬉水池，落水伞亭，喷泉水池，无菌饮水器结合小喷泉，人工瀑布等。另外，在有天然水源条件下，创造出天鹅湖、鸭池、荷塘、流花溪、金沙滩等自然水体景观。水景，一定是儿童最欢迎的游戏项目。

（7）创造庇荫环境，供儿童和陪游家长休息和守候。一般儿童公园内的游戏和活动广场多建在开阔的地段上。少年儿童经过一段兴奋的游戏活动和游园消耗，需要间歇性休息，就要求设计者创造遮荫场地，尤其在气候炎热地区，以满足散步、休息的需要。林荫道、遮荫广场、花架、休息亭廊、荫棚等为儿童和陪游的成人提供良好的环境和休息设施。

（8）儿童公园的色彩学。少年儿童天真活泼，朝气蓬勃。愉快、振奋的艺术效果是儿童公园设计者必须追求的构思之一。儿童公园多采用黄色、橙色、红色、天蓝色、绿色等鲜艳的色彩，大多数采用暖色调，以创造热烈、激动、明朗、振作、向上的气氛。一般少用灰色、黑色或紫色、褐色等较沉闷、灰暗的色调。如在一片绿色的森林环境中，点缀以米黄色墙、玫瑰红屋顶的森林小屋，产生"万绿丛中一点红"的艺术感染；森林环境中天蓝色的"灰姑娘城堡"，孩子们身临其境，仿佛进入天国；登月飞船渲以红色、黄色和橙色，飞船即将升天时，艳丽的色彩，儿童们激动的心情，交织一起将产生火焰般的向上精神。

（9）健康、安全是儿童公园设计成功的最基本指导思想。少年儿童正处成长时期，在儿童公园中将得到美的享受，智的熏陶，体的锻炼。计划生育，一户一个孩子，这是中国的国策，所以，儿童公园的规划、活动设施、服务管理都必须遵循"安全第一"这一重要原则，让少年儿童高兴入园，平安回家。

四、儿童公园的种植设计

儿童公园的种植设计是规划工作的重要组成部分，也是创造良好自然环境的重要措施之一。

1. 密林与草地

密林与草地将提供良好遮荫以及集体活动的环境。创造森林模拟景观、森林小屋、森林浴、森林游息等内容，从已建成的儿童公园建设经验中得到肯定。在炎热的盛夏，在森林中、在密林中拉起吊床，筑起小屋，展开小彩色帐篷，在荫凉的林下，微风习习，孩子们将度过愉快的周末和盼望已久的暑假。少年先锋队将在绿草如茵的草地上过队日，集体游戏，或在草地上休息。

2. 花坛、花地与生物角

被人们誉为"祖国的花朵"的少年儿童，对鲜艳的花朵天生喜爱，花卉的色彩将激起孩子们的色感，同时也激发他们对自然、对生活的热爱。所以，一般在长江以南尽可能在儿童公园中做到四季鲜花不断，在我国北方争取做到"四季常青，三季有花"。在草坪中栽植成片的花地、花丛、花坛、花境都尽可能达到鲜花盛开，绿草如茵。

有条件的儿童公园可以规划出一块植物角，可以设计成以观赏植物的花、叶或香味为主要内容的观花、观叶植物角，让大自然千姿百态的叶形、叶色，花型、花色，或不同的果实，还有各种奇异树态，如龙爪柳、垂枝榆、鹿角桧、马褂木等让孩子们在观赏中增长植物学的知识，也培养他们热爱树木、保护树木、花草的良好习惯。也可以在儿童公园中开辟温顺动物和趣味动物的展览角，如猴子、孔雀、梅花鹿、鹦鹉、画眉、各类宠物等。在动物角可以开展羊拉车、狗拉车等对幼儿的服务项目。小小的趣味动物园最为幼龄儿童所青睐。

3. 儿童公园种植设计忌用植物

（1）有刺激性、有异味或引起过敏性反应的植物，如漆树的漆液有刺激性，会使人产生皮肤过敏反应。

（2）有毒植物，如：黄蝉的植株乳汁有毒，夹竹桃植株有毒，凌霄花粉有毒。

（3）有刺植物，枸骨、刺槐、蔷薇等。

（4）给人体呼吸道带来不良作用的植物，如杨树、柳树的雌株，由于柳絮繁多，飘扬时间长，所以儿童公园中以种植雄株为宜。

（5）易生病虫害及结浆果的植物，如钻天杨（美杨），垂柳等易生病虫害，桑树的浆果落地不卫生，也不宜清扫。

总之，上述各种具有对儿童的身体造成威胁或有害的植物，不得在儿童公园中使用，避免发生意外事故，保证儿童游园的绝对安全。

第四节　儿童公园内活动设施和器械

儿童游戏的设施和器械、场地，随着社会的发展，时代的进步，科学的发达，有着不同时期的特点。较原始的儿童游戏场、器械、设施一般比较简单，如沙场、涉水池、秋千、跷跷板、攀登木、转椅等。据资料介绍，国外较现代的儿童活动设施有：立体电影、宇宙旅行、快速游艇、急流乘骑、冒险狩猎、恐怖馆、童话馆、神话宫等。运动机械有：筋头旋转车、快连滑行车、宇宙战斗机、旋转木马、大观览车、宇宙飞行、登月火箭、单轨铁路、飞行塔、小铁路等。

儿童公园内场地、活动设施和器械的配置主要要考虑以下几个方面主要问题。

一、儿童游戏场地、设施、器械与儿童身高的关系

儿童游戏器械的设计与制作要与儿童的身高相适应，以下数据可作参考：

新生儿出生时，身长平均为50cm左右，1周岁时约为75cm，以后每年约增长5cm，可按"年龄×5+75"的公式来计算得出平均身高。

幼儿期（1～3周岁）　　　约75～90cm；

学龄前期（4～6周岁）　　约95～105cm；

学龄期（7～14周岁）　　约110～145cm。

根据上述儿童身高，考虑儿童的动作与器械的比例关系，如方格形攀登架，格子间隔，幼儿为45cm，学龄前儿童为50～60cm，管径为2cm为宜。学龄前儿童的单杠高度应为90～120cm，学龄儿童的单杠应为120～180cm。儿童平衡木高度应为30cm左右。

二、儿童游戏的场地和设施

1. 草坪与铺地

柔软的草坪是儿童进行各种活动的良好场所。此外，还设置软塑胶铺地砖或一些用砖、素土、马赛克等材料铺设的硬地面。

2. 沙

在幼儿游戏中，沙土是最简单最受欢迎的场地。沙坑有一定松软感，幼儿可开展堆沙、挖沙洞、埋沙等游戏。一般沙土深度约为30cm为宜。每个儿童活动面积可以 $1m^2$ 左右计算。沙坑的位置宜向阳，并做到定期更换沙土，平时要经常保持沙土的清洁和松软。有些条件较好的城市，沙坑底层考虑过滤层，幼儿的便液或污物经清洁水的冲洗，可长期保持沙清洁无异味。

3. 水

儿童公园中条件较好的除设置儿童游泳池以外，嬉水池也是很受儿童欢迎的项目。一般设计成曲线流线形为宜，水深约在15～30cm。气候炎热地区可以结合喷泉、落水瀑布、雕塑，开展嬉水活动。

4. 游戏墙、迷宫

可用植物材料或砖墙，木墙设计迷宫和游戏墙。游戏墙应便于儿童的钻、爬、攀登，以锻炼儿童的识别、记忆、判断的能力。墙体可以设计成连成一体的长墙，也可以设计成有抽象图案的断开的曲线或折线的几组墙面。游戏墙的尺度要适合儿童的活动。

迷宫是游戏墙的一种形式，可用常绿针叶树的树墙围成，也可以用砖、木头、竹子等材料做成。有时在迷宫中心部分加以强调处理，使儿童在迷宫外就能看到它，以吸引孩子们去寻找，让孩子们在路线变幻、断头路中感到"迷"的乐趣。

5. 隧道、假山、沟地、悬崖、峭壁

这类场地多为青少年开设，活动有一定的难度和冒险性。如上海长风公园内"勇敢者之路"，通过假山、隧道、沟地与悬崖峭壁的组合，其中连接以铁索桥、独木桥、攀登道、吊索等，培养青少年不畏难险的精神。北京陶然亭公园内雪山陡坡滑道也是锻炼青少年不怕艰险的设施。

6. 游戏场的主要设施

（1）游戏设施

①秋千。由木制或金属架上系两绳索做成。架高约为2.5～3m，木板宽约50cm，板高距地面25～35cm。

②浪木。或称为浪桥，用一长木两端设铁链，平悬在木架上，儿童坐在上面可以来回摇荡。

③滑梯。供3～4岁幼儿用，一般高约1.5m，可在室内用。供10岁左右用的，一般高约3m。宽度比较大的滑梯可供几个儿童并行滑下。波浪型、曲线型、螺旋型滑梯，由于上下起伏或改变滑行方向更能增加游戏的乐趣。

④转椅或转球。中心设轴可以旋转，盘上设小椅4～10个，是幼儿喜爱的器械。

⑤攀登架。这是一种儿童锻炼全身的良好器材。传统的攀登架每段高约50～60cm，由4～5段组成框架，总高约2.5m左右。攀登架可设计成梯子形、圆锥形、圆柱形或动物造型。

⑥跷跷板。最常见的起落式器械。压、板的水平高度约60cm，起高约90cm，落高约20cm。

⑦单杠、吊环和水平爬梯。这些游戏活动技术性较强，多为9～14岁学龄儿童使用。

上述不同的游戏设施可以做成直线组合、十字组合或方形组合，如在框架一端制作滑梯，

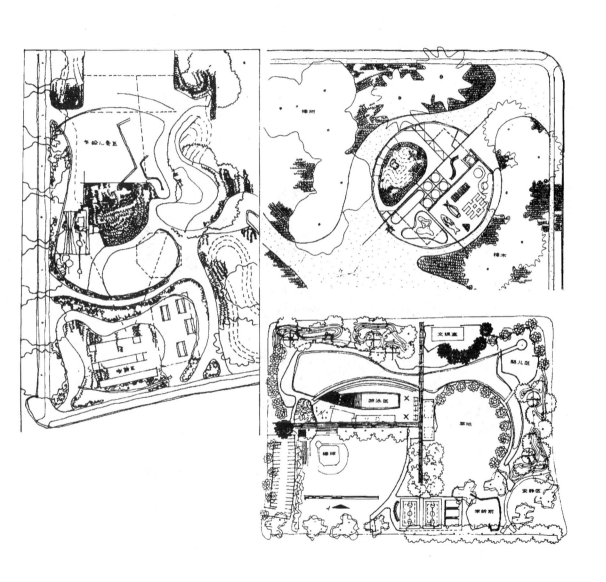

图 7—4—A 学龄儿童游戏场

图 7-4-B 儿童游戏设施
1. 印度孟买尼赫鲁公园的"哈巴罗兹母亲的长筒靴"
2. 温哥华世界博览会上儿童水伞亭 3. 混凝土迷宫

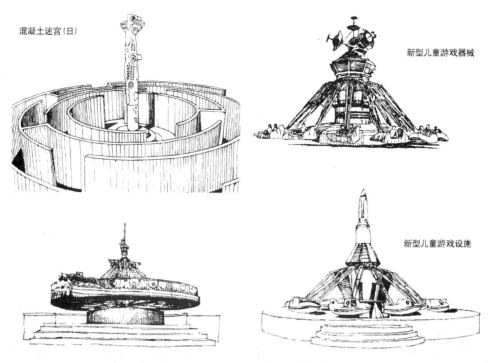

图7—4—C 国外各类儿童游戏设施

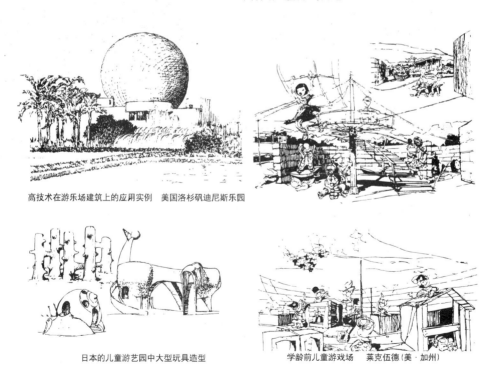

图7—4—D 各类国外儿童游戏场及玩具

图 7—4—E 儿童游戏场设施
美国旧金山攀登架（本制）兼滑梯　美国旧金山儿童游戏场　铁圈荡船　儿童游戏场玩具

另一端作压板，在左右横梁上制作秋千，还可以在攀登架上组合滑梯，即构成方形组合。

此外，游戏设施还有汽车模型、宇宙船、游戏船，以及电动的游戏电车、旋转木马、宇宙飞船等设施。国外儿童游戏场还好用木桩、旧汽车轮胎、木板、木柱或金属（不锈钢）做成攀登架，分子化学结构模型、木柱曲折高低路、充气游戏屋等。

近年来，随着科学技术的进步，社会的发展，经济条件的改善，人们生活节奏的加快，外来文化的冲击，也更加要求富有刺激性、新颖性，要求有利身心健康，反映先进科学技术的游戏项目在儿童游戏的天地中出现。

上述游戏的器械一般多布置在稍大型、人流量较大的儿童游戏场内。儿童对这些器械具有高大、神秘、新奇、冒险的感觉，一般多数由电力操纵，自动化程度高，往往将声、光、图象、造景、水体结合起来，使少年儿童仿佛进入梦幻般神奇世界。新的游戏器械、设备，利于加快开发儿童智力，扩展儿童的视野，充满启发精神。有些参与性强的、儿童能够亲自操纵的游戏项目，如电瓶小汽车、碰碰船、小轮船等，不仅能增强体质、培养勇敢精神，还可提高儿童的应变、自控能力。一些像小火车、小交通路线的管理项目，更能培养与锻炼儿童的集体主义、公益观念。

图 7—4—F 各类儿童游戏设施（含国内）
加拿大温哥华世界博览会飞碟戏水池 加拿大温哥华世界博览会上落水伞亭
上海东安公园儿童游戏玩具 秦皇岛儿童冲水滑梯

图 7—4—G 国外儿童游戏场鸟瞰图

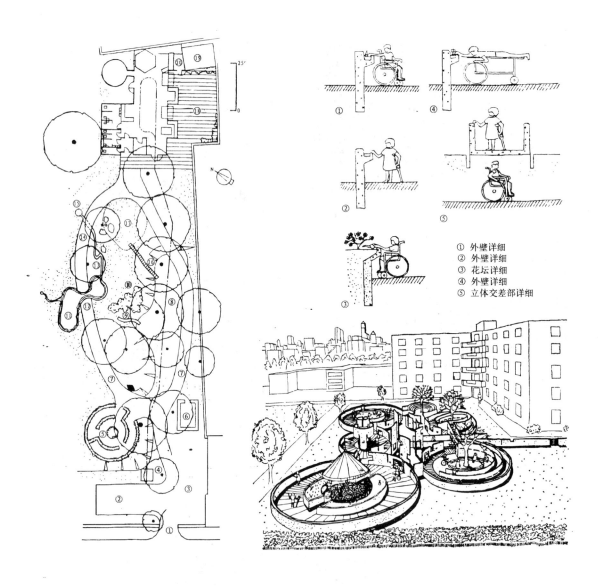

图 7—4—H 残疾儿童游戏场

(2) 运动设施 目前国内已建成的儿童公园或公园内的儿童游戏场，多偏于布置游戏设施，也由于面积有限，所以尚缺青少年、儿童开展体育活动的场地。今后，随着体育运动的振兴，儿童公园内将必须考虑健身房、体育场、各种球类场地，尤其国际盛行的棒球、网球、排球、篮球的场地（图 7—4）。

第五节 儿童公园设计方案介绍

本节以玉渊潭儿童公园设计方案（图 7—5）为例，介绍儿童公园的总体设计。

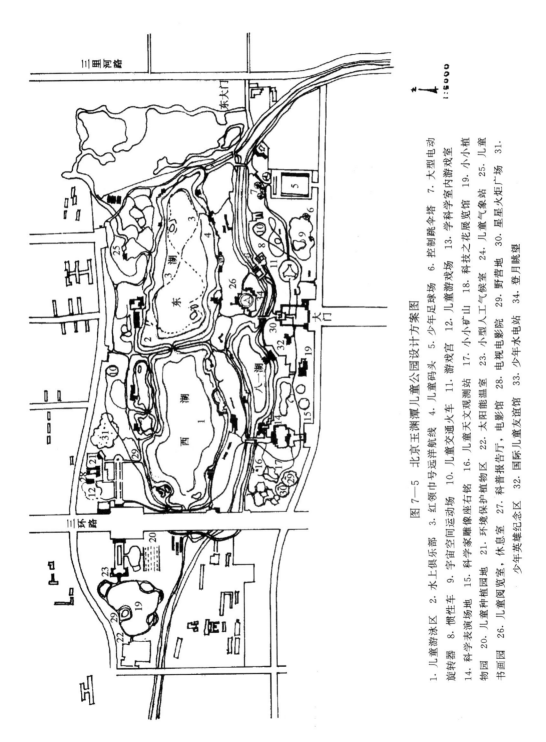

图 7—5 北京玉渊潭儿童公园设计方案图

1. 儿童游泳区 2. 水上俱乐部 3. 红领巾号远洋航线 4. 儿童码头 5. 少年足球场 6. 控制跳伞塔 7. 大型电动旋转器 8. 儿童表演场地 9. 惯性车 10. 儿童交通火车 11. 游戏宫 12. 儿童游戏场 13. 学科学室内游戏室 14. 宇宙空间运动场 15. 科学家雕像座右铭 16. 儿童天文观测站 17. 小小矿山 18. 科技之花展览馆 19. 小小植物园 20. 儿童种植园地 21. 环境保护植物区 22. 太阳能温室 23. 小型电影院 24. 科技气象站 25. 儿童书画园 26. 儿童阅览室、休息室 27. 科普报告厅、电影馆 28. 电视电影厅 29. 儿童友谊馆 30. 星星火炬广场 31. 少年英雄纪念区 32. 国际儿童友谊馆 33. 少年水电站 34. 登月眺望

一、公园现状

目前玉渊潭公园属于正在兴建中的公园。按照原来城市总体规划为其规定的边界是：东起迎宾馆西墙，西至翠微路，南到军事博物馆的后身，北至海军医院和空军医院。东西长为2 360m，南北长1 060m，总面积213hm²，其中，陆地136hm²，水面77hm²。

现在公园实有面积77hm²水面（即东湖、西湖、八一湖）和沿湖周围的41hm²陆地。其余95hm²土地属于农田菜地和房基地，尚待征用。

二、公园规划方案说明

1. 公园的性质和任务

玉渊潭儿童公园为全市性的儿童公园，面向全市少年儿童开放。公园中有水上活动、体育锻炼、娱乐、游戏、科技科普、文化休息及培养共产主义道德品质的内容。使孩子们在游园当中能够增长知识，开阔眼界，培养和锻炼自己的勇敢顽强精神，树立远大的理想，激发孩子们为实现社会主义祖国四个现代化去努力学习，对美好的未来充满信心和希望。

由于公园四面都有大片的住宅区，在附近又没有其它公园绿地。因此公园规划不仅要突出儿童公园这个主题，还要适当考虑到青年、中年及老年人对公园活动内容的要求，使老、中、青、少年儿童各得其所。

2. 规划原则

（1）玉渊潭以自然风景为胜。在规划中应突出公园湖光山色的自然风光，使之有别于颐和园、北海等皇家园林。

（2）规划布局应运用我国园林艺术的优秀手法，吸取国外先进经验，结合儿童公园之特点进行规划。

（3）公园规划设计必须突出儿童公园主题思想。要有园林艺术的外貌和科学、文娱、体育的内容。

（4）公园的游艺项目及各种设施要力求先进，以培养儿童爱科学、学科学的兴趣。

（5）服务设施要方便儿童，应分散在各活动区中。公园中不设饭馆，不出售烟、酒。

（6）规划要从目前实际出发，立足当前，展望未来。实行统一规划，分期建设，逐步完善的方针。

3. 规划说明

整个公园面积213hm²，考虑以"集锦式园林"布局手法为好。将各个活动小区与风景点，穿插在绿树丛中，同时将西方园林中的大片草地也吸取进来。按照不同的功能分区进行规划。

依照活动内容可将全园分为6个大区，水上活动区；体育娱乐区；科普科技活动区；文化教育区；生物科学园地及中心活动区。

（1）水上活动区　范围包括东湖、西湖、八一湖及湖岸周围。内容有：儿童游泳区。西湖北岸以柳堤与大湖相隔，水浅安全，辟为儿童专用游泳区。修半圆形人工游泳池，池边有小型水上滑梯、小桥及蘑菇池。

南岸成人游泳区东，也开辟一组儿童游泳池，有喷泉及滑梯，家长可以带着孩子在南岸游泳。

红领巾号远航轮　由儿童自己管理的小型模拟式的远洋客轮。航线长 2800m，经过台湾海峡（岸上有望台亭）、澳大利亚、好望角、伦敦、纽约到达日本东京。每个地点设有地区标志，例如好望角在一个白色墙面上镶有椰子树的背景，前面站着两个黑人小朋友在欢迎中国红领巾号客轮。

水上俱乐部及国际儿童旅游服务楼　这是东湖北岸上的主要建筑。共 6 层，建筑面积 4000m^2，下面两层为水上俱乐部，指导水上活动。楼上接待国际儿童夏令营的小朋友或为儿童国际交往用。楼东侧有大厅及餐厅。俱乐部的环境为中国庭园形式。

儿童游船　儿童码头出租各种新颖造型的儿童游船——太阳能游艇、汽垫船、帆船、炮艇、快艇，还有鲤鱼船、天鹅船、鸭子船等。儿童码头的设计小巧玲珑，造型生动。

开往颐和园的游艇　自八一湖南岸登船，沿京密引水北上至颐和园玉带桥靠岸，全程游览航线约 9km。

（2）体育娱乐区

儿童游戏宫　作为体育娱乐区主体建筑的儿童游戏宫，高 4~6 层，建筑面积 5000~6000m^2，中间为圆形游戏大厅，三面为休息室和小型活动室，四周以草地花卉衬托。

宫内可设节日游园活动中精采的游戏项目，还可增换新生产的游戏项目。最高一层安放以孙悟空大闹天宫为内容的趣味游戏。

大型电动旋转器械　共有 3 组：平转型、竖向旋转和斜面旋转型。可有 10 个旋转器械。每个可容纳 50~70 个儿童游玩，一次就可以接待 500~700 个儿童。

惯性车　利用惯性原理，惯性车在一定轨道上，从地面到空中高速运行，锻炼儿童的毅力和勇敢精神。

宇宙空间运动场　这是 70 年代国外公园中比较新式的内容，设施简单，形式自由，运动量大，可以容纳较多的儿童。一般就是在林间空地上象征性地设置各种爬、滑、跳、转的各种器械，象征宇宙空间的内容。例如，通过克服引力利用旋转离心力，离开地球跳到人造卫星上，再登到月球；或在地上布置大熊星座（北斗星）；孩子们可以从一个星星跳到另一个星星；也可以在一个充气的有尼龙拉手的软包上行走，使人行走很困难，甚至只能爬行通过这个障碍。

控制跳伞塔　与宇宙空间运动场相连，是人工控制升降的跳伞塔。孩子坐在降落伞下的小椅子上，从几十米的高空下降，有跳伞的感觉。

少年足球场。少年球场两旁有观众台及主席台，可以进行足球赛和体育表演。

儿童游戏场。在每个主要入口附近都有小型儿童游戏场，场内有常见的儿童活动器械。

（3）科技科普活动区

科技之花展览馆。为科普活动区的主要建筑，高 6 层，塔楼 9 层，面积 6000m^2。周围的休息廊内是花园，馆内展览本市和外省市少年儿童科技成果，也可以展览国外儿童的创作。设想用机器人收票，并有科学知识售书亭，休息服务部有自动售货机。

科学表演场地及科学画廊。这为室外表演场，表演科学技术的实际效果，利用室外进行科普宣传，在科学画廊中展览文字及照片。

中外科学家雕像及座右铭广场。在林间草地上建立中外著名科学家的雕像及其座右铭，少先队过队日时，辅导员可以结合雕像及座右铭讲科学家的故事。

儿童天文观测台。天文观测台使儿童可以从这里看到宇宙星际世界，增加天文学知识。

小小矿山。在人工假山上放置各种矿石及岩石，使孩子们了解和识别矿石的种类及在国民经济中的价值。

学科学室内游戏室。这是一组比较简单的建筑，1500m²，室内以科学游戏为主要内容，有数学游戏、科学谜语、展望2000年、动脑筋爷爷、十万个为什么等。

(4) 文化教育区

少年英雄纪念广场。在广场和草地上建立一座座少年英雄雕像，从刘胡兰到雷锋，不同时期的少年英雄，还包括国际知名的少年英雄。通过少年英雄的形象对孩子们进行革命传统教育和共产主义道德品质教育。

南入口广场为一组雕像，主题是"理想"。表现孩子为祖国四个现代化和2000年的壮丽远景而表现自己的美好理想，广场收尾处是两幅以理想为主题的壁画，在正对南门的轴线上有一座高高竖起的星星火炬队徽作为儿童公园的标志。

科普报告厅。面积1400m²，为少年儿童集会、听报告设置的大厅，平时也可以演电影。

电视、电影馆。电视电影是比较新的科学技术，尚未普及，儿童看到电视电影可以开阔眼界增加知识。

少年书画园。公园东北角"引水湖"周围树林覆盖，湖水曲折，环境幽雅，修起围墙走廊即成"园中园"，在这里设少年书画园，展览和交流少年书画作品。

儿童阅览室。共有两处。一处在少年书画园中，另一处在中心休息区，阅览室免费对儿童开放。

(5) 生物科学园地　本区位于三环路以西，京密引水渠以北。面积21hm²。在生物科学园地里设有以下内容：

少年植物园。为普及植物科学知识和中学教学服务。介绍我国丰富的植物资源，识别常见的花草树木，了解它们的经济价值。

环境保护植物区。介绍在环境保护中有突出作用的抗性植物和监测植物，宣传植物在环境保护中的积极作用，增加孩子们的环境保护知识。

小型人工气候室。面积有800m²，有现代化的空调设备。温室中展览内容有植物宝库、奇花异草、花的世界等。

太阳能温室及露地草花展览区。利用太阳能为温室供热，为新型温室。主要展览盆景和花卉，室外为露地草花展览区。

儿童植物园地。为城市里热爱农业科学的学生而开辟。在教师和工人师傅指导下，每人在分配的一小块土地上，以新的科学方法进行播种、养护管理。每年一期学员。培养孩子热爱农业科学，树立为农业现代化而奋斗的理想，同时也有一定的宣传作用。

儿童气象站。由儿童管理的小气象站，每天记录气象情况，并向游园的少年朋友发表当天的天气预报。

动物角。生物科学不仅是植物还应该包括动物。动物角中放养些经过人工驯养的鹿、猴、羊、狗、兔等，它们不但能给人们做简单的表演，还可以和小朋友一起玩，和北京动物园只供参观的动物不同。

(6) 中心活动区　位于全园中心，其中项目有：

登月眺望塔。该塔为全园最高建筑，高约40m。三角形混凝土框架，下面有玻璃走廊，绿化休息室。沿三角架有火箭形的室外电梯，开动起来好像火箭登月。在最高处有蓝色玻璃眺望厅，可以眺望全园景致。塔中间为人行楼梯，中间有休息站。塔北部设有儿童服务部及儿童休息室，南部有儿童阅览室，周围还有花鸟厅、茶座和八一湖游廊。

(7) 其它

野营地。为少先队进行野营活动而设立。全园有两处：一处在少年英雄纪念区附近的山坡上；一处在植物园内林间空地上有简单的野营设施，如自来水、土灶、厕所等。

星星火炬广场。在出入口附近都有1～2个星星火炬广场，为少先队举行集会和队的仪式用，一般场地上有简易小舞台，可以进行表演活动。

儿童游览火车。火车为现代化高速火车的造型，每列火车6～7节车箱，可乘做50～60人，由儿童管理火车及车站，全线长3000m左右。途经祖国有名的大城市：天津、南京、上海、桂林、广州、昆明。沿线有隧道、立体交叉桥、跨桥、爬山等不同的变化。既是游览车，也是交通车，大人也可以乘行，同时两辆对开，有的车站为双轨可以错车。

少年水电站。利用原水电科学院水电站，改为少年水电站，并向少年儿童开放。

国际儿童友谊楼。在南入口附近利用现有办公楼改为国际儿童友谊馆，进行国际交往活动，并且展览国际上赠给中国儿童的礼品。

除各种儿童设施外，整个公园还需修筑道路$4 \times 10^4 m^2$，建变电站两处，埋设地下电缆网，修上下水系统，打三眼深井，集中供热点两处。由于湖中淤泥太多，湖水浅不利航船，近期内就需挖湖修筑驳岸。

为了创造美丽的公园外貌、丰富园林景观，全园需早日着手进行美化工作，建设风景点及园中园8处。

公园正常接待按每人占地$60m^2$，则1天接待8×10^4人，在节假日可以接纳1×10^5人以上。因此，全园休息服务设施网既要合理又须完备。较大的服务点有4处，在主要建筑中的服务部还有4处。

经营这种大型园林，要一定面积的后勤基地，拟放在量具刃具厂南侧的规划绿地中，为维修管理、育苗养花之用。

玉渊潭儿童公园属于全市性儿童公园类型。特别是它处在首都儿童公园的位置，因此，也要求它具有代表性、综合性和"厨窗"的作用。玉渊潭儿童公园在规模及内容方面有一定的特殊性，然而在首都北京建立这样一座儿童公园仍是必要的。

实现这一规划除需要相当大的一笔投资外，还要征用大面积的农田菜地，拆迁几千间民房。解决这一问题我们提出了一些不同方案，无论哪个方案都要下决心克服困难才行。

附儿童公园平面图

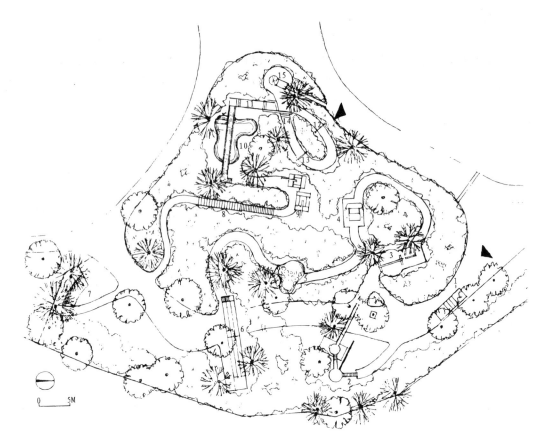

图7—6 上海海伦路童公园"勇敢者的道路"平面
1.沙坑 2.滑梯 3.独木 4、5.涉水汀步 6.吊索 7.吊架
8.爬索 9.盘车 10.索桥 11、12、13、14、15.高架滑梯等

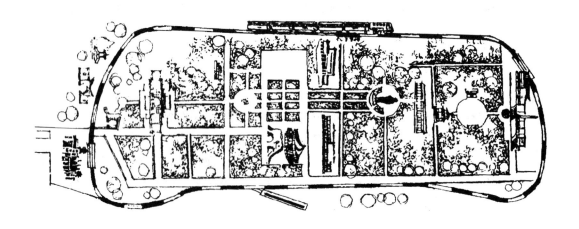

图7—7 哈尔滨儿童游乐场的小火车

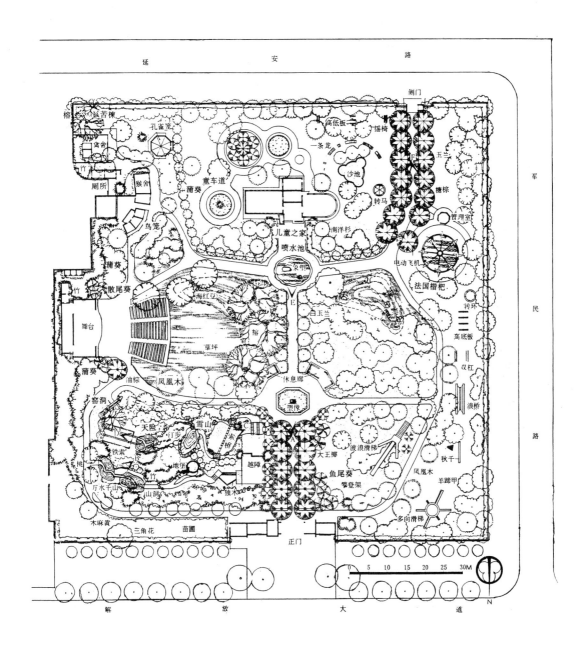

图 7—8 湛江儿童公园总平面

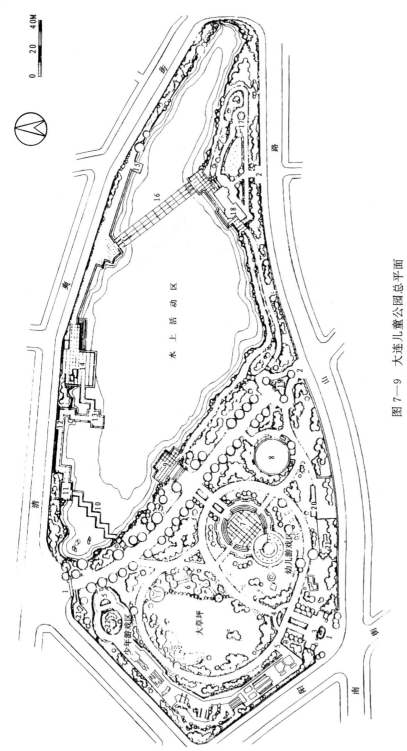

图7-9 大连儿童公园总平面

1.主要入口 2.次要入口 3.雕 塑 4.五爱碑 5.勇敢之路 6.组 亭 7.露天讲坛 8.电动飞机场 9.眺望台 10.曲 桥 11.水 树 12.长 廊 13.双方亭 14.码 头 15.四方亭 16.铁索桥 17.六角亭 18.科技宫 19.小卖部 20.办公室 21.厕 所 22.水 井

第八章 森 林 公 园

第一节 森林公园与森林游憩发展概况

随着现代社会经济和工业的发展,城市与人口高度密集化,使人类赖以生存的生活环境受到了严重影响。越来越多的人们开始关心人类自身的生存环境,而现有城市公园在景观及活动内容上已远远不能满足人们的需求。因此,富有特色的森林公园及森林游憩活动受到了人们普遍欢迎。森林公园和森林游憩活动开始渗透到世界各个角落,在国民经济、旅游和林业综合利用中的地位日益突出。

美国在 1872 年建立了第一个国家公园——黄石国家公园(Yellow Stone National Park)。目前列为国家公园系统的已达 337 处。之后,美国林务局把建立森林游憩区列为森林五大资源之一进行开发。1860 年,美国国会通过了《国有林的多种利用及永续生产的条例》,明确规定了国有林的经营目标是游憩、放牧、木材生产、保护水源及野生动物。目前,美国森林面积的 27% 用于游憩、19% 用于狩猎、6% 用于自然保护、47% 用于木材生产。森林游憩成为森林资源利用的一个重要方面,特别是在人口众多的城镇附近,森林游憩的作用处于首位。

德国法定一切森林包括国有林、集体林、私有林都向旅游者开放。有的州具体规定,距离居民区步行 30mm 以内路程的森林均为游憩林。50 000 人以上的城市周围 10km 以内的森林和 5 000~50 000 人的城镇周围 3km 以内的森林均列为游憩林。目前,森林公园总面积 392×$10^4 hm^2$,其中,森林面积 207×$10^4 hm^2$,占国土面积的 15.8%。

在第二次世界大战后,日本经济迅速发展,国民对参与森林游憩的需求迫切。日本现有 92 处国家森林公园,总面积达 11×$10^4 hm^2$,有 110 个滑雪场,野营地 80 余处。其中,东京、大阪等大城市境内的森林已大部分划为自然公园或水源涵养林。东京都有森林 8.1×$10^4 hm^2$,划为自然公园的有 7.4×$10^4 hm^2$,占森林面积的 91%。大阪府有森林 5.7×$10^4 hm^2$,其中用于木材生产的仅占 7.3%。

前苏联在城市规划中注重大面积城郊森林公园带的建设。1935 年,在莫斯科市城市改建规划方案中,环绕城市辟出了 10km 宽的森林公园带。这些森林公园与城市绿地及郊区森林相联系,形成统一完整的城市绿地系统。此后,在列宁格勒、基辅、哈尔科夫等城市规划方案中,都在郊区设置了森林公园带。1958 年,在国家制定的《城市规划和建设定额法规》中规定,在大城市和特大城市周围应设置 5~10km 宽的森林公园带。20 世纪 80 年代森林公园的总面积已达 523×$10^4 hm^2$,占森林总面积的 1/3。

我国森林公园的建设起步于 80 年代。1980 年 8 月,中华人民共和国林业部发出关于《风景名胜区国营林场保护山林和开放旅游事业的通知》,标志着林业部门从事旅游业的开端。

1982年成立的张家界国家森林公园是我国第一个国家森林公园。随后一大批各具特色的森林公园相继成立。截至1993年10月，经林业部批准建立的森林公园已达313处。其中，国家森林公园220处，经营面积$288×10^4 hm^2$。投资$11×10^8$元以上。仅1991年，国内参与森林旅游的人数近$3×10^8$人次。

据统计，在我国4200个国有林场中，有600多个国有林场具有丰富的森林风景资源。并且大多位于城镇及风景旅游区附近，历史文化遗迹与人文景观资源极为丰富，具有极大的开发潜力。

第二节 森林公园概念、类型及特点

森林公园是以森林景观为主体，融自然、人文景观于一体，具有良好的生态环境及地形、地貌特征，具较大的面积与规模，较高的观赏、文化、科学价值，经科学的保护和适度建设，可为人们提供一系列森林游憩活动及科学文化活动的特定场所。

一、森林公园的特点

与城市公园和风景名胜区相比较，森林公园具有自己的特点。

1. 森林公园一般多位于城市郊区，属林业部门管辖，与城市有较便捷的交通联系，主要为

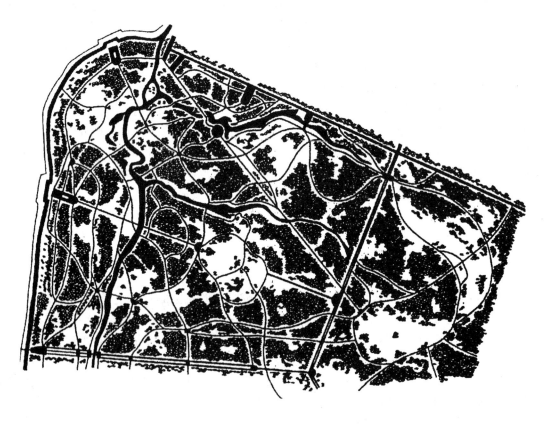

图8—1 俄罗斯涅瓦森林公园平面

城市居民节假日和周末提供游览、休闲度假的场所。而城市公园多位于建城区中,主要为城市居民的日常休憩、娱乐服务。风景名胜区则一般远离城市,风景类型与规模更多更大,属城建部门管辖,需要较长的旅行时间和假期才能游赏。

2.森林公园面积较大,一般有数百公顷至数千公顷,如俄罗斯列宁格勒的涅瓦森林公园(图8—1)面积为600hm², 莫斯科哈尔科夫森林公园为1240hm², 我国陕西楼观台国家森林公园面积为649hm², 宁波天童国家森林公园面积430hm², 而城市公园一般面积较小。

表8—1 森林公园与城市公园等比较表

类 别	功 能	景 观	位 置	面 积	所 属
城市公园	日常休憩、娱乐	人工栽植	建城区	小	城建部门
森林公园	周末、节假日休憩、娱乐	森林景观 人文景观	城市近、远郊	较大	林业,城建
风景名胜区	假期游览	自然景观 人文景观	远离城市	较大	城建
自然保护区	科学研究物种保护	自然原始状态	远离城市	较大	林业

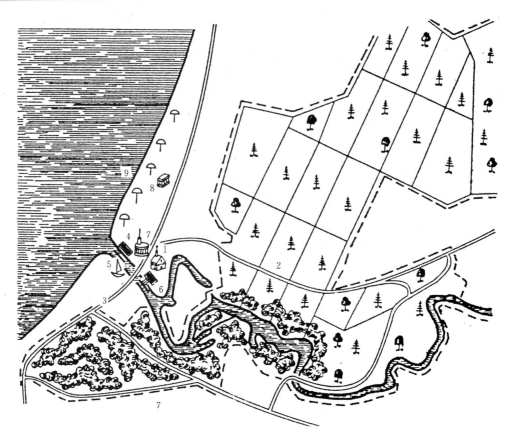

图8—2 爱沙尼亚伊里什森林公园规划方案
1.修道院遗址 2.森林公园 3.汽车环行线 4.码头 5.游艇俱乐部
6.游船站 7.公共汽车站 8.咖啡馆 9.浴场

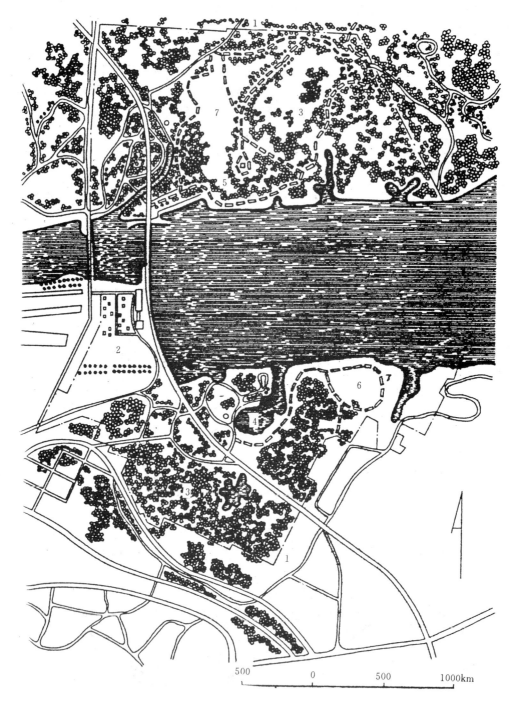

图 8—3 美国芝加哥捷涅西河岸森林公园
1. 边界 2. 居住区和办公楼 3. 国家森林公园
4. 水上运动区和浴场 5. 野餐用小草地 6. 游戏场 7. 骑马小道

3. 森林公园的景观多以森林景观和自然景观为主，有时包含文物古迹及人文景观，其规划建设是以科学保护、适度开发为原则。城市公园则多通过人工挖湖堆山，种植树木等手段来创造优美的环境。

4. 森林公园由于面积较大，环境自然优美，因而其游憩活动项目的组织与城市公园有所不同。森林游憩活动，如森林野营、野炊、野餐、森林浴、垂钓、徒步野游等活动是在一般城市公园中难以实现的。

二、森林公园类型

根据我国现有森林公园分布状况，按其地理位置及功能差异做如下分类：

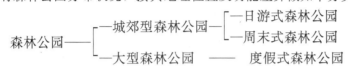

1. 日游式森林公园

指位于近郊或建城区中的森林公园，如上海共青森林公园、景德镇枫树山国家森林公园。这类森林公园在功能上与城市公园类似，为居民提供日常的休憩、娱乐场所。但从游览活动内容及功能分区来看与城市公园又有所差异。如上海共青森林公园中，组织了林间骑马、野餐、垂钓等具有森林游憩特点的活动（图8—4）。这类森林公园多以半日游和短时游览为主，公园中仅需提供相应的服务设施。

2. 周末式森林公园

指位于城市郊区，距离城市1.5～2.0h的路程，主要为城市居民在周末、节假日休憩、娱乐服务。如宁波天童国家森林公园，陕西楼观台国家森林公园。这类森林公园往往是为了适应人们对旅游的需求，将原城郊林场改建而成。多以森林、自然景观为主，包含有人文景观。森林以天然次生林和人工林为主，游人一般以1～2日游为主。因此，在这类森林公园中除组织开展各种游憩活动外，必须为游人提供饮食、住宿及其它旅游服务设施。

3. 度假式森林公园

指距离城市居民点较远，具有较完善的旅游服务设施，大型独立的森林公园。这类森林公园占地面积大，森林景观、自然景观较好，主要为游人较长时间的游览、休闲度假服务。如湖南张家界国家森林公园、浙江千岛湖国家森林公园、四川瓦屋山国家森林公园等。其功能与风景名胜区相似。

表8—2 森林公园按地理位置和功能差异比较表

类型	城郊森林公园		大型森林公园
	日游式	周末式	度假式
路程用时（汽车计）	0.7～1.5h	1.5～2.0h	3h以上
功能	日常游憩	周末或节假日游憩	长时间度假游览
时间	半日，短时	1～2d游	3d以上
林型	天然次生林，人工林	天然次生林，人工林	原始林，天然次生林
其它	单纯游憩风景林	游憩风景林及经济林	兼有木材生产、放牧、游憩、生态保护等多种功能
举例	上海共青森林公园	陕西楼观台森林公园	四川瓦屋山森林公园

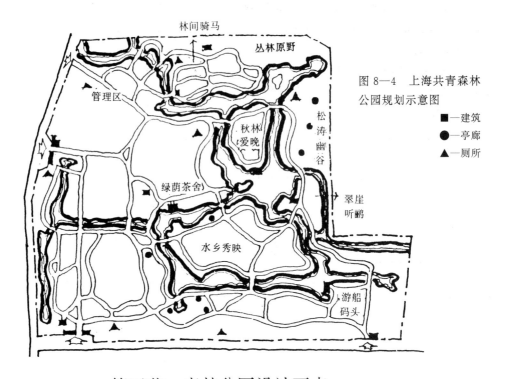

图 8—4 上海共青森林公园规划示意图
■—建筑
●—亭廊
▲—厕所

第三节 森林公园设计要点

森林公园的规划设计就是要最合理地、科学地利用森林风景资源,开展森林游憩活动。使森林游憩利用与森林资源的保护及多种效益的利用达到和谐与统一。为游人观赏森林风景提供最佳的条件和方式,保证游人的各种必须的旅游服务需求。使森林公园成为环境优美、生态健全、供人们休憩、娱乐的场所。

目前,林业部调查规划设计院于1994年编制了《森林公园总体设计规范》(征求意见稿),对统一森林公园总体规划设计要求,规范森林公园的规划设计起到了积极的作用。

《规范》规定了森林公园建设必须履行基本建设程序,必须在可行性报告批准后,方可进行总体规划设计。总体规划设计是森林公园开发建设的重要指导文件,其主要任务是按照可行性报告批复的要求,对森林旅游资源与开发建设条件做深入评价,进一步核实游客规模,在此基础上进行总体布局。

一、森林公园总体规划设计应遵循的基本原则

1. 森林公园建设以生态经济理论为指导,以保护为前题,遵循开发与保护相结合的原则。在开展森林旅游的同时,重点保护好森林生态环境。

2. 森林公园的建设规模必须与游客规模相适应。应充分利用林业局、林场原有的建筑设施,进行适度建设,切实注重实效。

3. 森林公园应以维护森林生态环境为主体,突出自然野趣和保健等多种功能,因地制宜,发挥自身优势,形成独特风格和地方特色。

4. 统一布局,统筹安排建设项目,做好宏观控制。建设项目的具体实施应突出重点,先易后难,可视条件安排分步实施,做到近期建设与远景规划相结合。

二、森林公园可行性研究文件组成

按照《森林公园总体设计规范》要求，森林公园可行性研究文件，由可行性研究报告，图面材料和附件3部分组成。

1. 可行性研究报告编写提纲为以下内容

（1）项目背景　项目由来和立项依据；建设森林公园的必要性；森林公园建设的指导思想。

（2）建设条件论证　景观资源条件；旅游市场条件；自然环境条件；服务设施条件；基础设施条件。

（3）方案规划设想　森林公园的性质与范围；功能分区；景区、景点建设；环境容量；保护工程；服务设施；基础设施；建设顺序与目标。

（4）投资估算与资金筹措　投资估算依据；投资估算；资金筹措。

（5）项目评价　经济效益评价；生态效益评价；社会效益评价；结论。

2. 图面材料

森林公园现状图；森林公园功能分区及景区景点分布图；森林公园区域环境位置图。

3. 附件

森林公园野生动、植物名录；森林公园自然、人文景观照片及综述；有关声像资料；有关技术经济论证资料。

三、森林旅游资源与开发建设条件评价

对森林公园现有材料、科研成果应进行认真分析研究、充分利用，对不足部分进行补充调查。调查主要包括基本情况调查、一般林业调查和景观资源调查3个部分。

1. 基本情况调查

（1）自然地理　森林公园的位置、面积、所属山系、水系及地貌范围；地质形成期及年代；区域内特殊地貌及生成原因；古地貌遗址；山体类型；平均坡度；最陡缓坡度等。

（2）社会经济　当地社会经济简况（人口、经营主业、人均收入等）；森林公园（林场）经营状况（组织机构、人员结构、固定资产与林木资产、经营内容、年产值、利润等）；旅游概况（已开放的景区、景点、旅游项目、人次、时间、季节、消费水平等）。

（3）旅游气候资源　温度，光照，湿度，降水，风，特殊天气气候现象。

（4）植被资源　植被（种类、区系特点、垂直分布、森林植被类型和分布特点）；观赏植物（种类、范围、观赏季及观赏特性）；古树名木。

（5）野生动物资源　动物种类；栖息环境；活动规律等。

（6）环境质量　大气环境质量；地表水质量。

（7）旅游基础设施　交通（外部交通条件、内部交通条件）；通信（种类、拥有量、便捷程度）；供电；给排水；旅游接待设施（现有床位数、利用率、档次、服务人员素质、餐饮条件等）。

（8）旅游市场　调查森林公园300km半径内的人口、收入、旅游开支。调查各节假日游客的人数、组成、居住时间及消费水平。调查较长时间在本区内休疗养、度假的人数、居住时间及消费水平。调查宗教朝拜的时间、人数、消费水平。调查国外游客的情况及发展可能

性。

(9) 障碍因素 多发性气候灾害（暴雨、山洪、冰雹、强风、沙暴等）；突发性灾害（地震、火山、滑坡、泥石流等）；其它（传染病、不利于森林旅游的地方、风俗等）。

2. 一般林业调查

(1) 森林资源调查 森林资源可利用现有的二类调查数据。若二类调查年代已久，可结合景观资源调查，进行森林资源调查。

(2) 林特、林副产品资源调查。

3. 景观资源调查

(1) 森林景观 调查森林景观特征、规模，具有较高观赏价值的林分、观赏特征及季节。

(2) 地貌景观 悬崖，奇峰，怪石，陡壁，雪山，溶洞等。

(3) 水文景观 海，湖泊，河流，瀑布，溪流，泉水等。

(4) 天象景观 云海，日出，日落，雾，雾凇，雪凇，佛光等。

(5) 人文景观 名胜古迹，民间传说，宗教文化，革命纪念地，民俗风情等。

四、森林公园总体布局

森林公园的总体布局应有利于保护和改善生态环境，妥善处理开发利用与保护、游览、生产、服务及生活等诸多方面之间的关系。从全局出发，统筹安排，充分合理地利用地域空间，因地制宜地满足森林公园的多种功能需求。使各功能区之间相互配合，协调发展，构成一个有机整体。

根据《森林公园总体设计规范》及森林公园的地域特点、发展需求，可因地制宜地进行功能分区。

1. 游览区

为游客参与游览观光、森林游憩的区域，是森林公园的核心区域。主要用于景区、景点建设。

2. 游乐区

对于距城市50km之内的近郊森林公园，为添补景观不足，吸引游客。在条件允许的情况下，需建设大型游乐及体育活动项目时，应单独划分区域。

3. 森林狩猎区

为狩猎场建设用地。

4. 野营区

为开展野营、露宿、野炊等活动用地。

5. 旅游产品生产区

对较大型森林公园，用于发展服务于森林旅游需求的种植业、养殖业、加工业等用地。

6. 生态保护区

以保持水土、涵养水源、维护森林公园生态环境为主。

7. 生产经营区

在较大型、多功能的森林公园中，除部分开放为森林游憩用地外，用于木材生产等非森林游憩的各种林业生产用地。

8. 接待服务区

用于集中建设宾馆、饭店、购物、娱乐、医疗等接待服务项目及其配套设施。

9. 行政管理区

为行政管理建设用地。

10. 居民住宅区

为森林公园职工及森林公园境内居民集中建设住宅及其配套设施之用地。

五、森林公园保护、防护规划

发展森林游憩业，建设森林公园首先要保护好自然资源和风景资源。森林公园的保护、防护规划应考虑以下3个方面。第一，从森林生态环境的保护出发，合理确定森林公园所能容许的环境容量及活动方式。第二，规划时，应由主管部门组织生态学、野生动物学、植物学、土壤地质学等行业的专家们与风景园林专家一起进行风景资源的调查评价。并制定相应的保护条例和保护措施。第三，对森林游憩活动可能影响生态平衡及可能带来的火灾，林木毁坏和森林的其它病虫灾害做出防护规划。

1. 确定合理的环境容量

环境容量的确定，其根本目的在于确定森林公园的合理游憩承载力。即一定时期，一定条件下，某一森林公园的最佳环境容量。既能对风景资源提供最佳保护，又能使尽量多的游人得到最大满足。因此，在确定最佳环境容量时，必须综合比较生态环境容量、景观环境容量、社会经济环境容量及影响容量的诸多因子。

按照林业部《森林公园总体设计规范》，森林公园环境容量的测算可采用面积法、卡口法、游路法3种。应根据森林公园的具体情况，因地制宜地选用或综合运用。

（1）面积法 以游人可进入的、可游览的区域面积进行计算。

$$C = \frac{A}{a} \times D$$

式中，C 为日环境容量（人次）；A 为可游览面积（m²）；a 为每位游人应占有的合理面积（m²/人）；D 为周转率，D = 景点开放时间/游完景点所需时间。

（2）卡口法 适用于溶洞类及通往景区、景点必经并对游客量具有限制因素的卡口要道。

$$C = D \times A$$

式中，C 为日环境容量（人次）；D 为日游客批数，$D = t_1/t_3$；A 为每批游客人数（人）；t_1 为每天游览时间，$t_1 = H - t_2$（min）；t_3 为两批游客相距时间（min）；H 为每天开放时间（min）；t_2 为游完全程所需时间（min）。

（3）游路法 游人仅能沿山路步行游览观赏风景的地段，可采用此法计算。

$$C = \frac{M}{m} \times D$$

式中，C 为日环境容量（人次）；M 为游步道全长（m）；m 为每位游客占用合理游步道长度（m/人）；D 为周转率，D = 游道全天开放时间/游完全游道所需时间。

在环境容量测算的基础上，结合旅游季节特点，按景点、景区、公园换算日、年游人容量。

在现行《森林公园总体设计规范》中，没有对游人人均合理占地指标做出规定。但在前苏联等森林公园事业发达的国家中，在其城市规划中对环境容量指标已有明确规定。在我国风景区规划中也初步拟定了环境容量指标。见表8—3～4。

表8—3 前苏联森林公园环境容量指标

城市类别	人均森林公园面积（m²）	环境容量指标（人/hm²）
特大城市	200	8～15
大城市	100	
其它城市	50	

表8—4 我国风景名胜区环境容量指标

风景名胜区类别	环境容量指标（m²/人）
近郊风景名胜区	600～1000
远郊风景名胜区	2000
大型风景名胜区	4000

容量布局的基本目的是使游人合理地、适当地分布在森林公园中，使游人各得其所，使各类风景资源物尽其用。为达到这一目的可采取的途径有：第一，对于游人过于集中的景区可采用疏导的方法，开发新的景点或景区，使游人合理地分布于森林公园中。第二，在对现有游憩状况进行调查评价的基础上，从规划设计上调整不合理的功能布局，提高环境容量。第三，改变传统的"一线式"游览方式，解决游人常集中于游步道上的弊病，改善林分密度，开辟林中空地等手段均可提高环境容量。

2. 森林公园火灾的防护

开展森林游憩活动，对森林植被最大的潜在威胁是森林火灾。游人吸烟和野炊所引起的森林火灾占有相当大的比例。森林火灾会毁灭森林内的动植物，火灾后的木灰有时会冲入河流使大批鱼群死亡，森林火灾还会使游憩设施受损，游客受到伤害。

然而，在森林中开展野营、野餐等活动，点燃一堆营火烘烤食物，会大大提高人们的游兴。因此，在规划中应提出安全的用火方式，选择适宜的用火地点，以满足游人的需求，并保障林木的安全。森林公园火灾的防护措施及方法有：

（1）在规划设计时，对于森林火灾发生可能性大的游憩项目如野营、野炊等，应尽可能选择在林火危险度小的区域。林火危险度的大小主要取决于林木组成及特性、郁闭度、林龄、地形、海拔、气候条件等因素。

（2）对于野营、野餐等活动应有指定地点并相对集中。避免游人任意点火而对森林造成危害。同时，对野营、野餐活动的季节应进行控制，避免在最易引起火灾的干旱季节进行。

（3）在野营区、野餐区和游人密集的地区，应开设防火线或营建防火林带。防火线的宽度不应小于树高的1.5倍。但从森林公园的景观要求来看，营建防火林带更为理想。防火带应设在山脊或在野营地、野餐地的道路周围。林分以多层紧密结构为好，防火林带应与当地防火季的主导风向垂直。

（4）森林公园中的防火林带应尽量与园路结合，可以保护主要游览区不受邻近区域发生火灾的影响。同时，方便的道路系统也为迅速扑灭林火提供了保障。

（5）在森林公园规划和建设中，应建立相应的救火设施和系统。除建立防火林带、道路系统外，还应增设防火瞭望台。加强防火通讯设施、防火、救火组织和消防器材的管理。更重要的是加强对游人和职工的管理教育，加强防火宣传，严格措施，防患于未然。

3. 森林公园病虫害防护

防止森林病虫害的发生，保障林木的健康生长，给游人一个优美的森林环境是森林公园管理的一个重要方面。森林病虫害防治的主要方法有：

（1）在"适地适树"的原则下，营造针阔混交林，是保持生态平衡和控制森林病害的基本措施。更为重要的是实现抗病育种。

（2）加强森林经营管理。根据不同的森林类型、生态结构状况，适时地采用营林措施。及时修枝、抚育、间伐、林地施肥、招引益鸟益兽等等，可长期保持森林的最佳生态环境。

（3）生物防治。利用天敌防治害虫，通过一系列生物控制手段，打破原来害虫与天敌之间形成的数量平衡关系，重新建立一个新的相对平衡。

（4）物理、化学防治。物理方法主要利用害虫趋光性进行灯光透杀。而化学防治只是急救手段。近几年，高效、低毒、残效期长、内吸性和渗透性强的杀菌剂、烟剂、油剂及超低量喷雾防治技术有所进步。

六、森林公园景观系统规划

森林公园是以森林景观为主体，其用地多为自然的山峰、山谷、林地、水面。是在一定的自然景观资源的基础上，采用特殊的营林措施和园林艺术手法，突出优美的森林景观和自然景观。而城市公园往往是在没有植被或植被较差的用地上，通过挖湖堆山、人工栽植等手段创造出优美的景观。从造景手法上二者是有本质区别的。因此，在进行森林公园的景观规划时，首要的问题是如何充分利用现有林木植被资源，对现有林木进行合理的改造和艺术加工。使原有的天然林和人工林适应森林游憩的需求，突出其森林景观。如果忽视这点，而在森林公园中大兴土木，加入过多的人工因素，则会使森林公园丧失其自然、野趣的特征与优势。

把森林作为审美对象构成了一门新的学科——森林美学。国外许多学者曾对此做了多方面的研究，试图探讨不同年龄、不同职业、不同社会背景的游人所喜爱的森林类型。而研究结果表明游人偏爱的差异性较大。但也发现了一些共同的规律，总结出了吸引游人的森林景观特点。这些特点是：第一，森林的密度不宜过大，应具有不同林分密度的变化。第二，森林景观应有变化，应具有不同的树种、林型，不同的叶形、叶色、质感和不同的地被植物。应具有明显的季相变化。第三，高大、直径粗壮的树木所组成的森林景观价值较高，最好是高大树木、幼树、灌木、地被共同构成的混合体。第四，森林景观应与地形、地貌相结合，避免直线式僵硬的林缘线和几何形的块状、带状混交林。森林所处的环境对森林景观质量有显著影响，山地森林比平原森林更富有吸引力。具有湖泊、河流等水体则可提高森林景观价值。第五，一般天然林比人工林，成熟林比幼龄林，复层林比单层林，混交林比纯林的森林景观价值高。混交林型是较为理想的游憩林。第六，在森林公园景域范围内，大面积的皆伐地和无林地，特别是几何状的皆伐地影响森林景观质量，遭受游人的批评。

在森林公园景观系统规划中，应注重以下几个方面：

1. 林道及林缘

林道和林缘是游人视线最为直接的观赏部分。因而，对于森林景观质量有显著的影响。如全部用多层垂直郁闭景观布满林缘，往往使游人视线闭塞、单调，易产生心理上的疲劳。因此，多层结构所占比例应在 2/3～3/4 左右。同时应注意道路两侧林缘的变化，使其在垂直方向不完全郁闭，使游人的视线可通过林层欣赏林下幽邃深远之美。既可感受闭锁的近景，又有透视的远景。

在林道两侧，应保留较大的水平郁闭度，为游人提供良好的庇荫条件，感受浓郁的森林气氛。在林下路边，最好应有 2/3 的部分，使灌木、草本层的高度低于视线，使游人的视线可通过林冠下的空隙透视远景。

对原有林相单调的人工林改建的森林公园，如北京潮白河、半壁店森林公园，其林缘及游览道路两侧可补植观赏价值较高的花灌木或自然式的草本花丛，提高其景观价值。

2. 林中空地

风景美主要表现为空间和时间。游人在森林公园中置身于开朗风景与闭锁风景的相互交替中，空间的开合收放，给人以节奏感和韵律感。林中的道路、林缘线、林冠线的曲折变化产生了构图上的节奏。森林中开辟出的林中空地可缓解游人长时间在林中游览产生的视觉封闭感，增加空间上的变化。同时，可为游人提供休息、活动的场所。开辟林中空地应注意以下几点：

（1）形式　林中空地的林缘应采用自然式，避免僵硬的几何式或直线式。自然式的林中空地，林冠线的高低起伏，林缘线的曲折变化，才能形成良好的景观外貌。

（2）尺度　确定林中空地的尺度应考虑土壤的特性、坡度，草本地被的种类及覆盖能力。从风景的角度，闭锁空间的仰角从 6°起风景价值逐步提高，到 13°时为最佳，超过 13°则风景价值逐步下降，15°以后则过于闭塞。因此，设计林中空地时，林木高度与空地直径比在 1：3～1：10 之间较为理想。

（3）过渡　在林中空地的边缘，应适当保留孤立木和树丛，使其自然地向密林过渡。对于面积较大的空地，可保留或增植适量的庇荫树，为游人休息、活动提供必要的遮荫。

3. 郁闭度与风景伐

林木郁闭度的大小直接影响游人的活动。郁闭度过大，林下阴湿黑暗，不利于游人活动和观赏。郁闭度过小，则森林气氛不足。因此，森林的水平郁闭度在 0.7 左右，较为适合森林游憩活动。

依据森林郁闭度的不同，可分为封闭风景（郁闭度 1～0.6）；半开朗风景（郁闭度 0.5～0.3）；开朗风景（郁闭度＜0.2）。森林公园一般应以封闭风景为主，占全园 45%～80%；半开朗风景占 15%～30%；开朗风景占 5%～25%。这样才能保证良好的森林环境。如当地森林覆盖率低，夏季又炎热干旱，则开朗风景所占比例较小为宜。反之，森林覆盖率高，夏季湿润、温和，则开朗风景所占比例可稍高。

森林公园中林中空地、风景透视线的开辟均要通过以景观效果为主的抚育间伐——风景伐来实现。风景伐可使林木郁闭度适中，便于游人活动。同时，也可获得少量的林木产品。

4. 林分季相

多数森林公园是在原有林地基础上发展起来的。原有林分不一定适合景观和游憩的要求，特别是人工林和一些景观较差的林地，应从林分结构上做根本的调整。如北京潮白河森林公园原有林分为杨树，刺槐人工林，景德镇枫树山国家森林公园原有林分为杉木、马尾松林。在规划设计方案中都提出了林分改造方案，增补了针叶树、阔叶树及其它观赏树种，使其林分状况逐步适合游憩的要求。

森林植物随季节变化可形成不同的森林季相变化。由于森林公园面积较大，在全面考虑季相构图的同时，还应突出某一季节的特色，形成鲜明的景观效果。如北京香山的红叶，杭州满觉垅的桂花均以秋景为特色。

5. 透景线、眺望点

在森林中开辟适当的透景线可大大提高森林景观价值。在开辟透景线时应注意前景、中景、远景，形成富有层次的景象。在地势较高的山地，去掉一些杂木和有碍视线的树木，形成眺望点。俯视森林风景，体会森林的整体群落美。多视点、多视角的观赏可增大游人对景观感受的信息量。

七、森林公园游览系统规划

在森林公园内组织开展的各种游憩活动项目应占城市公园有所不同，应结合森林公园的基本景观特点开展森林野营、野餐、森林浴等在城市公园中无法开展的项目。满足城镇居民向往自然的游憩需求。依据森林公园中游憩活动项目的不同可分为：

典型性森林游憩项目——森林野营、野餐、森林浴、林中骑马、徒步野游、自然采集、绿色夏令营、自然科普教育、钓鱼、野生动物观赏、森林风景欣赏等。

一般性森林游憩项目——划船、游泳、自行车越野、爬山、儿童游戏、安静休息等。

表8—5 游客在森林公园从事游乐活动分析*

项目	百分比（%）	项目	百分比（%）	项目	百分比（%）	项目	百分比（%）
静坐休息	41.7	钓鱼	10.8	观赏特殊景观	44.8	滑雪	1.7
观赏野生动物	17.2	溜冰	1.9	观赏风景	70.3	狩猎	1.4
观赏历史古迹	10.2	骑马	2.5	观赏特殊工程	9.1	骑单车	2.8
照相、摄影	56.9	营火会	9.8	散步	43.2	参加解说活动	4.1
野餐	32.0	研究自然	16.3	野营	16.9	绘画写作	9.6
登山健行	44.2	标本采集	14.9	爬岩	11.0	团体活动	23.3
温泉浴	11.3	个别活动	17.6	游泳	7.8	购置纪念品	16.4
划船	8.8	其它	0.9				

*引自《观光地区游憩活动设施——规划设计方案》

开展各种森林游憩活动对森林环境的影响程度不同（表8—6）。不适当的建设项目，不合理的游人密度会对森林游憩环境造成破坏。因此，在游览系统规划中必须预测出各项游憩活动可能对环境产生的影响及影响程度，从而在规划中采用相应的方法，在经营管理上制定不同的措施。

表8—6 森林游憩活动对环境的影响

项目		野营	登山	观赏	野生动物观赏	狩猎	钓鱼	游泳划船	滑雪	体育	森林浴
自然改变度	大								○	○	
	中	○				○	○				
	小		○	○	○			○			○

表 8—7　森林游憩活动对基址需求、活动时间

项目		野营	登山	观赏	野生动物观赏	狩猎	钓鱼	划船	游泳	滑雪	体育	森林浴
地形	平坦缓坡	○		○	○	○	○				○	○
	陡坡		○									
地况	草地疏林	○		○	○	○					○	○
	密林		○									○
气象	多雪									○		
	向阳通风	○					○				○	○
利用时间	春秋	○		○							○	○
	夏		○				○	○	○			
	冬									○		
	常年		○		○	○						
规模 hm²	0～1	○						○	○			○
	～10						○					
	～100											
	～1000		○	○	○	○						

1. 森林野营与野营地

在茂密的森林中进行野营活动，被认为是典型性的森林游憩活动之一。开展野营活动需要建立适宜的野营地，为游人提供必要的卫生和服务设施，保护游人的安全，提供安全用火区和薪材。在野营者中，对野营地环境的要求各不相同，一些人喜欢隔绝式的荒野野营，有些又喜欢社交性野营。但野营者对野营地的共同要求有 3 点。第一，良好的卫生服务设施。第二，安全感、安全问题。第三，野营地附近应具有富有吸引力的自然景观。

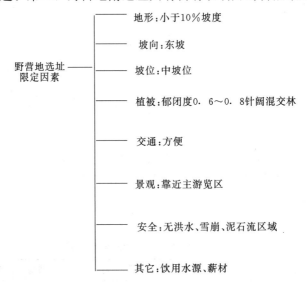

野营地选址限定因素
— 地形：小于10%坡度
— 坡向：东坡
— 坡位：中坡位
— 植被：郁闭度0.6～0.8针阔混交林
— 交通：方便
— 景观：靠近主游览区
— 安全：无洪水、雪崩、泥石流区域
— 其它：饮用水源、薪材

野营地的选择应考虑地形、坡向、坡位、植被状况、交通与景观、安全等其它因素。

通过对上述野营地选址限定因子的综合分析，选定野营地基址后，还必须对野营地进行合理的规划。在注重自然景观保护的前提下，因地制宜，避免过多的人工改造。通过规划使

游人得到舒适便利的服务条件，经营管理方便经济，达到既为游人提供富有野趣的宿营环境，又可避免游人任意野营对森林环境的破坏。森林野营地构成如下：

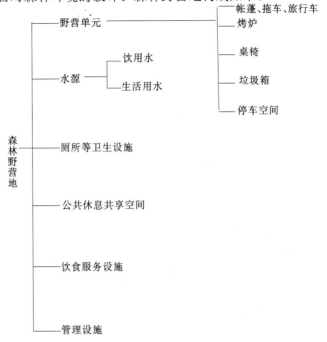

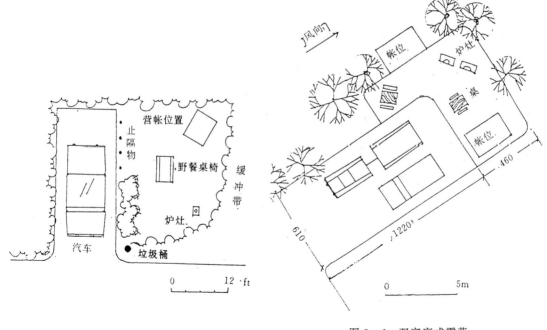

图 8—5　家庭型汽车露营营位内部配置　　　　图 8—6　双家庭式露营

野营单元的数量应根据游人量的情况以及经营管理的便利性来决定。野营单元过少，或散点式布局会使管理和服务不方便、不经济。反之，若规模过大，又不受野营者欢迎。因此，规划人员应综合权衡经济性与游人爱好。据 Lime 对美国国家森林调查表明，一个理想的森林

335

野营地，应具有的单元数量在 25 个左右为宜。

图 8—7　野营地布局

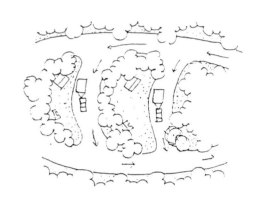

图 8—8　单线式野营地布局

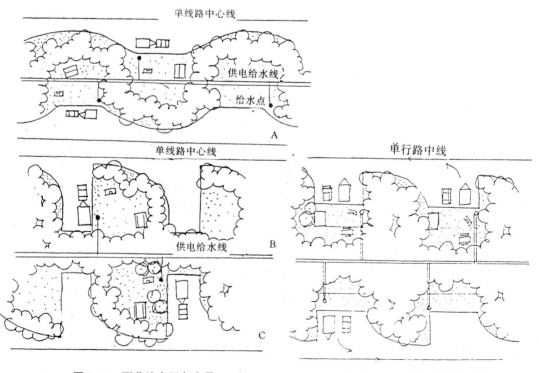

图 8—9　野营地布局与容量
A. 每单位包含公共空间平均 250m²，容量 40 个/hm²　B. 每单位包含公共空间，平均 300m²，容量 35 个/hm²　C. 容量 50 个/hm²

图 8—10　拖车露营场示意

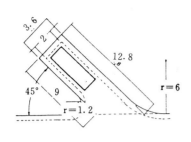
1. 斜插式单车位

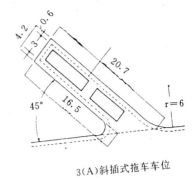
3(A)斜插式拖车车位

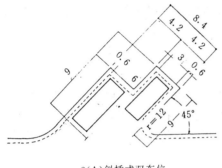
2(A)斜插式双车位

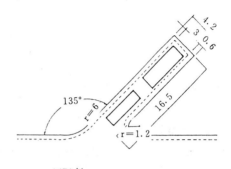
3(B)斜

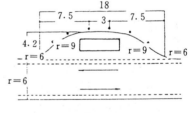
4(A)平行停车位

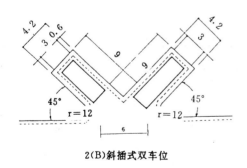
2(B)斜插式双车位

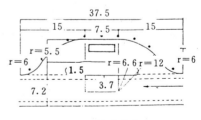
4(B)平行停车位

图 8—11 汽车露营地营位停车场不同设计形式

家庭型帐蓬露营，车辆停于出入口附近停车场，在管理中心登记后，由步道到器材租借中心及营位。每单元含帐篷 1～3 顶、野餐桌、烤炉、垃圾桶等。单元之间应有缓冲带，至少 6m 以上，以 12～25m 为好。每公顷容量不超过 20 个单元为宜。

拖车野营地环境及设备一般较现代化，每个营位均配备电源插座、供水点、排水与照明灯等。每公顷容纳量不超过60个，以30个营位为宜。

其它设施规划配置主要有：

(1) 卫浴设备

①采用封闭式化粪池或化粪设施，厕所内提供洗手台及照明。

②自助洗衣、干衣设备。常配置在浴室旁或管理中心附近。

③浴室设备。冲水马桶、冷热水、淋浴、电插头、镜子等。

④服务半径。厕所最远170m，最适100m；浴室最远200m，最适140m；给水最远100m，最适50m。

(2) 供水系统　水塔、供水点、饮用水、生活用水等设施。

(3) 污水、污物处理系统　应设污物处理站，位置应适当隐蔽。

(4) 道路系统　野营区内道路系统包括对外道路、区内主要道路、服务道路、步道小径等。

(5) 保安系统　各营区应有巡逻员或用围篱、屏障以限制外界干扰。如需要可设救护设备或医疗站。

(6) 电力、电讯系统

2. 鸟类的保护与观赏

鸟类及其它野生动物的观赏也是森林游憩活动的重要内容。保护性地观赏鸟类，首先要了解其生态习性及适宜的栖居环境。森林公园中益鸟的保护和招引主要有以下几点：

(1) 保护鸟类的巢、卵和幼雏。除严格制定法律和保护鸟类的宣传外，应为其繁殖提供条件。

(2) 悬挂人工巢箱，为鸟类提供优良的栖居条件。

(3) 利用鸟语招引鸟类。

(4) 冬季保护，适度喂食，设置饮水池、饮水器。

(5) 合理地采伐森林，保护鸟类栖居的生存环境。

(6) 大量种植鸟类喜食的植物种类。

3. 园艺疗法

园艺疗法起源于埃及。直至第二次世界大战后才意识到园艺的医疗作用。是指通过栽培蔬菜、果树、花卉、观赏植物等园艺活动，使人得到健康的恢复和精神安慰。在森林公园中开展园艺疗法，可使人通过力所能及的园艺劳动得到身心上的放松。

据研究，合理利用园艺植物的多种颜色进行疗病，是园艺疗法的重要内容。试验证明，浅蓝色的花对发烧的病人有良好的镇定作用；紫色的花使孕妇心情恬静；红色的花增加食欲；赤赭色的花对低血压患者大有裨益。此外，花香对人的心理、生理也具奇妙的作用。

与园艺疗法相容性的活动有森林浴、散步、野餐、观鸟等等。

4. 森林浴

利用森林中特有的环境，负离子含量高，有些植物挥发的特有气味及杀菌素，可在森林中开展森林浴活动。

森林浴场的选址应具典型的森林外貌与群落结构，有较大的森林面积，郁闭度在0.6~0.8，林分应疏密有致，有用以屏蔽、阻挡视线的灌木层，主要树种有较强的杀菌力。杀菌力强的树种主要有黑胡桃、柠檬桉、悬铃木、紫薇、桧柏属、橙、柠檬、茉莉、薜荔、复叶槭、柏木、白皮松、柳杉、稠李、雪松等。此外，臭椿、楝、紫杉、马尾松、杉木、侧柏、樟、山胡椒、枫香、黄连木等也有一定的杀菌能力。

森林浴活动主要有动态与静态两种方式。静态主要是在林下浓荫处设置躺椅、吊床、气垫等，供行浴者使用。每公顷最大容量40组，每组以平均3人计，则每公顷森林最大容量120人。

林中漫步活动是一种动态的行浴方式，故浴场内应有散步小道漫步其中，但应不穿越、干扰其它森林浴组团，保持其私密性及相对独立性。森林浴场要为游人提供饮食、出租游憩设备，及洗手池、厕所、垃圾桶等卫生设施。

八、森林公园道路交通系统规划

森林公园除与主要客源地建立便捷的外部交通联系外，其内部道路交通组织必须满足森林旅游、护林防火、环境保护以及森林公园职工生产、生活等多方面的需求。

1. 游览道路的选线应建立在森林公园景观分析的基础上。通过景观分析，判定园内较好景点、景区的最佳观赏角度、方式，为确定游览线路提供依据。园内道路所经之处，两侧尽可能做到有景可观，使游人有步移景异之感，防止单调、平淡。

2. 道路线型应顺应自然，一般不进行大量的填挖，尽量不破坏地表植被和自然景观。道路走行位置不得穿过有滑坡、塌方、泥石流等危险的地质不良地段。

3. 森林公园内部道路系统可采用多种形式组成环状、网状结构，并与森林公园外部道路合理衔接，沟通内外联系。有水运条件的地区，宜利用水上交通。

4. 森林公园内主要道路应具有引导游览的作用。根据游客的游兴规律，组织游览程序，形成起、承、转、合的序列布局。游人大量集中地区的园路要明显、通畅，便于集散。通向建筑集中地区的园路应有环行路或回车场地。通行养护管理机械的园路宽度应与机具、车辆相适应。生产管理专用道路不宜与主要游览道路交叉重合。

5. 森林公园内应尽量避免有地方交通运输公路通过。必须通过时，应在公路两侧设置30～50m 宽的防护林带。

6. 面积大的森林公园应设有汽车道、自行车道、骑马道及游步道。按其使用性质可将森林公园内的道路分为主干路、次路、游步道3种。

(1) 主干道 是森林公园与国家或地方公路之间的连接道路以及森林公园内的环行主道。其宽度为5～7m，纵坡不得大于9%，平曲线最小半径不得小于30m。

(2) 次路 是森林公园内通往各功能区、景区的道路。宽度为3～5m，纵坡不得大于13%，平曲线最小半径不得小于15m。

(3) 游步道 是森林公园内通往景点、景物供游人步行游览观光的道路。应根据具体情况因地制宜地设置。宽度为1～3m，纵坡宜小于18%。

7. 森林公园道路应根据不同功能要求和当地筑路材料合理确定其结构和面层材料，其风格应与森林公园的环境相协调。

8. 根据前苏联森林公园规划的道路定额，一般道路应占全园面积的2%～3%。在游人活动密集区可占5%～10%。只有保证这一比例，才能减少游人活动对森林环境的破坏。

9. 森林公园中交通工具的选择应尽量避免对环境的破坏，以方便、快捷、舒适为原则。同时应结合森林公园的具体环境特点，开发独具情调、特色的交通工具。

九、森林公园旅游服务系统规划

森林公园中旅游服务基地的选址，应避免对自然环境、自然景观的破坏，方便游客观光，为游人提供安全、舒适、便捷和低公害的服务条件。服务设施应满足不同文化层次、年龄结构和消费层次游人的需要，应与旅游规模相适应，建设高、中、低档次，季节性与永久性相结合的旅游服务系统。

休憩、服务性建筑的位置、朝向、高度、体量等应与自然环境和景观统一协调。建筑高度应服从景观需要，一般以不超过林木高度为宜。休憩、服务性建筑用地不应超过森林公园陆地面积的2%。宾馆、饭店、休疗养院、游乐场等大型永久性建筑，必须建在游览观光区的外围地带，不得破坏、影响景观。

1. 餐饮

在日游式、周末式、度假式森林公园中均要设置。应根据游览距离和时间，在游人较为集中地方，安排餐饮供应。餐饮建筑除满足功能要求外，造型应新颖，不破坏园内的自然景观。餐饮建筑设计应符合《饮食建筑设计规范》(JGJ64—89)的有关规定。

2. 住宿

在周末式、度假式森林公园中均要设置。应根据旅客规模及森林旅游业的发展，合理确定旅游床位数。旅游床位建设标准，应符合下列要求：

高档 $28\sim30m^2/$床；中档 $15\sim18m^2/$床；低档 $8\sim12m^2/$床。

森林公园中的住宿设施，除建设永久性的宾馆、饭店外，应注重开发森林野营、帐篷等临时性住宿设施，做到永久性与季节性相结合，突出森林游憩的特色。住宿服务设施的设计，应符合《旅馆建筑设计规范》(CJGJ62—90)的规定。

3. 购物

森林公园内的购物服务网点布局应在不破坏自然环境和景观的前提下，因地制宜，统筹安排。购物建筑应以临时性、季节性为主，其建筑风格、体量、色彩应与周围环境相协调。应积极开发具有地方特色的旅游纪念品。

4. 医疗

森林公园中应按景区建立医疗保健设施，对游客中的伤病人员，及时救护。医疗保健建筑应与环境协调统一。

5. 导游标志

森林公园的境界、景区、景点、出入口等地应设置明显的导游标志。导游标志的色彩、形式应根据设置地点的环境、提示内容进行设计。

十、森林公园基础设施系统规划

森林公园内的水、电、通信、燃气等布置，不得破坏景观，同时应符合安全、卫生、节约和便于维修的要求。电气、上下水工程的配套设施，应设在隐蔽地带。森林公园的基础设施工程应尽量与附近城镇联网，如经论证确有困难，可部分联网或自成体系，并为今后联网创造条件。

1. 给排水

森林公园给水工程包括生活用水、生产用水、造景用水和消防用水。其给水方式可采用

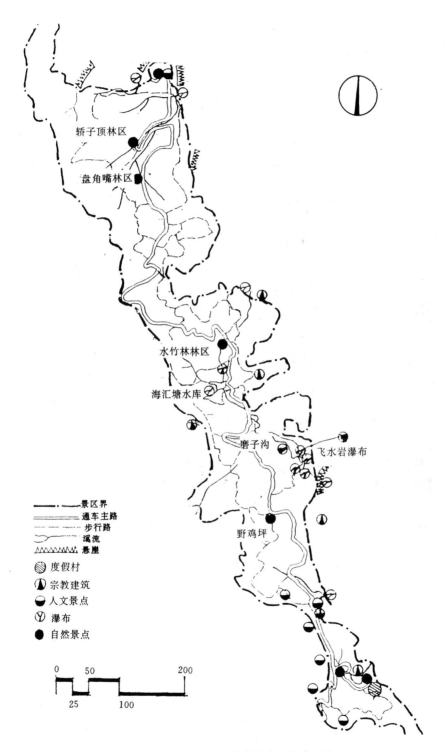

图 8—12 四川瓦屋山国家森林公园综合现状

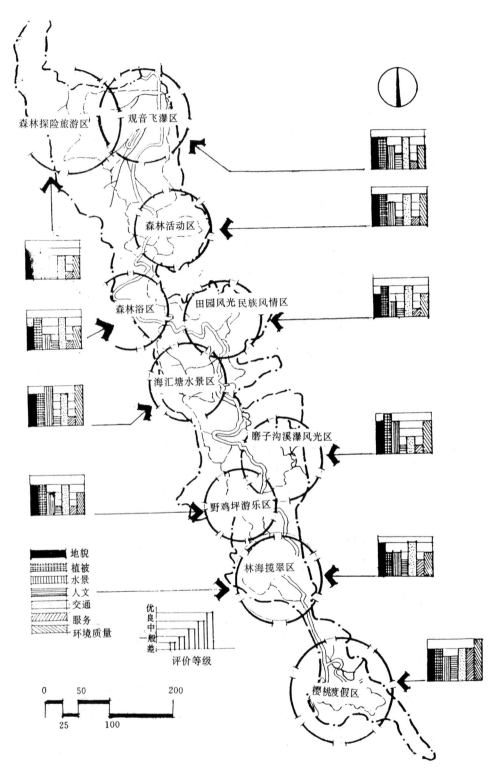

图 8—13 四川瓦屋山国家森林公园玉屏山游览区景源分析与评价

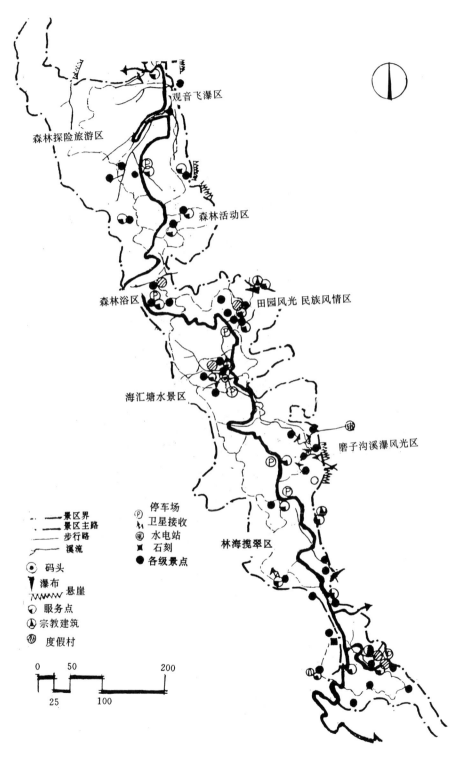

图 8—14 四川瓦屋山国家森林公园总体规划

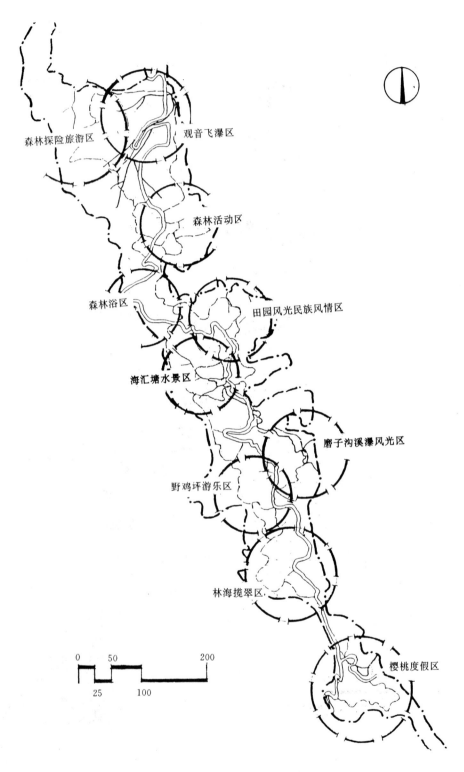

图8—15 四川瓦屋山国家森林公园玉屏山游览区游览分区与景点分布

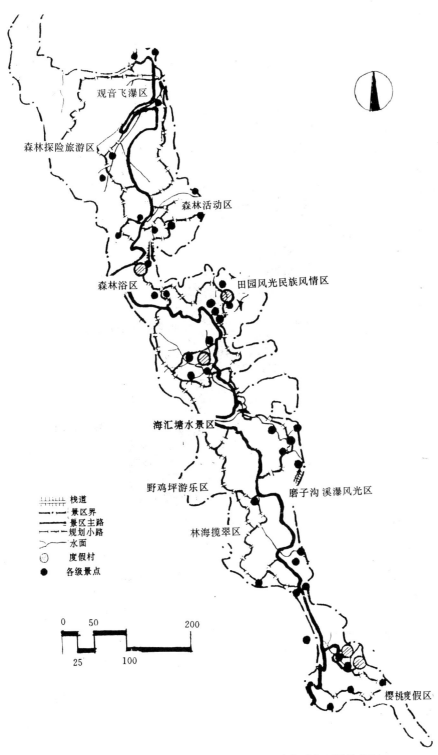

图8—16 四川瓦屋山国家森林公园玉屏山游览区交通道路规划

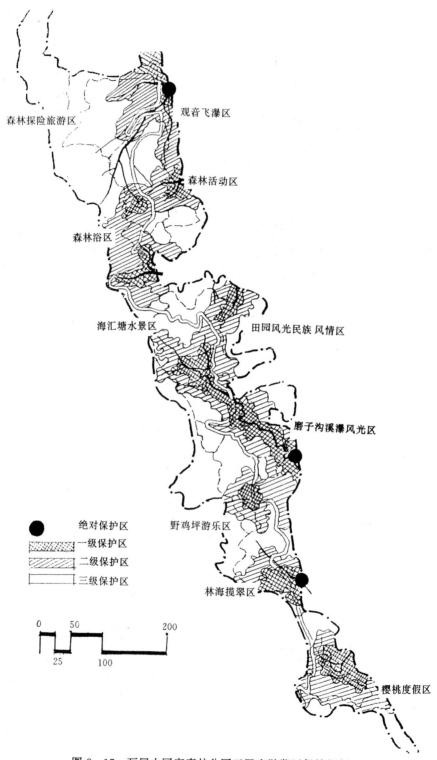

图 8—17 瓦屋山国家森林公园玉屏山游览区保护规划

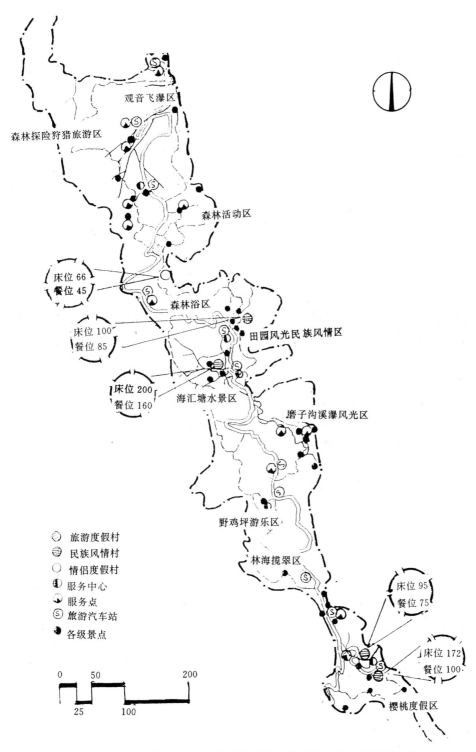

图 8—18 瓦屋山国家森林公园玉屏山游览区旅游服务设施规划

集中管网给水，也可利用管线自流引水，或采用机井给水。给水水源可采用地下水或地表水。水源水质要求良好，应符合《生活饮用水卫生标准》（GB5749—85），水源地应位于居住区和污染源的上游。

排水工程必须满足生活污水、生产污水和雨水排放的需要。排水方式一般可采用明渠排放，有条件的应采用暗管渠排放。生产、生活污水必须经过处理后排放，不得直接排入水体或洼地。

给、排水工程设计包括确定水源，确定给、排水方式，布设给、排水管网等。

2. 供电

森林公园的供电工程，应根据电源条件、用电负荷、供电方式，本着节约能源、经济合理、技术先进的原则设计，做到安全适用，维护方便。供电电源应充分利用国家和地方现有电源。在无法利用现有电源时，可考虑利用水利或风力自备电源。供电线路铺设一般不用架空线路。必须采用时应尽量沿路布设，避开中心景区和主要景点。供电工程设计内容包括用电负荷计算、供电等级、电源、供电方式确定、变（配）电所设置、供电线路布设等。

3. 供热

森林公园的供热工程，应贯彻节约能源、保护环境、节省投资、经济合理的原则。热源选择应首先考虑利用余热。供热方式以区域集中供热为主。集中供热产生的废渣、废水、烟尘应按"三废"排放标准进行处理和排放。供热工程设计内容包括热负荷计算、供热方案确定、锅炉房主要参数确定等。

4. 通讯

通讯包括电讯和邮政两部分。森林公园的通讯工程应根据其经营布局、用户量、开发建设和保护管理工作的需要，统筹规划，组成完整的通讯网络。电讯工程应以有线为主，有线与无线相结合。邮政网点的规划应方便职工生活，满足游客要求，便于邮递传送。通讯工程设计内容包括方案选定、通讯方式确定、线路布设、设施设备选型等。

5. 广播电视

森林公园的有线广播，应根据需要，设置在游人相对集中的区域。在当地电视覆盖不到的地方，可考虑建立电视差转台。

主要参考文献

〔1〕（明）计成．园冶注释．北京：中国建筑工业出版社，1988
〔2〕（明）文震亨．长物志校注．南京：江苏科学技术出版社，1984
〔3〕孟兆祯．避暑山庄园林艺术．北京：紫禁城出版社，1985
〔4〕周维权．中国古典园林史．北京：清华大学出版社，1990
〔5〕戴碧湘等．艺术概论．北京：文化艺术出版社，1983
〔6〕谢凝高．山水审美——人与自然的交响曲．北京：北京大学出版社，1990
〔7〕刘敦桢．苏州古典园林．北京：中国建筑工业出版社，1978
〔8〕童寯．江南园林志．北京：中国建筑工业出版社，1984
〔9〕陈从周．说园．上海：同济大学出版社，1984
〔10〕冯钟平．中国园林建筑．北京：清华大学出版社，1988
〔11〕彭一刚．中国古典园林分析．北京：中国建筑工业出版社，1986
〔12〕杜汝俭等．园林建筑设计．北京：中国建筑工业出版社，1984
〔13〕弗·阿·戈罗霍夫等．世界公园（郦芷若等译）．北京：中国科学技术出版社，1992
〔14〕中国城市规划设计研究院主编．中国新园林．北京：中国林业出版社，1985
〔15〕同济大学建筑系园林教研室编．公园规划与建筑图集．北京：中国建筑工业出版社，1986
〔16〕中国植物学会植物园协会编．中国植物园参观指南．北京：金盾出版社，1991
〔17〕柳尚华．美国风景园林．北京：北京科学技术出版社，1989
〔18〕罗丹口述，葛赛尔记．罗丹艺术论（沈琪译）．北京：人民美术出版社，1992
〔19〕建筑设计资料集编委会．建筑设计资料集(第2版)第三册．北京：建筑工业出版社，1994
〔20〕Norman K. Booth. Basic Elements of Landscape Architectural Design. Elsevier Science Publishing Co. Inc. 1983

图书在版编目(CIP)数据

园林设计 / 唐学山等编著. —北京:中国林业出版社,1996(2021.12重印)
全国高等林业院校试用教材
ISBN 978-7-5038-1624-6

Ⅰ.园… Ⅱ.唐… Ⅲ.园林设计-高等学校-教材 Ⅳ.TU986.2

中国版本图书馆 CIP 数据核字(96)第 16265 号

中国林业出版社出版
(100009 北京西城区刘海胡同 7 号)
新华书店北京发行所发行 三河市祥达印刷包装有限公司
787mm×1092mm 16 开本 22.5 印张 549 千字
1997 年 8 月第 1 版 2021 年 12 月第 27 次印刷
印数:159001-162000 册 定价:42.00 元